中國學術思想 研究輯刊

三九編
林慶彰 主編

第13冊

博弈論視域下的韓非子思想研究

姚建萍 著

花木蘭文化事業有限公司

國家圖書館出版品預行編目資料

博弈論視域下的韓非子思想研究／姚建萍 著 -- 初版 -- 新北
市：花木蘭文化事業有限公司，2024〔民113〕
目 2+174 面；19×26 公分
（中國學術思想研究輯刊 三九編；第 13 冊）
ISBN 978-626-344-585-7（精裝）
1.CST：（周）韓非 2.CST：學術思想 3.CST：博奕論
4.CST：研究考訂
030.8   112022475

ISBN-978-626-344-585-7

中國學術思想研究輯刊
三九編　第十三冊　　　　　　ISBN：978-626-344-585-7

博弈論視域下的韓非子思想研究

作　　者　姚建萍
主　　編　林慶彰
總 編 輯　杜潔祥
副總編輯　楊嘉樂
編輯主任　許郁翎
編　　輯　潘玟靜、蔡正宣　美術編輯　陳逸婷
出　　版　花木蘭文化事業有限公司
發 行 人　高小娟
聯絡地址　235 新北市中和區中安街七二號十三樓
　　　　　電話：02-2923-1455／傳真：02-2923-1452
網　　址　http://www.huamulan.tw 信箱 service@huamulans.com
印　　刷　普羅文化出版廣告事業
封面設計　劉開工作室
初　　版　2024 年 3 月
定　　價　三九編 23 冊（精裝）新台幣 62,000 元

博弈論視域下的韓非子思想研究

姚建萍 著

作者簡介

姚建萍，哲學博士，副研究員，就職於蘇州大學。主要研究方向：中國傳統哲學、文化與現代化。

提　要

　　博弈論起源於數學理論，最先在經濟領域得到廣泛應用，目前在國外已成為研究政治問題的最有力工具，國內博弈論雖然有一定發展，但尚未用於韓非子政治思想的系統研究。

　　本文先從博弈主體、策略或行為集合、信息、博弈者決策順序、博弈得益等這五大要素對韓非子思想進行梳理，然後從工具理性本質、時代和個人心理特徵、「人性論」和「道理論」的理論依據等三個方面分析韓非子政治思想的博弈假設前提，最後得出結論：韓非子政治博弈是納什均衡。

　　在韓非子的政治博弈中，信念互動均衡即「德治」，就是遵行天道，按照人之理即人性好利惡害進行君臣之間的博弈；策略互動均衡即「法治」，就是韓非子提出的一整套法治體系；韓非子所處的時代特點決定了其工具理性的必然性。

　　最後提出，周公的一整套制度也是政治博弈均衡，是以人為本、以德治國這一信念互動均衡下的策略互動均衡；秦以後二千一百多年的封建帝國政治博弈，同樣是信念互動均衡下的自利互動均衡和策略互動均衡的整合均衡，以及其「陰」用的必然性。借古鑒今，如何尋找並確立符合新時期特色的信念互動均衡以及信念互動均衡下的策略互動均衡是我們當前應當進行理性思考的問題。

目

次

導　論

　　先秦諸子百家中，最後成熟的是法家。韓非子是先秦法家最後一人，也是先秦法家的集大成者。他的思想淵源包括法家的法治、術治、耕戰、疑古、性惡論；道家的自然無為、愚民說；儒家的正名、性惡；墨家的唯實、尚同等。韓非子的法治思想為秦王朝建立封建中央集權提供了有力的政治理論依據，雖然在之後兩千多年的封建統治中，統治者們不再公開打著法家的旗號，但其思想精髓卻一直被傳承著。自漢武帝「罷黜百家，獨尊儒術」開始，封建地主階級便一直採用儒表法裏或陽儒陰法的學說。

一、選題背景

　　我對韓非子感興趣主要基於以下原因：其一，韓非子作為戰國晚期的諸子，不僅是先秦法家的最後一人，也是法家的集大成者，他的思想博大精深，涉獵了儒家、道家、墨家、法家、兵家、陰陽家等；其二，韓非子針砭時弊，看問題尖銳深刻，尤其關於人性好利惡害的分析，更是入木三分，直指人心，一針見血；其三，韓非子終其一生，總結他人治理國家的經驗教訓，思考治理國家的方針原則，為君主奉獻治理國家的策略，他的思想得到了秦始皇的欣賞和認可，並為加快結束春秋戰國五百多年的戰亂、建立統一秦帝國提供了強有力的理論和政策依據；其四，事實上，在秦始皇之後的二千多年封建帝王集權統治中，其理論價值從未被忽視過，封建統治階級採用的一直是「儒表法裏」或「陽儒陰法」，儘管在現實政治中法家思想更受重視，但法家思想也往往要穿戴著儒家衣冠才能出場。其五，其理論之深刻、實用，即便在現代民主政治社會中，韓非子論述的一些管理方法、管理技巧仍有很大借鑒價值。然而，這

樣一個傳奇人物，卻是一個悲劇人生；這樣一個包羅宏富、體大思精的學說，卻長期只能「陰」用（或「裏」用），即便在近代也曾受過詛咒和謾罵，為什麼？這是一個纏繞我很久的困惑。

筆者曾研讀過美國經濟學家曼昆的《經濟學原理》，對其中理性經濟人的概念較為熟悉。理性經濟人是西方主流經濟學的核心基礎概念，其特徵就是「自利」和「理性」，這與韓非子人性好利惡害的理念如出一轍。為此，筆者從西方經濟學「理性經濟人」的假設自然而然地推想到韓非子「理性政治人」的假設。從「理性」到博弈論是一種必然的聯繫，因為博弈論的根基就是理性，博弈論的發展史同時也是一個關於理性的發展史。

博弈論是使用嚴謹的數學模型，研究雙方或者多方在競爭、合作、衝突等條件下，充分瞭解各方信息，選擇一種能為本方爭取最大利益的最優決策的理論，它研究的是理性主體之間的策略互動。在博弈論中，理性概念是核心概念，也是其進行理論分析的基礎和前提。從博弈論的角度對韓非子的政治思想進行初步地分析，可以發現：韓非子畢其一生，總結治國經驗，研究治國理論，鞭辟入裏地分析了「人性好利」，並以此為基礎為君主提出了法、術、勢並舉的邏輯嚴密的治國策略，「人性好利」與古典博弈論「理性經濟人」的本質一樣，都是以追求利益為目標；雖然韓非子的治國方略在秦王統一天下的實踐中已經得到了驗證，古典博弈論也確實解釋了諸如「囚徒困境」的一些經濟問題，但兩者最終都陷於工具理性的困惑，並在後期隨著理性概念的進一步完善而獲得發展。因此從古典博弈論的視角來看，韓非子的政治思想充分體現了博弈思維，他深入探討了君主與臣民之間的決策互動，他所提供的治國策略是自利假設前提下的納什均衡。古典博弈論和韓非子的政治思想雖然跨越古今中外，分屬不同學科，但對後者的理解和詮釋可以充分借鑒前者。因此，釐清這兩個理論之間的深層次關係，激發了筆者強烈的好奇心。

周勳初在《讀韓非子》一文中說：「我總覺得若從『古為今用』的角度而言，在先秦諸子中《韓非子》是最貼近現實的一部著作。因為書中所分析的，全是政治紛爭中的權謀，以及人在複雜的社會關係中趨利避害的各種表現，只要在政治上仍然存在種種複雜情態，人在社會關係中還得計較利害得失，那麼《韓非子》中所揭示的一些問題，仍然會『益人意智』。」[註1]

前輩學者們已經在韓非子的政治思想、倫理思想、歷史思想、法律思想等

〔註1〕郭沫若、王元化：《韓非子二十講》，華夏出版社，2008，第372頁。

諸多方面分別進行了深入並且卓有成效的研究，涉及了哲學、文學、史學、法學、管理學、政治學等諸多學科，留下了豐富的研究成果，給當代中國的政治文明建設以及各級各類管理者以不同角度的啟示。但是，從博弈論的角度對韓非子的政治思想進行系統性研究還未開啟。筆者不揣冒昧，嘗試在前輩學者的研究基礎上，以理性概念為基礎，從博弈論的角度對韓非子的政治思想進行梳理，試圖為自己的困惑尋求答案。

二、研究綜述

概觀近百年來海內外韓非子研究現狀，主要圍繞韓非子著作及其思想這兩方面進行展開。在著作方面，包含了對韓非子本人的生平、作品的真偽、語文文字及文體學等的研究；在思想方面，包含了政治思想、倫理思想、歷史思想、經濟思想、藝術思想、法律思想、管理思想等，並由此延伸開來，進一步研究韓非子思想對當代社會的一些影響，比較與西方馬基雅維里、霍布斯、越南黎聖宗、黎貴惇等哲學思想的異同，以尋繹中外政治思想的某些關聯。

從時間上來看，國內研究韓非子大致可以分為三個階段：

第一個階段，中華人民共和國建國之前，這一階段是韓非子研究的興起與蓬勃期。從時間和規模來看，最早對韓非子思想的關注可以追溯到秦朝。據《史記·李斯列傳》記載，秦二世和李斯都曾徵引《韓非子》以證成已說。自兩漢至今，幾乎歷代都有文人學者或多或少、或散文或專著對韓非子政治思想有過評論。

秦漢時期有關韓非子生平、著述及思想的文章有：司馬遷的《史記·老子韓非列傳》、劉安的《淮南子·泰族》、桓寬的《鹽鐵論·刑德》、班固的《漢書·藝文志》、揚雄的《法言·問道》、王充的《論衡·非韓》等。

南北朝至唐這一時期，主要集中於對《韓非子》的注釋，主要成果有：北魏劉昺的《韓子注》、唐尹知章的《韓子注》。另外，根據元代何犿《校韓子序》中所說有李瓚注。

宋元時期，大多集中於對韓非子的評論，主要有：《崇文總目敘釋》中歐陽修的評論、《韓非論》中蘇軾和蘇轍兄弟的評論、《困學紀聞》中王應麟的評論。另外，這一時期還有謝希深對韓非子所作的注釋《韓非子注》。

明代主要集中於韓非子的刊刻校訂和文學評點這兩方面。

清代主要集中於文獻整理。其一是對善本的刊刻翻印，主要有述古堂影鈔

宋乾道本、吳鼎影刻宋乾道本、二十二子本等；其二是對有關版本的整理校訂，主要有盧文弨的《韓非子校正》、顧廣圻的《韓非子識誤》、俞樾的《諸子平議‧韓非子平議》、孫詒讓的《札迻》等。特別是晚清時期王先慎的《韓非子集解》，彙集了相關的各種校釋，是二十世紀以來最為通行的注釋本之一。

清末民初，民主思潮伴隨著西學湧入，韓非子研究一度出現繁榮的局面，早期如梁啟超、嚴復、章太炎、宋恕、沈家本、陳三立等著名學者，後期如吳虞、劉師培、君桐陽、胡適、謝無量、陳千鈞、陳啟天、郭登峰、全世垣、陳漢欽、林語堂、熊十力、張陳卿、曹謙、王世琯、馮友蘭、蕭公權、嵇文甫、范文瀾、侯外廬、呂振羽、郭沫若、于省吾、高亨等從不同角度對韓非子進行了相當深刻的分析和探討，成績卓著。

第二個階段，新中國成立後至「文化大革命」結束，是韓非子研究的特殊發展期。新中國成立至文革前，這一時期學界基本沿著唯物史觀的研究思路和理論框架，對韓非子的階級屬性、基本思想、韓非子思想與先秦諸子的思想關聯等諸多理論問題展開討論。其間，有梁啟雄《韓子淺解》、陳奇猷《韓非子集釋》和周鍾靈《韓非子的邏輯》等出版，對加深韓非子的相關研究做出了重要貢獻。文化大革命期間，受政治氣候的影響，學術研究呈現畸形狀態，這一時期發表論文大多是「戰鬥文學」之類文章〔註2〕，其實這場貌似學術爭論的「儒法之爭」，只是一場政治運動，與研究中應一以貫之的追求真理、思想自由、科學論證的學術精神毫不相干。

儘管文革給學術研究帶來了很大的影響，但壓抑中仍然有一份冷靜。1976年南京大學《韓非子》校注組編寫完成的《韓非子校注》、周勳初《韓非子扎記》、王元化《韓非論稿》等是文革後期學術研究平實學風之集中體現的著作。

第三個階段，20世紀80年代後，韓非子研究進入新的發展與總結階段。

十年動亂結束後，學術研究逐漸進入健康的發展軌道，既有對歷史的反思，也有一定的學術生長點，其總體特色是領域不斷拓展、評價日趨客觀。這一階段的研究成果主要包括韓非子生平的研究、《韓非子》文本的校注、對韓非子的政治思想、法思想、倫理思想、管理思想等的研究。

在生平方面，代表性的研究成果主要有：王舉忠的《李斯殺韓非原因考辨》、《李斯殺韓非原因再考辨》，鄧廷爵的《關於〈韓非子‧初見秦〉的作者

〔註2〕宋洪兵：《韓非子政治思想再研究》，中國人民大學出版社，2010年，第6頁。

與韓非之死》等論文。

校注主要有：《韓非子》校注組編寫、周勳初修訂的《韓非子校注》、陳奇猷的《韓非子新校注》等。

在韓非子思想及綜合性研究方面，主要有：周勳初的《〈韓非子〉札記》、陳奇猷和張覺合著的《韓非子導讀》、施覺懷的《韓非評傳》、鄭良樹的《韓非子著述及其思想》、盧瑞鍾的《韓非子政治思想新探》、徐漢昌的《韓非的法學與文學》、張純與王曉波的《韓非思想的歷史研究》、孫實明的《韓非思想新探》、閻笑非的《韓非研究叢稿》、谷方的《韓非與中國文化》等。

博碩士論文是韓非子研究的重鎮。根據中國知網博碩士論文庫的檢索結果，基本上可以得出這樣一個結論：韓非子的研究集中在 21 世紀初期。這種情形應當是諸子學說或者說是國學開始熱的表現。也就是說，人們開始在反思傳統、應對現實。以關鍵詞「韓非」檢索中國知網博碩士論文庫，從 2000 年至 2014 年，博士論文 19 篇，碩士論文 184 篇。論文的視域集中在語言文字、政治思想、法律思想、文學成就、思想淵源等方面。博士論文研究的方向有中國哲學、世界史、中國古代文學、漢語言文字學、漢語史等，顯見韓非子研究已經全面展開，涉及韓非子的學術思想、政治哲學、詞彙研究等。碩士論文沒有溢出以上的研究學科。從內容上看，相當一部分論文運用了心理學、倫理學、人類學、政治學、文體學、管理學、經濟學、建築學等不同學科的成果。不同視角的切入，為韓非子的研究帶來了新的學術血液。但是，在所查找的博、碩士論文中未見有從博弈論的角度對韓非子的思想進行系統研究的論文。

同樣，檢索中國期刊網，自 1984 至 2014 年這 30 年間關於研究韓非子的論文達 300 多篇，這些論文對韓非子的思想從不同角度進行了拓展研究，開拓了筆者的視野，但仍未發現有從博弈論的角度對韓非子的思想進行研究的論文。

關於博弈論的研究，詹姆斯‧D.莫羅做了很好的概述，「博弈論起源於 20 世紀 20 年代的最小最大定理（Minmax Theorem），該理論首次陳述了對純粹衝突情境即雙人零和博弈（two-person, zero-sum game）的基本求解。博弈論的早期發展被馮‧諾伊曼（Von Neumann）和摩根斯頓（Morgenstern）彙集成一個融貫的數學理論整體並於 1943 年出版，書名是《博弈論與經濟行為》（Theory of Games and Economic Behavior）。該書旋即成為經典並引起數學家

和經濟學家對博弈論的興趣。馮‧諾伊曼和摩根斯頓提出了經典博弈論的基本原理——如何求解雙人零和博弈以及處理 n 人博弈（也就是有兩個以上參與者的博弈）的經典方法。

隨著第二次世界大戰後美國政府對社會科學經費投入的爆炸式增長，博弈論作為一個領域變得十分繁榮。在 1945 年至 1955 年的十年間，博弈論無論在其基本數學方面還是在其應用於社會和軍事情境方面都日漸成熟。……在某種意義上，這一時期是博弈論的一個黃金時代。在 20 世紀 50 年代中期以後，隨著博弈論的數學變得更加精深而其應用變得不那麼尖端，該領域分裂為數學家和社會科學家兩大陣營。

在該領域分裂以後，博弈論應用於社會情境變得普遍。在經濟學中，很大部分的基礎理論被以博弈論方式重新表達……現在它對所有社會科學家都感興趣的許多問題有其自己的答案……我們所知道的非合作博弈（noncooperative game theory），它們是由社會科學的實質問題所推動的。」〔註3〕

國外較早將博弈論應用於政治領域的是安東尼‧唐斯（Anthony Downs），他於 1957 年出版的著作《民主的經濟理論》（An Economic Theory of Democracy），第一次將博弈論的分析方法應用於政治科學研究中，為利用數學與邏輯方法分析政治科學打開了大門。其後，大衛‧奧斯汀-史密斯（David Austen- Smith）和傑弗瑞‧S.班克斯（Jeffrey S.Banks）1999 年出版的著作《實證政治理論（第 1 卷）：集體偏好》（Positive Political Theory I: Collective Preference），通過數學模型分析政治現象，主要包括：在選舉中脫穎而出的政黨或者候選人、立法機構通過的法案、關於是否進入戰爭狀態的決定或者設計憲法等。他們的第二本書，2005 年出版的《實證政治理論Ⅱ》（Positive Political Theory II）在博弈論的基礎上，對政治科學中的策略與制度進行了探討。

目前，博弈論已成為國外研究政治問題最有力的分析工具。從最早被用於研究選舉和立法行為開始，博弈論模型已經廣泛應用於諸如國際安全、種族合作和民主化等各種領域的研究中。實際上，政治科學所有領域都受益於博弈論模型的重大貢獻。在《美國政治科學評論》（American Political Science Review）、《美國政治科學期刊》（American Journal of Political Science）和《國際組織》（Inter-national Organization）等刊物中，幾乎每一期都有至少一篇論

〔註 3〕〔美〕詹姆斯‧D.莫羅著，吳澄秋、周亦奇譯：《政治學博弈論》，上海人民出版社，2014 年，第 2～3 頁。

文對政治現象提出新的博弈模型分析，或者有至少一篇論文對已有模型進行經驗實證檢驗。但是，博弈論在政治科學中的應用並不像在經濟學中那樣發展迅速。〔註4〕

　　在國內，博弈論已有一定發展，具有代表性的著作是張維迎1996年出版的《博弈論與信息經濟學》，這本書對博弈論和信息經濟學的主要內容和研究方法作了比較全面系統的討論和分析。但是，國內對政治博弈論的研究仍處於起步階段，大多數研究還集中於社會理性選擇理論的探討，對於政治博弈的模型研究更是稀少。在這一方面做了一些探索的是古洪能，他於2008年出版了《政治博弈論》，其目標是建立一個系統化的政治博弈論框架，以期用於分析和解釋政治事實。在中國古代哲學研究方面，錢永生2002年在其博士學位論文《論墨子思想的構成》中對墨子思想的結構特徵進行了博弈分析，並從墨學博弈論的角度理解墨子利他主義的倫理觀、威權主義的政治觀和霸權穩定的戰略思想。丁萍2009年在其碩士論文《論中國古代博弈邏輯思想》中回顧了中國古代博弈邏輯思想的產生、發展及衰落，並對田忌賽馬、合縱連橫等歷史典故進行了博弈分析。

　　目前，在筆者所能查閱的文獻資料範圍內尚未發現有運用博弈論對韓非子的政治思想進行系統研究的著作或博、碩士學位論文。

三、研究價值

　　本書從博弈論的角度來探討韓非子的政治思想，用理性概念來解讀其社會信念互動均衡和政治策略互動均衡之間的關係，這是一種創新。這一創新有利於在新的歷史背景下進一步深入理解韓非子的文本內涵，同時也驗證了博弈論的廣泛適用性與科學性。進而，以一種全新的視角審視我們的歷史，理性地分析生產力和生產關係、社會需求與人性狀況、社會信念與政治制度等之間的關係，為尋找各個時代的社會信念互動均衡以及信念互動均衡支配下的策略互動均衡體系提供一種新的思路。

　　無疑，這一分析方法為探討並確立當今社會的信念互動均衡，即核心社會價值觀，以及核心社會價值觀支配下的政策體系即策略互動均衡的建立也提供了一個新的思路。

〔註4〕〔美〕諾蘭·麥卡蒂、亞當·梅羅威茨著，孫經緯、高曉暉譯：《政治博弈論》，
　　　上海人民出版社，2009年，第1頁。

四、研究內容

首先要作說明的是，本書以《韓非子》為主要依據，不考察其文本虛實，不考證其是否代表韓非子的真實思想等具有爭議性的問題，僅以目前已確認、獲大部分研究者認可的部分為文獻依據。

首先，關於研究對象。

本書主要以韓非子的政治思想為研究對象，在理性概念的基礎上，從博弈論的角度對其理論體系進行梳理，並提出「理性政治人」的假設。

其次，關於主要內容。

博弈論最初是由美籍匈牙利數學家馮‧諾依曼於 1928 年建立起來的一個數學理論，在當時對現實生活影響甚微，並沒有得到人們的關注。直到 1944 年，馮‧諾依曼與奧斯卡‧摩根斯坦合著《博弈論與經濟行為》（Theory of Games and Economic Behavior）發行出版，博弈論在經濟領域的應用和發展為博弈論發展為一門學科奠定了基礎。約翰‧福布斯‧納什（John Forbes Nash Jr.）於 1950 年寫出了論文《N 人博弈中的均衡點》（Equilibrium Points in N-person Games），第二年又發表了另一篇論文《非合作博弈》（Non-cooperative Games），這兩篇論文將博弈論的研究範圍和應用領域進一步大大推廣。論文中提出的「納什均衡」已經成為博弈中最重要和最基礎的理論。博弈論發展到今天，已經成為一門比較完善的學科，應用範圍也涉及各個領域。

當然，博弈論原本是應用數學的一個分支，最嚴謹、最精準的表達方式應當是用函數和集合的形式來表達。但博弈論最關鍵的是教你如何思考問題，而不是如何描述這個問題，數學不應該成為我們研究博弈論和訓練博弈思維的障礙。我們繞開複雜的函數表達形式來理解博弈論：博弈論是一種以納什均衡為基本語句的主體相互作用語言，一種以互為最適反應為基本工具的互動決策方法體系。在這個表述中強調了三個主體概念：理性、互動和決策。理性可以簡單理解為最大化個體利益的先驗假設，博弈理性代表博弈與主體行為偏好的關聯性，不同理性內涵決定了不同的博弈行為和博弈方式。互動是博弈的必然特徵，策略性關聯的不同主體在不同的理性邊界內進行互動。決策是博弈均衡分析的目的與歸宿，博弈決策就是通過均衡分析尋找利益最大化的關聯性策略。

對照如上表述，我們分析韓非子的君臣博弈，同樣可以梳理出三個主體概念：理性，君主與臣民都是在既定的博弈環境中追求自身利益的最大化；互動，

占主導地位的君主與臣民之間的互動，例如「術」；決策，通過博弈互動達到的互為最適反應的策略的集合，例如「法」。因此，我們可以這樣理解韓非子的君臣博弈：它是君主與臣民之間的一種以經濟、政治權力、社會階層、法律規則利益為核心的主體相互作用語言，是君主與臣民之間的互為最適反應的決策方法體系。

從內部結構來看，韓非子的政治思想同樣包含著博弈的五大基本要素：博弈主體；各博弈方各自可選擇的全部策略或行為的集合；博弈者決策順序；博弈方的得益；當博弈主體面對不完全信息情形時，博弈要素還包括信息。

第一，博弈主體，即博弈決策的雙方或多方。博弈主體必須具有理性意識，即決策者始終以最大化自身利益為目標；博弈主體還必須具有理性能力，即具有實現理性願望所需要的各種客觀能力，包括認知能力、理解能力、計算能力、判斷能力等。韓非子認為君臣博弈（臣民博弈）的雙方必須是「好利惡害」的，並且都有計算之心。

第二，策略或行為集合，韓非子的政治博弈中有「以法治國」的一整套的策略方法。

第三，關於信息，按照博弈各方互動決策信息的差異可分為完全信息博弈和不完全信息博弈。完全信息博弈是指每個博弈方都具有全知全能，那些包裹在核心利益要素之外的各種東西都不能遮蔽任何博弈方；不完全信息博弈是指博弈方（一方或多方）對於博弈結果（得益）或博弈進程（及相關策略）不完全清楚的博弈。在韓非子的法治中關於法的制定、公布和執行等方面，較多體現的是完全信息博弈；而術治則強調的是不完全信息博弈。

第四，根據博弈的過程，可以分為靜態博弈和動態博弈。雙方同時進行博弈或同時選擇策略的博弈為靜態博弈；依次決策且後決策者能夠看到先決策博弈方決策內容的為動態博弈。結合信息狀態，我們又可以將博弈分為完全信息靜態博弈、完全信息動態博弈、不完全信息靜態博弈、不完全信息動態博弈。對照這四類博弈，我們也可以將韓非子的君臣博弈策略體系進行分類，對號入座。

第五，博弈方得益，博弈各方主體都是追求利益最大化的理性主體，這個自我利益一般來自四個方面：市場（經濟）利益、社會（階層）利益、政治（權力）利益、法律（規則）利益。韓非子的君臣博弈，各方所追求的便是上述利益的部分或整體。作為君主的博弈方，追求富國強兵，統一天下，即更多的表

現為排他性支配他人的政治權力和固定君主利益的規則制定；作為臣民的博弈方，表現更多的是對經濟利益的追求和社會分層的群體利益尋租。

從對上述五個韓非子政治博弈要素的初步分析中，我們看到韓非子的政治思想與博弈論有著如此之多的相似之處。

從博弈論的不必證明的先驗假設「理性經濟人」的分析入手，我們可以推導出韓非子政治博弈的「理性政治人」假設的概念，以及「理性政治人」必須具備的特質：自利性、理性、偏好體系穩定有序。這些假設都可以從韓非子的人性論和道理論中找到理論依據。

納什均衡是所有博弈分析邏輯的起始點和中心點，因此納什均衡是博弈論最為核心的概念。當博弈是最簡單的兩主體博弈時，納什均衡的通俗定義是：「給定你的策略，我的策略是我最好的策略；給定我的策略，你的策略也是你最好的策略。」給定對手的策略選擇，每個博弈方都要實現其利益最大化。這種相互實現利益最大化的博弈決策方式可稱為「互為最適反應」。

韓非子作為一個政治思想家，他只是為封建君主提出了自己的治國方略，他本人並沒有參與實踐。韓非子的策略是否是最好，是與儒家、道家、墨家等相比較的結果，後世自有定評。馮友蘭先生在《中國哲學史新編試稿》中，對韓非子進行了如下評價：「韓非代表新興地主階級，為徹底消滅奴隸主貴族，為完成中央集權的專制主義的統治，準備了理論的基礎和實際的政策。……韓非的思想在秦朝取得統治的地位。秦朝以這種理論基礎，建立了地主階級專政的、中央集權專制主義的政權。」

我們從博弈論的核心概念納什均衡、先驗假設、五大要素等來分析，可以發現韓非子政治思想就是一種博弈思想，雖然沒有西方博弈理論那麼一個嚴謹的數學和邏輯的表達形式，但其內涵和思想體系無不彰顯著博弈理論的精華。從其思想內容來看，韓非子的政治思想又與古典或新古典博弈論相似，早於西方 2000 多年。

粗略地分析到這裏，我們不由感慨，早在二千多年前，韓非子便已諳熟博弈思維，為君主進行著最優決策的選擇。同時，疑惑又起，如此嚴謹的理論體系，為何只能用於秦統一天下的理論指導，而不能用於後期的治世，以致於很快被「罷黜」。筆者嘗試從博弈論的發展中尋找答案。

分析韓非子的「理性政治人」假設，發現其具有完全理性、目的理性、過程理性等工具理性的特質，這與古典博弈論非常其相似。而古典博弈論的完全

理性假設在現實性方面是明顯是有問題的，事實上人們在大多數比較複雜的決策問題中表現出來的理性都無法滿足這種「完全理性」的要求。古典博弈論還導致了諸多博弈困境，主要表現為兩方面：個體理性與集體理性的衝突，即個體的理性行為產生的集體的不合理行為，例如人們所熟悉的囚徒困境、公共地悲劇、價格戰、軍備競賽等；過程理性和結果理性的衝突，即理性人努力使自己的收益最大化，而在最後通牒博弈中越理性的人得到的利益越低。因此，越來越多的博弈論學者對古典博弈論的完全理性假設進行了批評，而古典博弈論在突破了工具理性的缺陷後獲得了新的發展。同樣，理性政治人的假設也只有摒棄韓非子的完全理性、目的理性等工具理性的特質，根據社會發展的現實，引入價值理性等因素，才能得以長存。這也是對韓非子政治思想進行博弈分析的價值所在。

最後，關於研究重點和難點。

（一）研究重點

第一，筆者分別從博弈論的基本要素（即博弈主體、各博弈方策略集合、博弈決策順序、博弈方得益、信息）、假設前提（即理性經濟人）、納什均衡這三個方面對韓非子的政治思想進行理性梳理，以得出結論：韓非子的政治博弈是納什均衡，是信念互動均衡、自利互動均衡和策略互動均衡的整合均衡，是韓非子所處時代政治博弈的最適反應。

第二，以對韓非子政治博弈思想的均衡分析為基礎，對秦之前周公「以人為本、以德治國」的政治博弈和秦之後二千多年「陽儒陰法」的政治博弈進行對比分析，同樣得出這兩種博弈也是信念互動均衡、自利互動均衡和策略互動均衡的整合均衡，是所處時代政治博弈的最適反應。

（二）研究難點

參照國內外政治博弈論的最新發展，如若對韓非子的政治思想進行嚴格科學意義上的博弈論分析，應當是建立新的數學模型或運用已有的數學模型進行詮釋。本篇論文中，僅在分析韓非子君、臣、民的階層和社會博弈中運用了博弈理論的經典模型進行詮釋，論文的其他部分只是參照博弈論的基本理論框架對韓非子政治思想進行文本的解讀。原因之一，以筆者有限的數學基礎和模型分析基礎，對韓非子的政治思想進行函數和集合形式的模型分析存在一定的困難；原因之二，本書的研究主體是中國哲學及其理性思考，博弈論只

是分析工具。

五、研究方法

　　本課題跨度數學、政治學、哲學、心理學等學科領域，這需要集中有限的精力和時間，閱讀大量的文獻和最新的研究成果，作出盡可能合乎邏輯的判斷。為此，我將運用以下方法展開研究。

　　第一，跨學科分析法。運用運籌學、哲學、政治學等學科的理論、方法和成果，按博弈論的理論框架從整體上對韓非子思想進行梳理，其目的是將韓非子的政治思想放到不同的文化、理論環境中進行對比分析，使理解更加充分。

　　第二，對比分析法。將韓非子的政治思想與儒、墨、道等相關哲學思想進行對比分析，找出其異同處，擴大視野，並希望挖掘對現代的指導價值。

　　第三，歷史分析法。將韓非子放在歷史的洪流中，分析其法家思想形成的來源和個人背景，以借古鑒今。

　　第四，心理分析法。用心理學的相關知識對韓非子政治思想形成的原因進行分析。

第一章　關於理性政治人

理性概念作為人類建立哲學和社會科學理論的基石，在博弈論中佔據核心地位，它不僅構成了博弈均衡的分析基礎，而且根據理性假設的不同限制產生了博弈論的理論分支。以理性概念為導引，對比中、西方文化思維方式的不同，在剖析西方經濟學「理性經濟人」概念的發展歷程中，可以梳理出中國古代社會先秦時期政治博弈中「理性政治人」的思想內涵。

一、理性概念

理性概念起源於古希臘哲學，在德爾菲的阿波羅神廟上刻著一句箴言「認識你自己」，指出了人與動物的區別是人具有自我意識，人所具有的這種反省和認識自己的能力即為理性。具體地說，理性是指概念、判斷和推理等系統化、理論化的思想、理論和學說，以及按照邏輯思維合理解決問題的能力。〔註1〕

（一）西方哲學中的理性概念

作為一種思想觀念，理性概念在西方哲學發展進程中可以追溯到古希臘時期。這一時期理性概念的產生及後來理性概念的不斷推進和完善，為整個西方哲學理性主義精神奠定了基礎。

1. 古希臘時代的西方理性主義

古希臘是歐洲文明的發祥地。產生古希臘哲學的時代，社會經濟繁榮，奴隸制城邦興盛，手工業、商業發展，逐漸形成了工商業奴隸主階層，產生了工

〔註1〕 張淑君：《理性與非理性地位互易的歷史及兩者關係》，《社會科學家》，2010年
　　　 第4期，第137～140頁。

商業奴隸主與貴族奴隸主之間的鬥爭，因此有了反對宗教神話代之以新思想的要求。這些客觀的社會條件開啟和推動了哲學思考。作為西方哲學的思想發源地，在希臘哲學多種多樣的形式中，差不多可以找到以後各種觀點的胚胎、萌芽。〔註2〕

　　「古希臘哲學的思想淵源主要有兩大源流。一是來自古代東方各國文化對古希臘的影響。……二是古希臘神話。」〔註3〕「希臘哲學起源的直接背景是宇宙起源詩，宇宙起源詩以神話的外衣敘述了客觀史前的故事，從而利用流行的有關萬物恒變的觀念敘述宇宙創造的形成。」〔註4〕古希臘的哲人們在探究操縱世界運行的某種超自然力量中產生了解釋世界本原的哲學思想萌芽，開啟了理性的時代。

　　古希臘早期的哲學家們開始意識到人在認識世界的時候，思維能夠做到超越已有的觀念，用思維的推理逐漸代替經驗的直視。愛利亞學派的巴門尼德陳述了感性經驗與理性思維之間的關係，他主張追求知識的確定性，摒棄一切不確定性的、感性的事物，最終達到對真理的認識，因此，他也成為古希臘哲學史上第一個典型理性主義者。

　　古希臘多元論哲學的代表阿那克薩戈拉提出了「努斯」，第一次把精神的東西和物質的東西做了區分；德謨克利特力圖建立一種新的形而上學體系，他認為對具體事物的認識是通過感覺認知的，而知識是依靠理性認識獲得的。這一時期的理性觀帶有自然哲學的樸素性。

　　蘇格拉底提出了對理性的信仰，將哲學關注點引向了理性。蘇格拉底力求從思維的角度把握人，提出「認識你自己」，以自身為目的不斷實現自己，將真理歸結到主體的思維意識，使人的意識逐漸擺脫其主觀性，最終獲得最本根的普遍性和客觀性。

　　柏拉圖構建起理念論的框架，確立了理性的重要作用。柏拉圖認為在人的靈魂中蘊藏著作為其他一切知識起點的最真實、最普遍的某些知識、原理、觀念或理念，其他知識都是這些最基本的知識的推演，人們學習和得到知識的過

〔註2〕中共中央馬克思恩格斯列寧斯大林著作編譯局：《馬克思恩格斯全集》（第20卷），人民出版社，1995年，第180頁。

〔註3〕冒從虎、王勤田、張慶榮：《歐洲哲學通史》，南開大學出版社，1985年，第14～15頁。

〔註4〕〔德〕文德爾班著，羅達仁譯：《哲學史教程》上卷，商務印書館，1987年，第42頁。

程，就是靈魂逐漸「回憶」的過程。儘管柏拉圖奠定了西方理性主義哲學的基本範式，但並沒有完全建立起古希臘哲學理性主義。

亞里士多德是古希臘哲學的集大成者，他發展了古希臘哲學的理性觀念，認識到理性的最高規定是思想思維本身。他所構建的思辨哲學體系使古希臘理性主義發展到頂峰。

古希臘哲學家們把理性提高到了人的認識和思維能力的最高階段，儘管這一時期對理性的理解還處在較為粗糙的階段，而且不同流派的哲學家對於理性的理解和表述並不相同，但他們把對於理性的揭示和把握作為探索其他一切問題的關鍵，這也成了整個西方理性主義的傳統。

2. 中世紀的西方理性主義

在中世紀時期，雖然神學備受重視，哲學為神學服務，是「神學的婢女」，但理性主義在這一時期並沒有斷裂，其理論思想仍然居於統治地位。這是因為，要想使大家承認上帝的存在，需要用理性主義的方法來證明和推斷。

神學家奧古斯丁借用古希臘哲學，把理性引入信仰領域，「將神學理解為對基督教的條理分明的反思，儘管不容許理性與信仰之間存在矛盾」〔註5〕。他努力協調哲學與宗教、理性與信仰的關係，力圖建立起以信仰為核心的神學體系。神學家安瑟倫把信仰的權威推向極致，「我決不是理解了才能信仰，而是信仰了才能理解。因為我相信：『除非我信仰了，我決不會理解』」，在他看來，理性的職責是對信仰的侍奉。在信仰權威與理性權威的爭辯中，對權威之根據的哲學反思，造成理性與信仰的緊張對峙。

中世紀神學家波依修斯重視理性對認識上帝不可或缺的重要作用，強調缺乏理性的信仰只能導向盲從，他寫道：「理性以這樣的方式證明上帝是善的，並使人相信上帝是至善的。如若非如此，他就不可能為萬物之首，那就會有比上帝更善者。」理性精神與基督教觀念的相遇，使基督教神學的論證具有了概念的明晰性和邏輯的嚴謹性。理性與上帝等齊，真理具有了理性與啟示雙重源頭，為阿威洛伊主義的「雙重真理論」作了鋪墊。理性在侍奉神學中，其自身的批判和懷疑本性超越了對基督教辯護之界限。阿貝拉爾倡導理性批判的原則，他提出「由於懷疑，我們就驗證，由於驗證，我們就獲得真理。」

經院哲學家們力圖消除信仰危機，他們把理性作為檢驗真理的尺度，從最

〔註5〕〔德〕漢斯·昆：《基督教大思想家》，社會科學文獻出版社，2001年，第60頁。

高原理中推導出對上帝的真理性認識，而不是借助於宗教感情，因「上帝實質上在於思中」。經院哲學家們從內在性上顛覆了以信仰為基礎的基督教神學，從形式上促成了推理邏輯與經驗知識的完善結合。如此，理性從中世紀對神學的單質侍奉轉向近代為實證科學的辯護。

3. 近代的西方理性主義

18 世紀，眾多哲學家們主張用理性對待一切，進一步確立了理性主義的權威，這一時期也被後來的哲學家們稱為近代哲學開始的轉折點。

18 世紀的啟蒙思想家們在反封建過程中，用理性來審判一切，把世俗文化從宗教神學的桎梏中解放出來。笛卡爾宣布「我思故我在」，從理論上確立了人的理性相對於物的優越地位，它表徵著與中世紀迥然不同的理性時代的到來。理性是自我的思想活動，自我要把握真理就必須懷疑一切，因此，「我思」就成為笛卡爾哲學的起點和基礎。顯然，這是對理性精神的極大張揚。理性從啟示、哲學從信仰中剝離出來並獲得獨立的形態，但並不意味著宗教的消除，而是形成了新的宗教形態——知性宗教，「宗教信念應該像任何別的命題一樣接受檢驗——由理性證據來檢驗」〔註6〕。

培根提出「知識就是力量」，宣告人可以憑自己的理智在強大的自然力前得以自立；洛克指出「只有經過人的理智認可的傳統觀念才是值得依賴的觀念」；從康德到黑格爾的德國古典哲學，就是徹底貫徹理性原則，建構龐大的理性哲學體系的過程。康德首先把啟蒙運動的理性主義提到哲學高度加以闡發，在哲學中奠定普遍的理性原則。經過費希特和謝林的發展到黑格爾哲學中，理性被看作是與絕對理念同一序列的概念，理性是世界的主宰，理性就是上帝。黑格爾哲學是德國古典哲學理性主義發展的頂峰。

19 世紀，工業資產階級的力量日益強大，資本主義世界體系初步形成，資本主義生產關係的發展導致了理性的工具化。在資本主義市場經濟中，只有不斷提高勞動生產率，才能贏取更大利潤。而勞動生產率的提高，依賴於科學技術在生產和管理中的使用。資本與科學技術的聯姻，強調了科學技術的功利性和手段性，造成理性的工具意義和價值意義二元分裂，並在資本強勢邏輯下，工具理性逐漸取得了霸主地位。工具理性的支配地位猶如普照之光，它改變了人與自然、人與社會關係的色彩，使深度的控制從自然延伸至社會。

〔註6〕〔美〕詹姆斯·C·利文斯頓：《現代基督教思想》上，四川人民出版社，1999年，第 26 頁。

工具理性是什麼？馬爾庫塞認為（技術）工具理性作為一種邏輯或思維方式，有以下主要的特點：一是（技術）工具理性是在技術、理性和邏輯的基礎上形成的；二是（技術）工具理性以自然科學的模式來衡量知識，尤其是以定量化和形式化作為知識標準：三是（技術）工具理性把世界理解為工具，關心的是實用目的；四是（技術）工具理性將事實與價值嚴格分開。

4. 現代的西方理性主義

科技的發展最初是同人類的渴求保持著一致，它本身體現了人類的要求和體驗，但是 20 世紀以來，隨著非歐幾何、集合論和相對論等自然科學領域取得的突破性進展，科學發展的負面社會效應卻日益顯露：物質生活的豐富與精神生活的空虛並駕齊驅；社會生活表現形式的多樣性與個人生活的單一性共存；外在選擇的豐富多彩與本質發展空間的狹隘性並抵。馬克思曾提出，人的存在具有兩重性。一方面，作為自然的存在物，要不斷地和外在自然進行物質和能量的交換以保證生命的存在，這主要是通過技術手段（工具理性）來完成的；另一方面，作為超自然的存在物具有精神性的追求，要通過價值理性來實現，只有工具理性和價值理性兩者的整合才能使人得到充分全面的展現。但是伴隨著科學技術的一路高歌，工具理性獨佔鰲頭，價值理性失去了其應有的地位，這樣人的存在必定會受到阻礙，異化狀態開始出現。工具理性異化實際上反映著理性主義價值觀在科學技術高度發展的時代所受到的衝擊。

霍克海默指出，技術是知識的本質，它的目的不再是生產概念和圖景，也不是偶然的認識，而是方法，對他人勞動的剝削以及資本。霍克海默和阿多諾還闡述了工具理性與文化工業之關係，揭示了工具理性奴役的新特點：奴役以享受消費的方式進行，傳統的外在強制方式被剔除，正是文化工業提供了當代資本主義國家發展的新動力和維護統治的新路徑。

以對工具理性的批判而聞名的要數法蘭克福學派，他們對工具理性批判最全面和徹底，並且形成了許多獨特的見解，其理論也被稱之為工具理性批判理論。上海辭書出版社 2003 年版的《哲學小辭典》中對工具理性批判的詞條解釋為：「它是法蘭克福學派用語。指對科學技術由解放人的工具轉化為奴役人和毀滅人性的工具的批判。認為人有統治自然的極權主義欲望，把科技理性當作控制自然的工具，運用理性迫使自然界為人類服務，但由此產生了雙重的社會後果：一方面機器的進化導致對人的全面奴役，它控制了生產程序、國家機構和個人的勞動時間、閒暇時間，科技和工具理性成了統治社會的工具；另

一方而，生產工具越來越複雜化和精確化，使得人愈亦淪為機器操縱的對象，屈從於各種技術規則，從而使個體的人的主體性出現危機，獨立判斷能力，想像力，自由精神大為削弱，導致人性喪失和人的自我毀滅。」法蘭克福學派第一代學者對工具理性作了消極解讀，在一定程度上可以說是對理性觀念的批判，但對現代社會理性本身的全盤否定和懷疑導致了理論的缺陷性。哈貝馬斯是法蘭克福學派第二代的主要代表，他發展了早期批判理論，對工具理性進行了理性的分析和批判。他不贊成對工具理性的作完全消極的理解。哈貝馬斯認為人們在科技面前的「軟弱」，不過是因為把理性歸為目的理性或工具理性所致，並把這種理性來設計和規劃整個的人類生活世界。哈貝馬斯在「系統」概念之外確立了「生活世界」的概念，其中，「系統」是以主客關係為取向的工具理性所建構的世界，「生活世界」是以主體間關係為取向的「交互理性」所帶來的世界。哈貝馬斯致力於在現實世界中建立起新的秩序，借助「交互理性」為後現代社會尋找替代性的倫理規範。

西方學者尤其是法蘭克福學派的工具理性批判理論立足於社會現實，對現代資本主義社會存在的問題進行思考，具有強烈的批判精神，有十分重要的現實意義。但是無論是前期的工具理性批判，還是後期的哈貝馬斯理性的轉向，他們實際上都沒有把人的理性活動作為實踐活動的一部分，最終使得技術理性形成後，就不能在實踐的開放姿態中得以更新和發展，從而變成一種形而上學的東西，有唯心主義和形而上學解釋的傾向，而且他們對工具理性的批判呈擴大化趨勢，極易演變成為對現代社會理性本身，對現代社會的全盤否定和批判。

（二）博弈論中的理性概念

約翰・C・豪爾紹尼在 1994 年 12 月 9 日所作的諾貝爾經濟學獎獲獎演說辭中提出，博弈論是關於理性主體間策略互動的理論。

1. 博弈論理性概念的淵源

博弈論中的「理性人」假設與西方經濟學中的「理性經濟人」假設一脈相承。約翰・穆勒等人提出了關於經濟理性的三個假定。第一個假定：每個行動主體都具有與其行動選擇相稱的認知、推理和計算能力，能夠對行動選擇的環境有所認知，能夠對行動的可能後果進行預測並且對行動關於目標實現的有效性程度做出計算；第二個假定：行動主體是「理性人」，他們總是選擇使自

身的目標、偏好得到最大化實現的行動；第三個假定：每個人的自私自利行為
與其他人的自私自利行動具有一致性，即所有人的選擇都是均質化的自利行
動。古典經濟學的奠基人亞當·斯密把人性視為自私自利的欲望和有道義的同
情心的混合物，通過「經濟人」假設和「看不見的手」告訴大家，自利的驅動
可以在同情心的引導下帶來整個社會的豐裕和秩序。自亞當·斯密以來，西方
主流經濟學在方法論上一直奉行理性主義傳統，並在「理性經濟人」假設的基
礎上推演出各種具體的理性行為模型。

博弈論作為一種爭取最大利益的最優決策的理論，最初只是一個數學理
論，直到 1944 年《博弈論與經濟行為》發行出版才從一種單純的數學理論開
始運用於經濟領域。而作為現代經濟學的前沿領域，博弈論沿襲了主流經濟學
的「理性經濟人假設」。在「三個假定」中，博弈論的理性概念包含了前兩個
假定，但是與經濟學對這兩個假定的定位是有明顯差異的。經濟學理性概念中
的個人目標、偏好就是個人利益，即「個人利益最大化」是「經濟人」的行動
模式；而博弈論允許行動主體有利他偏好甚至允許行動者為群體、社會利益犧
牲個人利益，其理性概念是道德中立的，它既不鼓吹自私自利，也不宣揚大公
無私。正是因為這個原因，博弈論既可以作為經濟學的微觀分析基礎，也可以
成為倫理學、社會學的分析工具。而對於第三個假定，博弈論並不預設行為主
體的行動選擇是一致的自利行為，而是強調行動選擇的策略互動性。在博弈論
中，理性是一種交互主體性能力，是行動主體之間的公共性知識或信念，即每
個行為主體的選擇都是以對其他人理性、認知和行動選擇的認知為前提的，是
對其他人行動的最優反應。

2. 古典博弈論的完全理性

古典博弈論假設參與者具有完全理性。在給定的博弈環境和規則下，各博
弈主體嚴格執行幾種可行的策略方案，沒有衝動、情緒和直覺等非理性因素，
也不會犯錯誤。各博弈主體類似於計算機，按照既定的程序，進行推理演繹，
使互動行為達到均衡化。

傳統博弈理論中的理性概念包括「目的──手段」具有一致性兩個方面。
一方面，參與者具有目標理性，即參與者追求自身利益的最大化；另一方面，
參與者具有過程理性，即給定參與者對外部環境的信念後最大化自己的報酬，
能夠前後一致地作出選擇。過程理性又可以進一步分為兩個推理步驟：認知理
性和工具理性。

　　認知理性，是指參與者對相關環境可獲得的信息與形成的信念之間的一致性，即參與者具有對相關環境形成信念的能力。具體要求包括：參與者瞭解博弈的結構和規則、作為動態博弈遞推歸納法基礎的共同知識和作為不完全信息博弈均衡求解基礎的貝葉斯理性，即參與者對具有不確定性的事物作出事前概率分布的判斷，在動態過程中進行更新的貝葉斯決策。

　　工具理性，是指參與者對外部給定的機遇與固定的偏好之間的一致性，即參與者具有從既定的信念推導並採取相應策略的能力。具體要求包括：參與者具有計算推理、預見、記憶和分析判斷的能力，序貫博弈中具有序貫理性，不會犯錯誤（而顫抖手均衡要求參與人犯錯誤時均衡仍具有穩健性）等。

　　古典博弈論的這種完全理性假設在現實性方面是明顯有問題的，事實上人們在大多數比較複雜的決策問題中表現出來的理性都無法滿足這種「完全理性」的要求。古典博弈論還導致了諸多博弈困境，主要表現為兩方面：個體理性與集體理性的衝突，即個體的理性行為產生的集體的不合理行為，例如人們所熟悉的囚徒困境、公共地悲劇、價格戰、軍備競賽等；過程理性和結果理性的衝突，即理性人努力使自己的收益最大化，而在「最後通牒博弈」實驗中越理性的人得到的利益越低。因此，越來越多的博弈論學者對古典博弈論的完全理性假設進行了批評，西蒙指出「全知全能的荒謬理性無異於奧林匹亞山上無知不曉的神」。

3. 現代博弈論的有限理性

　　有限理性的概念最初由阿羅提出，即人的行為「是有意識地理性的，但這種理性又是有限的」。諾貝爾經濟學獎得主西蒙從更接近現實的人類理性可能和限度兩個基本方面，提出了有限理性的概念：「理性的限度是從這樣一個事實中看出來的，即人腦不可能考慮一項決策的價值、知識及有關行為的所有方面……人類理性是在心理環境的限度之內起作用的。」產生這種有限理性的具體原因有以下幾方面：其一，是行為主體知識的不完備性，每個人對於自己行動所處的環境條件只有片面的、局部的瞭解，要想做到明察秋毫、全知全能，不過是理想化的謊言；二，對行為結果不確定性預見的困難，西蒙認為「我們的大腦並非在某一時間就掌握了所有的結果，而是隨著對結果偏好的轉移，注意力也會從某一價值要素轉向了另一種價值要素」，因此，要完整預期價值是不可能的；其三，行為可行性範圍的限制，即行為主體無論何時，都只能想出非常有限的幾個可能方案作為備選方案。

有限理性意味著博弈主體之間的策略均衡不是一次性選擇的結果，而往往是通過學習調整的結果，或者即便是達到了均衡也有可能再次偏離。因此，分析有限理性博弈問題要發展不同於完全理性博弈問題的分析框架。有限理性博弈問題分析的核心不再是博弈主體的最優策略選擇，而是策略的調整過程、趨勢和穩定性。

從 20 世紀 80 年代開始，博弈論的學者們從有限理性的行為主體出發，摒棄了傳統博弈理論的超理性假設，認為個體行為具有模仿、經驗主義和慣例等有限理性特徵，從錯誤和嘗試中進行學習，最終結果也可能收斂到傳統博弈的均衡點，產生了包括演化博弈、實驗博弈等在內的各種博弈學習理論。

演化博弈理論在有限理性的假設前提下（表現為慣例、短視和試錯法行為等）認為即使參與者行為是有限理性的，如果動態的過程是收斂的，群體行為的演化最終也會達到傳統博弈的理性均衡點。根據演化博弈理論的均衡觀點，傳統博弈對多重均衡進行精練沒有太大意義，因為現實世界中的均衡來自於歷史演化的初始條件和演化過程中引起突變的一些隨機事件。

實驗博弈通過精心設計的可控實驗室方法，用貨幣誘發被試者進行真實決策的策略博弈過程。實驗博弈引入實證分析的研究方法，採用蜈蚣博弈、最後通牒博弈等大量實驗結果，不僅反映了人類互動行為中真實的認知過程，而且提示了博弈環境對均衡結果的決定性作用。實驗博弈的研究範式否定了傳統博弈理論中理性主義長期佔據著的主導地位，從而在經驗主義的實證分析基礎上，容納並探討了真實的人類社會中有限理性和非理性互動行為的存在。

4. 理性概念在博弈論中的地位

作為人類建立哲學和社會科學理論的基石，理性概念在博弈論中佔據核心地位，它不僅構成了博弈均衡的分析基礎，而且根據理性假設的不同限制產生了博弈論的理論分支。近代西方哲學提出建立在公理體系和演繹法基礎上的理性主義認識論，奠定了傳統博弈論的基本分析範式；現代西方哲學非理性主義思潮的泛濫，則影響了博弈論的學科發展方向。

首先，理性概念構成納什均衡的基礎。1950 年納什在其博士論文中給出納什均衡的兩種解釋：一是傳統博弈理論框架下理性主義內省的和演繹的解釋，即根據博弈的完全理性假設，每個參與者都能利用全部的信息，並且能夠正確理解參與者之間的相互作用，因此做出正確的預期。二是基於有限性框架下學習的、歸納的和演化的解釋，即參與者僅具有有限的認知能力和計算能

力，但是時間的重複過程彌補了理性的不足。20世紀80年代以來，史密斯等種群生物學家研究生物種群演化現象提出的演化博弈理論，開闢了有限理性下形成博弈均衡的新途徑：每個有限理性個體在觀察對方的行動後，根據各種複製原則（包括基於基因遺傳和變異的自然選擇過程的長期機制，以及基於模仿、經驗、慣例和試錯等學習過程的短期機制），大量複製那些最有效率的策略，淘汰表現不佳的策略，最終達到穩定的分布狀態。因此，無論是從不同角度理解博弈論中均衡的定義，還是探討納什均衡實現的途徑，理性概念是解決問題的關鍵切入點。

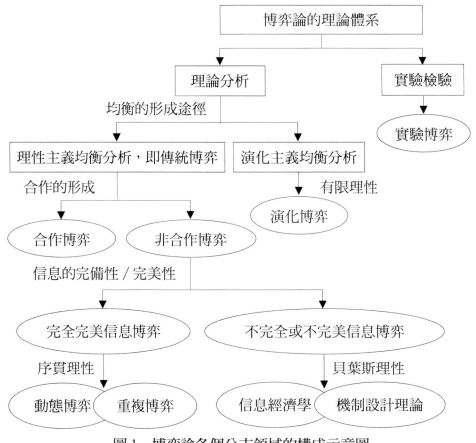

圖1　博弈論各個分支領域的構成示意圖

其次，理性概念是構成博弈論各個分支的基礎性概念。在20世紀50～60年代，博弈論學科獲得快速發展。50年代初，納什證明了非合作博弈穩定解的存在性；1965年，澤爾騰提出求解動態博弈問題的子博弈均衡概念；1967年，海薩尼提出求解不完全信息博弈問題的海薩尼轉換，以及對於不完美信息

博弈問題的貝葉斯均衡；90 年代以來，博弈論在從非合作行為到合作行為、從理性主義到經驗主義、從理論分析到實證檢驗等三個理論方向取得了突破性進展。進入 21 世紀以來，空間博弈（博弈論與社會網絡分析相結合）、微分博弈、超模博弈和全局博弈等新的理論分支仍在迅速發展中。在博弈論龐雜的學科體系中，理性概念成為劃分各個分支領域的基礎性概念。

（三）中國古代哲學中的理性思維

從希臘語詞源說，哲學就是「愛智慧」，智慧是人的理性的結晶，因此，理性是哲學的最大特點，無論中、西方哲學都是如此。但是，東西方文化模式的差異導致了其哲學思維方式的差異。西方哲學建立在古希臘羅馬文化傳統之上，在思維方式上以亞里士多德的邏輯分析思維為主要特徵；中國古代哲學是建立在深受儒、釋、道影響的中國傳統文化之上，以整體辯證思維為主要特徵。主客二分思想在西方哲學史上佔有極為重要的地位，它是近代科學誕生於西方並得到快速發展的重要原因；「萬物一體」、「天人合一」是中國古代哲學的核心思想，它雖然沒能有力地推動中國的科學進步，但它是人與自然和諧發展的思想源流，是可持續發展理念的基礎。

1. 中國古代關於宇宙自然的理性思考

中國古代哲學中關於宇宙本源的理論，如道器論、有無論、陰陽說、五行說、理氣論等等，揭示了宇宙自然存在、生成、運動、變化和發展的原因、過程以及統一性關係，與古希臘哲學家們的相應理論，如水論、氣論、火論、四元素論、無限者論、存在與非存在論、理念論等，更具有宇宙自然本體的存在論哲學韻味和辯證哲學的性質，集中體現著哲學追尋普遍理性的超凡品格。

中國古代哲人把「道」看成是先天地而存在的宇宙本源。老子認為「道」是萬物的主宰，提出了以「道」為核心的哲學體系，「有物混成，先天地生，寂兮寥兮，獨立而不改，周行而不殆，可以為天下母，吾不知其名，字之曰道。」（《老子・第二十五章》），「人法地，地法天，天法道，道法自然」（《老子・第二十五章》），道是宇宙自然本身存在和運動的規律、原則和準則，其他所有的事物不僅由其生成，而且依照其固有之規律運行。

與「道」相對的概念是「器」，道指無形的法則和規律，器指有形之事物，道在器先，道為本，器為末，「形而上者謂之道，形而下者謂之器」（《易・繫辭上》）。

「有無」也是中國古代哲學中的重要範疇，它相對於古希臘哲學中的「存

在與非存在」,「有」指「有形」、「有名」、「實有」、「存在」,「無」指「無形」、「無名」、「虛無」、「非存在」。

中國古代哲人還深刻地論述了「道器」和「有無」的統一性關係,「道」無形、無名,所以是「無」,而世間萬物(器),有形、有名,所以是「有」,一切事物的產生和變化都是「有」和「無」的統一,即「天下萬物生於有,有生於無」(《老子·第四十章》)。

中國古代哲學中的道器關係、有無關係、道器與有無之關係講的是宇宙自然本體的本性、本原和根據,講的是世界萬物生成、運動、變化、發展、消亡與轉化的原因、過程和機制。這樣的學說是標準的哲學本體論、存在論學說。並且,就其內容的性質、理論的辯證性和深刻程度而言,都遠遠超過了古希臘哲學家阿那克西曼德的「無限者」和巴門尼德的「存在論」的理論。

中國古代的陰陽和五行學說呈現著某種關於宇宙萬物擁有共同的本原和統一的結構化關係的整體統一論思想。「天有五行:一曰木,二曰火,三曰土,四曰金,五曰水。……木生火,火生土,土生金,金生水,水生木。」(《春秋繁露·五行為之義》)「金勝木……火勝火……木勝土……火勝金……土勝水。」(《春秋繁露·五行相勝》),五行相生相剋的理論具體勾劃出了一種單向循環中的單交叉映像式的多元相互作用的對立統一關係模式。陰陽說認為:陰氣和陽氣構成了世界的本原;陰陽具有相互對立、相互滲透和相互轉化的統一性關係;天氣為陽,地氣為陰,二氣上下對流生成萬物的形態、性質及其變化,構成天地之秩序。春秋戰國時期,陰陽五行學家們將「陰陽」和「五行」、「五方」、「四時」相互比附、配合,用以解釋季節更迭和天象變化。中國古代哲人們還把道器論和陰陽五行說進行統一,認為陰陽之間的對立統一就是道,「一陰一陽之謂道」(《易傳·繫辭》)。這就充分展示了中國古代自然哲學關於宇宙萬物起源、存在和演化方式的理論所具有的整體性、系統性、統一性特徵。與古希臘的自然哲學相比較,中國古代的自然哲學更具有系統性、整體性和辯證性的特徵。

「理」和「氣」是中國古代哲學闡釋宇宙及其事物的根本性質的一對重要範疇。「理」指法則、規律,「氣」指極細微的物質。中國古代哲學家們關於「理氣」關係的學說追尋的同樣是一種關於宇宙自然的終極普遍理性,其理論成就完全可以和古希臘哲學中阿那克西曼德的「無限者」、巴門尼德的「存在論」,以及柏拉圖的理念論相媲美。

2. 中國古代關於人與社會的理性思考

毫無疑問，就理性作為人的理智慧力而言，中國古代哲學是肯定的，它是講「智」和「思」的；就理性具有客觀普遍性特徵而言，中國古代哲學更是肯定並十分強調的，它是講「所以然」與「所當然」之理的，更是講「人同此心，心同此理」的。但是，中國古代哲學確實未能發展出將主客體完全分離和對立起來的認識主體，也就是未能將理性引向客觀認識。究其原因，中國哲學所說的人，是知、情、意合一的整體的人，並沒有將他們分離開來，更沒有將對象化的「思」作為人的存在的基本前提（「我思故我在」、「本質先於存在」），而是在人的存在中確立「思」的地位和作用。「思」既是存在的功能，也是存在的本質，本質和存在是不能分離的。這就是所謂的「存在之思」，也是理性之思。〔註7〕中國哲學追求真、善、美的統一，其理性精神就是建立在心靈的整體性這一基礎之上的。就其基本特徵而言，它是知、情合一的，這是中國古代哲學的特有性格。

中國古代哲學始終關注人的存在問題，而情感則是人的最基本的存在方式，人而無情，不可以為人。但一般認為，情感是感性的，不是理性的；是主觀的，不是客觀的。中國古代哲學的「性情體用」說對這個問題進行了很好的詮釋：性是普遍的，理性的，情是個人的，感性的，情感由性理決定，性理由情感表現，「以理（性）主情」、「以情順理」、「性其情」等等，情感和性理二者是一元統一的。

至於意志、意向，也是中國古代哲學所關心的。因為它是人的心靈不可缺少的組成部分。意者「心之所發」，志者「心之所之」，意志、意向是聯繫在一起的，在中國古代哲學中，特別強調其實踐特徵。中國古代哲學是「實踐理性」，之所以說是理性的，是因為意志和意向活動是由「理性」決定的，而「理性」是先天具有的普遍理性。

無論情感還是意志，都與知有聯繫，通過知而成為自覺意識，通過「思」而具有理性形式。中國古代哲學所關心的是人自身的存在真理，而不是獲得客觀對象的某種知識，因此，理性分析只是其中的一個手段，更多是靠直覺去體驗的。中國古代哲學包含認識論的內容但不是認識論的，包含知識的內容但不是知識形態的，它是一種境界形態的哲學，要靠生命體驗與整體直覺。這中間

〔註7〕蒙培元：《人・理性・境界》，《泉州師範學院學報（社會科學）》，2004 年第 3 期，第 34～40 頁。

當然有理性問題，但又不是完全形式化、分析式的理性哲學。

西方理性主義的最大特徵是形式化，這與邏輯思維有關。邏輯只講形式（至少傳統邏輯如此），不講內容，只有形式能普遍化，內容是具體的、個別的。中國哲學並不是完全不要形式，但是，形式不能離開具體內容而存在，它只是賦予某種內容以理性形式，將二者統一起來。因此，中國古代哲學的理性是「具體理性」而不是形式理性，這種理性體現了中國古代哲學的人文主義精神。

3. 先秦時期的理性思維

先秦思想演變史，是由價值理性降及工具理性的歷史。

西周統治者吸取殷商滅亡的教訓，關注到人心向背的重要性，提出「以德配天」的君權神授說，從而使人自夏商以來第一次從神權桎梏之下有所解脫，人的價值初步凸顯。周初的「以德配天」，透顯著人如何在相互關係中定位的自覺意識，這是生長中的價值理性。及至春秋之際，「天道遠，人道邇，非所及也，何以知之」（《左傳·昭公十八年》）。天道遠離人間，人道則存在於身邊的社會人事之中，可以就近掌握，對於人所難及的事物，如何能知道呢？此時已將視野從神回落於人，並力圖賦予「道」以「人間性」。

儒家「仁學」體系，以人性人情構築價值理性。孔子稱：「務民之義，敬鬼神而遠之，可謂知矣」，此便強調人間事務疏遠，擺脫鬼神控制的明智性。「人皆有不忍人之心」，是謂「仁心」；「先王有不忍之心，斯有不忍人之政矣。以不忍人之心，行不忍人之政，治天下可運之掌上。」是謂「仁政」。此「仁心」、「仁政」均以「人」論，把個人置入人間社群關係予以定位與評價，體現著清醒的理性精神。這種「理性」應當是「價值」的，而非「知識」的。

先秦道家關切客觀與知識，把「理性」的目光轉向外在。「道可道，非常道。名可名，非常名。無名天地之始，有名萬物之母。」在把「道」作為萬物始出的本原時，無疑此「道」已具有客觀實在的意義；在賦予「道」以「無」的意義時，其論證方式便是知識化與形式化的。「有先天地生者，物邪？物物者非物，物出不得先物也，猶其有物也。猶其有物也，無已。」（《知北遊》）如果有先於天地萬物而產生的物，那麼這個物還必然有自己的產生者，這樣推上去是無窮的；同時，一普通物不能產生形形色色的萬物，所以世界必然產生於一個不同於任何事物的東西（非物），即「道」。由之我們可以看到，老莊哲學的「道」之被歸於「無」，在一定意義上也可以說由邏輯推導而成。

在老莊哲學的基礎上發展起來的名辨思潮,進一步把經驗知識的形式化走向推向一個高峰,而墨家對概念(名)、判斷(辭)、推理(說)的運用提出了一整套形式規則。

荀子與韓非子思想代表著先秦思想由價值理性轉向工具理性。「禮起於何也?曰:人生而有欲;欲而不得,則不能無求;求而無度量分界,則不能不爭;爭則亂,亂則窮。先王惡其亂也,故制禮義以分之,以養人之欲、給人之求,使欲必不窮乎物,物必不屈於欲,兩者相持而長。是禮之所起也。」(《荀子‧禮論第十九》)禮是在什麼情況下產生的呢?回答說:人生來就有欲望;如果想要什麼而不能得到,就不能沒有追求;如果一味追求而沒有個標準限度,就不能不發生爭奪;一發生爭奪就會有禍亂,一有禍亂就會陷入困境。古代的聖王厭惡那禍亂,所以制定了禮義來確定人們的名分,以此來調養人們的欲望、滿足人們的要求,使人們的欲望決不會由於物資的原因而不得滿足,物資決不會因為人們的欲望而枯竭,使物資和欲望兩者在互相制約中增長。這就是禮的起源。此中,在荀子把原先孔孟那裏由信仰或情感來維繫的「禮」看作是在個體欲求之間尋求平衡的手段,「禮」被工具化了。「所謂有國之母:母者,道也;道也者,生於所以有國之術;所以有國之術,故謂之有國之母。」(《韓非子‧解老第二十》)《老子》所說的「享有國家的母體」:這「母體」,就是指統治術;統治術這個東西,能產生出用來享有國家的方法;它產生出用來享有國家的方法,所以《老子》稱它為「享有國家的母體」。韓非子在這裏把「道」術數化了,而術數化是因其「可用」。「明主之國無書簡之文,以法為教;無先王之語,以吏為師;無私劍之捍,以斬首之勇」(《韓非子‧五蠹第四十九》)在英明君主所統治的國家裏,廢除書籍上的文獻經典,而拿法令作為教育的內容;摒棄古代帝王的陳詞濫調,而用執法的官吏做老師;制止私門豢養的刺客的強暴行徑,而把上陣殺敵當作為勇敢。這裏可以看到先秦理性發展墮向工具化的一個極端的例子。

二、理性政治人的論述

本文通過對比中、西方文化思維方式的不同、理性概念的差異,參照西方經濟學「理性經濟人」概念的發展歷程,以儒家、墨家、道家、法家為代表,從博弈論的角度提出中國古代社會先秦時期政治博弈中「理性政治人」的思想。

（一）「理性經濟人」

「理性經濟人」是西方主流經濟學的核心概念、邏輯前提和立論基礎，最早由亞當‧斯密提出。1776 年，政治經濟學創始人亞當‧斯密發表《國富論》，首次論述了「經濟人」思想，並由此奠定了西方主流經濟學派的邏輯前提。其後，「經濟人」思想經過若干次重大理論變遷，直到維弗雷多‧帕累托將其作為專有名詞正式引入了經濟學。然而，作為經濟學如此重要的核心思想，雖然經過不同流派及知識背景的研究者們的解讀、演繹和評述，甚至相關著作汗牛充棟，但「幾乎所有的教科書都沒有直接闡釋理性經濟人」〔註8〕，即使其創始者亞當‧斯密也是如此。

19 世紀 70 年代，邊際革命和經濟理性主義興起，由於同時強調和突出計算與預測的能力，出現了「理性經濟人」一詞。比較「經濟人」與「理性經濟人」這兩個詞彙的基本內涵，作為西方主流經濟學核心思想，這兩者之間並沒有實質性的區別，只是具體指稱的側重點有所不同而已。本篇論文在使用這兩個詞彙時均表達同一思想，未作細節區分。

從亞當‧斯密 1776 年初次提出到當代，「理性經濟人」思想大致經歷了三個發展階段：

1. 古典經濟學時期

梳理亞當‧斯密對「經濟人」思想的全面論述及後期學者們的相關闡發，古典經濟學時期的「經濟人」具有以下三個特徵：

第一，人性本利，即個人追求自身利益是根本動機。亞當‧斯密對經濟生產者闡述道：「我們每天所需的食料和飲料，不是出自屠戶、釀酒家或烙面師的恩惠，而是出於他們自利的打算。我們不說喚起他們利他心的話，而說喚起他們利己心的話。我們不說自己需要，而說對他們有利。」〔註9〕亞當‧斯密認為，交換利益和物資以滿足自身在各方面的需求是由人的自利天性所推導出來的必然結果。此外，亞當‧斯密還說，「如果能夠刺激他們的利己心，使有利於他，並告訴他們，給他做事，是對他們自己有利的，他要達到目的就容易多了。不論是誰，如果他要與旁人做買賣，他首先就要這樣提議。請給我以

〔註8〕〔英〕G‧M‧霍奇遜，向以斌譯：《現代制度主義經濟學宣言》，北京大學出版社，1993 年，第 88 頁。

〔註9〕〔英〕亞當‧斯密，郭大力、王亞南譯，《國民財富的性質和原因的研究（上卷）》，商務印書館，1972 年，第 14 頁。

我所要的東西吧，同時，你也可以獲得你所要的東西：這句話是交易的通義。我們所需要的相互幫忙，大部分是依照這個方法取得的。」〔註10〕亞當·斯密認為，利己是人的本性，社會中的每個人都在為自身利益進行活動。

第二，理性，即每個人都為自己謀求最大的利益。亞當·斯密認為，「各個人都不斷地努力為他自己所能支配的資本找到最有利的用途。固然，他所考慮的不是社會的利益，而是他自身的利益，但他對自身利益的研究自然會或者毋寧說必然會引導他選定最有利於社會的用途。」〔註11〕在亞當·斯密看來，自利或利己是每個經濟主體從事經濟活動的行為動機，對利益的追逐出於人的本性，而每個經濟主體追求利益的最大化的行為無疑是理性的。每個經濟主體都有著明確的手段和目的，經濟主體選擇手段以實現利益最大化的目的也是合理的。運用理性的能力選擇手段達到目的的「經濟人」，無疑也是「理性」的。

第三，在良好的社會秩序下，個人追求自身利益最大化的自由行為是在「看不見的手」引導下，會無意識地、有效地增進社會公共利益。「確實，他通常既不打算促進公共的利益，也不知道他自己是在什麼程度上促進那種利益。由於寧願投資支持國內產業而不支持國外產業，他只是盤算他自己的安全；由於他管理產業的方式目的在於使其生產物的價值能達到最大程度，他所盤算的也只是他自己的利益。在這場合，像在其他許多場合一樣，他受著一隻看不見的手的指導，去盡力達到一個並非他本意想要達到的目的。也並不因為事非出於本意，就對社會有害。」〔註12〕當然，要達到這樣美好效應的前提是政府必需提供一個良好的社會秩序，即能夠充分競爭和自由發展的外部環境，「總之，一種事業若對社會有益，就應當任其自由，廣其競爭。競爭愈自由，愈普遍，那種事業亦就愈有利於社會。」〔註13〕亞當·斯密的經濟人假定使人們第一次從經濟人的角度而不是從「神」的角度來審視人類的經濟行為。

〔註10〕〔英〕亞當·斯密，郭大力、王亞南譯，《國民財富的性質和原因的研究（上卷）》，商務印書館，1972 年，第 13～14 頁。

〔註11〕〔英〕亞當·斯密，郭大力、王亞南譯，《國民財富的性質和原因的研究（下卷）》，商務印書館，1974 年，第 25 頁。

〔註12〕〔英〕亞當·斯密，郭大力、王亞南譯，《國民財富的性質和原因的研究（下卷）》，商務印書館，1974 年，第 27 頁。

〔註13〕〔英〕亞當·斯密，郭大力、王亞南譯，《國民財富的性質和原因的研究（上卷）》，商務印書館，1972 年，第 304 頁。

2. 新古典經濟學時期

19 世紀 30 年代，西方經濟學爆發了「邊際革命」。以邊際方法為分析工具，根據「最大化」原則，整個經濟學研究開始在方法上向數理化轉變，由此進入新古典經濟學的時期。這一時期，數學方法為理性提供了完備的標準和科學的證明，成為唯一可取的理性工具。於是「經濟人」日益演變成一個數學晶體式的「理性經濟人」，這一發展和完善過程得益於約翰·穆勒和西尼爾的研究和探索。約翰·穆勒深受邊沁的「功利原則」思想的影響。邊沁將人類比喻為「損益計算器」，即我們每個人在任何時候都是被計算器這種機械的物質控制著進行「趨樂避苦」的活動。在邊沁的影響下，穆勒認為，「經濟人」進行嚴密的計算並通過對成本—收益的分析能夠選擇出以最小的成本獲取最大收益的最優化方案。穆勒還認為，當「經濟人」面臨選擇機會時，都會自覺地進行合理的優化選擇。

新古典經濟學賦予經濟人的理性包括三層含義：

第一，知識的完備性，即個人在經濟活動時具備關於所處環境的各方面的知識，也就是說，經濟人具有完全信息。這包含兩個方面，首先，市場競爭充分而完備，各種資源在市場中自由流動，「經濟人」只是商品價格的接受者，他們不能操控商品價格，或者說對商品價格的影響非常小；其次，「經濟人」在經濟活動中能掌握充足的信息，對事物的發展及其所面臨的選擇的後果都具有正確的判斷力。

第二，穩定有序的偏好，即個人的偏好體系是穩定的、有序的。故而「經濟人」能夠通過對成本—收益的分析，做出最優化的選擇，從而使自己總能達到以付出最小的成本而獲取最大的收益的目的。

第三，數學工具的使用，使得每個「經濟人」都具有一致的計算能力。有了數學工具的幫助，「經濟人」能夠更精確、更便捷地計算出各種備選方案中哪個可以達到其偏好尺度上的最高點，從而實現最大收益。

概括地說，新古典時期的「經濟人」通過掌握完備的信息，運用成本—收益的分析，借助數學工具進行精確的數學計算，實現了完美的選擇，達到收益最大化的目的。因此，在此意義上，這一時期的「經濟人」具有完全理性。

3. 現代經濟學時期

雖然亞當·斯密提出了「經濟人」思想，但他也同時注意到「人性自利」的局限性，在他創作的《道德情操論》中，他提出每個人除了「自利」的本性

外還有同情心，這似乎有些矛盾。由於時代的局限性，雖然同為亞當·斯密所作，《國富論》的影響力遠遠超出了《道德情操論》，這也就導致了「自利心」戰勝了「同情心」。

但由於認知能力的客觀局限性決定了現實中的「經濟人」對存在世界只能達到有限的理性認識，對各種選擇也只能達到有限的價值預期，因此，對「經濟人」行為進行「完全理性」的假設缺乏現實的基礎。「理性經濟人」首先遭到了其他領域學者的批判，例如美國心理學家馬斯洛提出的「需求層次」理論。馬斯洛認為，人類的需求存在兩種價值體系，一種是沿生物譜系上升方向逐漸變弱的本能或衝動，稱為低級需求或生理需求；一種是隨生物進化而逐漸顯現的潛能或需求，稱為高極需求。只有低級需求得到滿足後，較高層次的需求才會出現。需求層次理論否定了傳統的「理性人假設」把經濟利益作為人的唯一需要的觀點。馬斯洛認為影響人類生存和發展的因素都會影響其需求偏好。

新制度經濟學認為人的理性是有限的，其代表人物道格拉斯·諾思考察了人的認知過程，對新古典學派的「理性經濟人」進行了批判。新制度經濟學派的學者們認為，經濟學的研究對象不能僅局限於經濟問題，還應包含經濟制度以及與經濟有關的其他一切事物，如政治、社會和心理等方面的問題；經濟學的研究方法要強調整體性，把焦點從傳統經濟學中的個人和企業轉移到整個社會中來，不能把「經濟人」從社會和歷史中抽象出來。

1998 年諾貝爾經濟學獎獲得者阿馬蒂亞·森反對把「經濟人」理解為「完全追求自利最大化的人」，他在《倫理學與經濟學》中提出，「極為狹隘的自利行為假設的廣泛使用，已經嚴重限制了預測經濟學研究的範圍，使其很難分析由行為多樣性所引起的廣泛的經濟關係」。「我們的目標是理解、解釋和預測人類行為，從而使經濟關係得到卓有成效的說明，並應用於經濟預測、判斷和政策制定。從預測的有用性這角度來看，把除了極端狹隘的自利動機之外的所有其他動機全部拋棄的做法，就是不正確的，能否得到經驗的支持也是相當可疑的，對於我們的工作來說，走入這樣一條狹窄的道路決非幸事。」阿馬蒂亞·森認為，對自利行為假設的濫用已經嚴重損害了經濟分析的性質，同時也無法解釋一些現實存在的經濟行為，它對經濟學造成了嚴重的描述性和預測性問題。

經濟學家們對「理性經濟人」的思想不斷批判和繼承，推動著「經濟人」思想假設前提從「完全理性」到「有限理性」，從單一「經濟利益需求」到「需

求層次多樣化」、「行為動機多元化」的方向不斷發展，其內涵日益豐富。20 世紀 80 年代博弈論正式進入經濟學，博弈論通過不斷學習進步的行為主體的設定修定了完全理性人假設，「理性經濟人」則被視為每一個人的自利行為與群體內其他人的自利行為之間的一致性假定。

本文探討研究的是博弈論視閾下的韓非子政治思想，前面已經論述過，博弈論中的「理性人」假設與西方經濟學中的「理性經濟人」假設一脈相承，古典經濟學和古典博弈論都提出「完全理性」，現代博弈論和新制度經濟學都提出「人的理性是有限的」，但兩者之間又有著質的區別：西方經濟學中「理性經濟人」的「理性」體現在個人利益的計算與比較，即使新制度經濟學家極力反對把「經濟人」理解為「完全追求自利最大化的人」，甚至提出「極為狹隘的自利行為假設的廣泛使用，已經嚴重限制了預測經濟學研究的範圍，使其很難分析由行為多樣性所引起的廣泛的經濟關係」，但不可否認的是獲得最大利益始終是「理性經濟人」的唯一目標；而博弈論中「理性人」的「理性」體現的是一種交互能力，是對他人行動的反應，它也有對利益的計算，但是道德中立的，既不鼓吹自私自利，也不宣揚大公無私，它強調行動選擇的策略互動性，所以從博弈論的角度來探討社會和政治生活更為合適。

（二）理性政治人

通過對中國古代哲學中理性思維的梳理，可以看到，中國古代哲學肯定「理性」的客觀普遍性，但由於沒有發展出將主客體完全分離和對立起來的認識主體，故而未能將理性引向客觀認識，中國古代哲學中的「理性」是「具體理性」而不是「形式理性」，它以整體辯證思維為主要特徵，體現的是中國古代哲學的人文主義精神。西方理性主義的最大特徵是形式化，這與邏輯思維傳統有關，因為邏輯講形式，而形式能普遍化。對比中、西方文化思維方式的不同、理性概念的差異，參照以上「理性經濟人」的思想，以儒家、墨家、道家、法家為代表，嘗試提出中國古代社會先秦時期政治博弈中「理性政治人」的思想。

之所以將考察時間限定在先秦時期，一是因為先秦時期，從政治的角度來看，「周室微而禮樂廢」，諸侯各自為政、爭相稱霸，整個社會道德淪落、無綱無紀，天下處於無道之境。先秦諸子們面對動盪的現實社會紛紛圍繞「社會怎麼了？」「社會向何處去？」展開了歷時三百多年之久的跨世紀大辯論。「百家爭鳴」，湧現出不同學派，各學派之間爭芳鬥豔，成為中國古代第一次思想文

化發展的高峰，並為中國古代文化的發展奠定基礎；二是漢承秦制後，董仲舒罷黜百家，獨尊儒術，並幾乎為以後各代統治者所遵奉，長達兩千年之久。

　　之所以以儒家、墨家、道家、法家為代表進行「理性政治人」思想的梳理，因為這四家更多關注社會和政治，提出的治國思想或理念比較具有代表性。

　　統觀先秦時期，「理性政治人」具有以下三個基本性質：

1. 自利性

　　第一，儒家。春秋末期，儒家學派創始人孔子針對禮壞樂崩、混亂無序的社會提出了以「仁」為核心的倫理思想體系，「子罕言利與命與仁」（《論語·子罕》）孔子雖然很少談到利益，但並不否認「利」。孔子認為物質財富是滿足人類生存和發展的重要基礎，肯定人們為了美好生活去追求「利」。「富而可求，雖執鞭之士，吾亦為之」（《論語·述而》），財富如果可以合理求得的話，即使是做手拿鞭子的差役，我也願意。「富與貴是人之所欲也，不以其道得之，不處也；貧與賤是人之所惡也，不以其道得之，不去也」（《論語·里仁》）富裕和顯貴是每個人都想要的，貧困與卑賤是每個人所厭惡的，但富、貴和利要「取之有道」。由此觀之，孔子不反對人們的謀利行為，關鍵在於謀利的手段和目的是否正當。

　　「利」是人類社會發展中人與人互動的產物，從互動的視角來分析「利」，便有「公利」和「私利」之分。「私利」，顧名思義，一己之利；而「公利」，是與個人相對的特殊集團的利益，孔子不反對「私利」，但推崇的是「公利」。「君子喻於義，小人喻於利」（《論語·里仁》），君子看重的是「道義」，小人看重的是「一己之私利」。何謂君子，孔子認為「君子成人之美，不成人之惡。小人反是。」（《論語·顏淵》）君子關心他人，將他人的利益優先於自己的利益，將群眾的利益優先於自己個人的利益。聖人比君子更勝一籌，聖人為天下人謀利。「子貢曰：『如有博施於民而能濟眾，何如？可謂仁乎？』子曰：『何事於仁？必也聖乎！堯舜其猶病諸……』」（《論語·雍也》）子貢請教孔子，問能帶給老百姓很多好處又能周濟大眾的人算不算得上仁者？孔子回答，豈止是仁人，簡直是聖人了！就連堯、舜尚且難以做到。在孔子看來，聖人利天下人，要讓天下人都能夠得到實惠和好處。「君子尚義，所尚的是他人之利和群體之利，而小人追求的是一己之私利。孔子重義輕利，並非不要利，而是主張：他人之利、群體之利優先於私利。我們甚至可以這樣說，在孔子看來，只有他人的利益、群體的利益才是值得重視的，至於個體的私利，用『私』字形容個

人利益本身便表明了孔子的立場或態度。」〔註14〕「故，孔子所說的義，其實也是一種利。只不過這種利不是行為人的個人私利，而是他人的利益、集體的利益和天下的利益。這種天下人的利益，便是一種公心。」〔註15〕

孟子以孔子「仁」的思想為基礎發展出「仁政」學說，提出以「仁心」行「仁政」的「王道」。孟子重義輕利，但和孔子一樣並不全盤否定「利」。孟子繼承了孔子「富而後教」的思想，認為必要的物質條件是百姓接受教化、講求道德的前提和基礎，提出了為私有財產辯護的恆產論。「無恆產而有恒心者，惟士為能，若民，則無恆產，因無恒心。苟無恒心，放辟邪侈，無不為已。」（《孟子‧梁惠王上》）「恆產」即指長期恒久佔有的財產，「恒心」即指有堅定的仁義之心，即指人民擁有一定數量的私有財產，是鞏固社會秩序，保持社會安寧的必要條件。因此要開明的國君「制民之產」，即賦予人民一定的個人生活資料和生產資料，使民「仰足以事父母，俯足以畜妻子，樂歲終身飽，凶年免於死亡。」（《孟子‧梁惠王上》），一定要讓老百姓的收成上能夠敬養父母，下能夠養活妻子兒女。豐年裏能長年吃飽穿暖，災年裏能不被餓死。然後「驅而之善、故民之從之也輕。」，老百姓的生活得到保障後再來教導他們學好行善，他們就會容易服從國君的統治了。「欲貴者，人之同心也。人人有貴於己者，弗思耳。人之所貴者，非良貴也。趙孟之所貴，趙孟能賤之。《詩》云：『既醉以酒，既飽以德。』而飽乎仁義也，所以不願人之膏粱之味也；令聞廣譽施於身，所以不願人之文繡也。」（《孟子‧告子章句上》）孟子認為，欲求尊貴是人們的共同心理，尊貴有兩種，一種是外在的「膏粱文繡」，一種是內在的「仁義道德」。孟子提出可以利用百姓的好利之心來治理天下，「桀紂之失天下也，失其民也；失其民者，失其心也。……得其心有道：所欲與之聚之，所惡勿施，爾也。」（《孟子‧離婁上》）孟子認為夏桀、商紂兩位暴君之所以失去天下，是因為他們失去了百姓的擁護；之所以失去了百姓的擁護是因為他們違背民意失去了民心，而得民心的辦法就是「百姓想要的，就為他們積攢起來給他們；百姓厭惡的，不要強行攤派給他們」，如此而已。

荀子作為先秦末期的思想家，對各家各派的學說都作了深入的研究，在充分吸收和批判百家之學的過程中創立了自己完整的倫理思想體系，成為先秦儒家思想的集大成者。荀子認為，人生而就有欲望，利欲之心是人的本性，「今

〔註14〕沈順福：《人性的歷程》，山東人民出版社，2020年12月，第40頁。
〔註15〕沈順福：《人性的歷程》，山東人民出版社，2020年12月，第49頁。

人之性，生而有好利焉」、「生而有疾惡焉」、「生而有耳目之欲，有好聲色焉」
（《荀子・性惡》）而且不僅平民百姓，聖賢君子也有利欲之心，「好榮惡辱，
好利惡害，是君子小人之所同也。」（《荀子・榮辱》）喜歡光榮而厭惡恥辱，
愛好利益而憎惡禍害，這是君子和小人所相同的。進而，荀子從「人生而好利」
推出「性惡論」，因為順任好利之心的發展，將會引起人與人之間的爭奪、賊
殺，導致社會的混亂。「今人之性，生而有好利焉，順是，故爭奪生而辭讓亡
焉；生而有疾惡焉，順是，故殘賊生而忠信亡焉；生而有耳目之欲，有好聲色
焉，順是，故淫亂生而禮義文理亡焉。然則從人之性，順人之情，必出於爭奪，
合於犯分亂理而歸於暴。故必將有師法之化，禮義之道，然後出於辭讓，合於
文理，而歸於治。用此觀之，然則人之性惡明矣，其善者偽也。」（《荀子・性
惡》）這裏，荀子「性惡論」之「性」表現為利心、情和欲。「利心則是人類自
發地、理智性地追求外物和利益。無論是情慾還是利心，都體現了人們對利益
的渴求與追逐。這便是荀子的一個重要理論：人天生追利。」〔註16〕

先秦儒家在「利」的問題上，重「公利」輕「私利」，甚至某種程度上限
制「私利」，但從人性的角度出發都認為人們對「私利」的追求是自然的。

第二，墨家。

墨家學派由墨子創立，墨子本是一位技藝高超的手工藝人，長期生活在社
會的底層，非常瞭解民間的疾苦，有著十分豐富的生產生活經驗。墨子曾經學
習過儒學，但他對儒家的一些主張有著不同的看法，於是在批判儒家的基礎之
上，創立了墨家學派。

墨子是第一個公開批判孔子和儒家的人，批判十分猛烈犀利。在《非儒》
一文中對儒家的批判不實之處甚多，有的簡直就是信口開河。為什麼？原因有
三：第一，所處時代不同，孔子生活在春秋末年，墨子生活在戰國初年，相比
於「禮崩樂壞」的春秋，戰國時代社會更動盪，政治更黑暗，戰爭更頻繁，人
民更痛苦，「堅甲利兵，以往攻伐無罪之國，入其國家邊境，芟刈其禾稼，斬
其樹木，墮其城郭，以湮其溝池，攘殺其牲牷，燔潰其祖廟，勁殺其萬民，覆
其老弱，遷其重器，卒進而柱乎鬥」（《墨子・非攻下》）用堅固的鎧甲和銳利
的兵器，去攻打無罪之國，侵入別的國家的邊境，割掉其莊稼，砍伐其樹木，
摧毀其城郭，填塞其溝池，奪殺其牲畜，燒毀其祖廟，屠殺其人民，滅殺其老
弱，搬走其寶器。這是對當時社會戰爭的生動描述。所以，墨子身處在這個國

〔註16〕沈順福：《人性的歷程》，山東人民出版社，2020 年 12 月，第 93 頁。

與國關係極度惡劣，社會現實問題極其嚴重的時代，其批判更為激烈。第二，立場不同，孔子的立場是貴族的，甚至是統治階級的，他替統治階級謀劃長治久安的方略，設計天下太平的藍圖；墨子的立場則是平民的，甚至是勞動人民的，他為勞動人民奔走呼號，爭取權利。第三，代表階層不同。春秋戰國時期的士，上有貴族，下有平民，自己夾在當中，上下浮動。混得好的，可以成為上士，升為大夫；混得差的，就只能當下士，打零工；混得再差些，則可能下降為庶民。孔子代表上層的士，墨子代表下層的士。

正因為墨家學派的人大多居於社會底層，面對「饑者不得食、寒者不得衣、勞者不得息」（《墨子・非樂上》）的殘酷現實，悲慘的底層生活使得他們對平等互愛的追求更加強烈。他們的道德感知力相較於養尊處優的社會上層儒家更為強烈，他們要求平等地愛一切人，即「兼愛」，這比儒家從愛自己身邊的親人開始的「仁愛」更具革命性。這就是墨家兼愛思想產生的基礎。

墨子從人性論角度出發，認為每個人的本性都是自私的，並且把天下大亂的原因歸結為人性的自私。「聖人以治天下為事者也，不可不察亂之所自起。當察亂何自起，起不相愛。臣子之不孝君父，所謂亂也。子自愛不愛父，故虧父而自利；弟自愛不愛兄，故虧兄而自利；臣自愛不愛君，故虧君而自利；此所謂亂也。雖父之不慈子，兄之不慈弟，君之不慈臣，此也天下之所謂亂也。是何也？起不相愛。」（《墨子・兼愛》）「起不相愛」，墨子認為天下大亂的原因在於不能相愛。子只愛自己不愛父親就會虧負父親而使自己得利，弟弟只愛自己不愛哥哥就會虧負哥哥而使自己得利，大臣只愛自己不愛君王就會虧負君王而使自己得利，這些「亂」產生的原因是彼此不相愛，不能相愛那麼彼此之間就會因為利益而發生衝突，而衝突最終將會導致天下大亂，察其根本，「亂」的深層次原因就在於個體的自私自利。那麼如何才能解決這一問題呢？墨子的回答方案是「兼愛」。墨家提出，人性的自私並不必然虧人自利，可以採用合作的方式實現共贏，自私的本質是要獲利，如果通過合作既不損害他人利益自己也能獲得利益，這無疑是一種理性的解決方案。

生活在社會底層，更需要談「利」，墨家重視物質利益具有高度的現實性。而實際上，墨家學派無處不談利。「義者，利也」（《墨子・經上》），墨子認為判定一件事是否為「義」的標準在於這件事是否有利，判定一個行為是否應當的標準在於這個行為的結果能否最大限度的產生利益。「義，利；不義，害。」（《墨子・大取》）義，就是利人利己；不義，就是害人害己。「天下之利驩。

『聖人有愛而無利』，倪曰之言也，乃客之言也。」(《墨子・大取》) 天下的人都會因為能蒙受利益而歡悅。至於「聖人有愛而沒有利」，這是儒家的言論，墨家不認可。

墨子認為，「仁人之事者，必務求興天下之利，除天下之害，將以為法乎天下，利人乎即為，不利人乎即止。」(《墨子・兼愛下》) 聖賢一定要興天下之利，除天下之害，並以此作為法則治理國家，對民眾有利的就做，對民眾不利的就制止。「凡言凡動，利於天鬼百旺省為之，凡言凡動，害於天鬼百姓者捨之」(《墨子・節用》) 凡是有利於上天、鬼神和老百姓的就去做，反之則不做。「忠，以為利而強君也」，「孝，利親也」，「功，利民也」(《墨子・經上》)。

墨子提出的「兼愛」，是為了天下的利、為了他人的利。「聖人不得為子之事。聖人之法：死亡親，為天下也。厚親，分也；以死亡之，體渴興利。有厚薄而毋，倫列之興利為己。」(《墨子・大取》) 聖人往往不能侍奉在父母身邊，盡子之孝。聖人的喪法是父母死了，心已無知，就節葬短喪，為天下興利。厚愛父母，是人子應盡的本分；但父母死後，要實行節葬短喪之法，是想竭盡自己的力量為天下興利。聖人愛人，只有厚沒有薄，普遍地為天下興利，才是真正為自己。

墨子批判儒家的「仁愛」，認為「仁愛」從自我出發，然後推己及人去愛別人，這種愛本身就是一種自私的表現，因為從「我」出發就是從自己的私心出發。「仁愛」的特點就是愛有差等，這是一個自然感情，而墨子認為從這個自然的「差等」感情出發本身就包含著人性之私。墨子認為，為義就是要興天下之大利，要把促進社會的整體利益作為行動指標，就是要興最大多數人的利益。它內在地體現了一種平等的精神，要求所有人一律平等，要尊重每個人的基本權利或利益，是所有人一律平等的功利原則。

儒家主張「義者，宜也」，墨子認為「義者，利也」。「義者，宜也」，其核心是重義輕利；「義者，利也」，其核心則是「尚利」，即判定是否「義」的標準則以能否最大限度地產生利益。馮友蘭先生在《中國哲學史》中指出，「墨子哲學為功利主義」。

第三，道家。

先秦道家從以「道」為世界本源的宇宙論出發，在人與自然的關係上強調人與自然、人與環境的和諧相處；在社會與政治生活中，推崇與世隔絕、自給自足、沒有等級差別的小國寡民的理想社會；在治國策略上，強調「無為而

治」，即尊重事物發展的自然規律，減少盲動的政治決策；在個人修養方面，強調順乎自然的養生之道。總而言之，道家在義與利的關係上傳達了「義利」皆輕的思想。

道家創始人老子發現「天地不仁，以萬物為芻狗；聖人不仁，以百姓為芻狗」（《道德經·第五章》），天地不感情用事，對待萬物一視同仁，聖人不情感用事，對待百姓一視同仁。既然自然界本身並沒有「仁義」之類的道德規則，那麼人們最好的生活方式就應該遵循自然法則。從自然法則出發，對「利」的追求僅僅是為了生存和健康，而不是無節制的享樂，因為「五色令人目盲；五音令人耳聾；五味令人口爽；馳騁畋獵，令人心發狂；難得之貨，令人行妨。是以聖人之治也，為腹不為目，故去彼取此。」繽紛的色彩使人眼花繚亂；嘈雜的音聲使人聽覺失靈；濃厚的雜味使人味覺受傷；縱情獵掠使人心思放蕩發狂；稀有的物品使人行於不軌。因此，聖人致力於解決溫飽，不耽樂於感官的享樂，所以要有所取捨。（《道德經·第十二章》）在日常生活中提倡節儉，「我恒有三寶，持而保之。一曰慈，二曰儉，三曰不敢為天下先」（《道德經·第六十七章》）。在財富觀上提倡「不積」、「均富」，「聖人不積，既以為人己愈有，既以與人己愈多」（《道德經·第八十一章》），聖人不積累財物，越是為了別人自己就越富有，越是給予別人，自己得到的越多。「天之道，其猶張弓與？高者抑之，下者舉之，有餘者損之，不足者補之。天之道，損之有餘而補不足；人之道則不然，損不足以奉有餘。孰能有餘以奉天下？唯有道者。」（《道德經·第七十七章》）。天之道就像張弓，弦位高則壓低，弦位低則抬高；長則減去，短則補足。天之道損有餘而補不足。人之道則不同，它掠奪窮人的財富而供富人享樂。誰能用財富來供養天下所有的人呢？只有得道的人。

莊子繼承老子的思想，並將老子的「寡欲」發展為「無欲」，極端否定物質財富對人的作用：「夫至德之世，同與禽獸居，族與萬物並，惡乎知君子小人哉！同乎無知，其德不離；同乎無欲，是謂素樸；素樸而民性得矣」（《莊子·馬蹄》）莊子認為，理想的世德之世，人們的生活應當向動物看齊，全然融入自然以至和諧。「古之畜天下者，無欲而天下足，無為而萬物化，淵靜而百姓定。」（《莊子·天地》）即國家統治者以「無為」來管理社會。「夫富者，苦身疾作，多積財而不得盡用，其為形也亦外矣！夫貴者，夜以繼日，思慮善否，其為形也亦疏矣！人之生也，與憂俱生。壽者昏昏，久憂不死，何苦也！」（《莊子·至樂》）人為了追求高官厚祿、美味聲色的享受，少不得先要「苦身疾作」，

殫精竭慮去累積財富，又往往「多積財而不得盡用」，「至樂」沒有求得，先就吃盡了苦頭，這種人豈不是「愚者」嗎？莊子認為，要擺脫世俗生活的種種痛苦和煩惱，就必須根絕物慾和求利之心，達到「無知無欲」的境界。

道家的思想以「自然無為」為根本宗旨，主張放棄名利，遠離物慾，在原始狀態中逍遙自在、淳樸自然地生活，甚至鄙視世俗功利。道家既不要空泛的「義」，也不要不符合大道的「利」，這是一種超越世俗、超越功利的義利觀。

第四，法家。

春秋末年、戰國初年，生產方式、社會結構逐漸發生了根本性改變，激烈的社會變動推動了各國的變法運動，法家學派正是這一變法運動的擔當者，也是以法治國理論的倡導者。管仲、申不害和慎到分別在法、術、勢等方面提出了理論建構和國家實踐，韓非子作為戰國末期的子學大家，自然吸收了各家之營養，成為法家思想的集大成者。這裏便以韓非子作為法家代表進行論述。

首先，韓非子認為「人性好利惡害」是本性。

「好利惡害，人之所有也；喜利畏罪，人莫不然。」（《韓非子·難二》）「夫欲利者必惡害。害者，利之反也。反於所欲，焉得無惡？」（《韓非子·六反》），想要得利，必然厭惡受害。「夫安利者就之，危害者去之，此人之情也。……人焉能去安利之道而就危害之處哉？」（《韓非子·姦劫弒臣》）「利之所在民歸之，名之所在彰士死之」（《韓非子·外儲說左上》），民眾歸向可以得到利益的地方，士人則為能顯揚名聲的事情賣命。韓非認為，趨利避害是人的本性所在，個人私欲成為決定人的行為取向的根本力量，趨利是一切行為的出發點和歸宿。

進一步，韓非提出，人性自私自利還表現在人的一切社會關係都是建立在利己的基礎之上。「故輿人成輿，則欲人之富貴；匠人成棺，則欲人之夭死也。非輿人仁而匠人賊也，人不貴，則輿不售；人不死，則棺不買，情非憎人也，利在人之死也。」（《韓非子·備內》）利己的思想隱藏在每個人的身上，這裏以為富人造車、為死者製作棺具為例，說明只是由於道德的原因人們不會把它輕易流露出來，但它實際上就是我們社會的現實生活或潛規則。

即便表面看起來的利他行為，實質也是為了自己：「故王良愛馬，越王句踐愛人，為戰與馳。醫善吮人之傷，含人之血，非骨肉之親也，利所加也。」（《韓非子·備內》）王良愛馬，是為了更好地驅使；句踐愛人，是為了戰士更好地賣命；醫生吮傷含血治病救人，是為了診療費。「夫賣庸而播耕者，主人

費家而美食，調布而求易錢者，非愛庸客也，曰：如是，耕者且深，耨者熟耘也。庸客致力而疾耘耕者，盡巧而正畦陌者，非愛主人也，曰：如是，羹且美，錢布且易云也。此其養功力，有父子之澤矣，而心調於用者，皆挾自為心也。」（《韓非子·外儲說左上》）雇用雇工來播種耕耘，主人花費家財準備了豐盛的飯菜，挑選布幣去換取錢幣來付給報酬，這並不是對雇工仁愛，而是認為：這樣做，耕地的人就會耕得精，鋤草的人就會鋤得細。雇工用盡力氣快速地耕作，用盡技巧修整田埂，並不是對主人仁愛，而是認為：這樣做，飯菜才會豐盛，錢幣才容易得到。主人供養雇工有著父母對子女一般的恩澤，而雇工也專心一意地勞作，雙方都是懷著為自己利益打算的心思。這就是韓非所描繪的利益驅動之下人們的行為。

韓非認為，人類的自私自利是本性，是天生的，不能改變。倘若教人施行仁義，變自利為利他，就如同教人學習智壽和美貌一樣，是不可能的。「性命者，非學於人也……以仁義教人，是以智與壽說也，有度之主弗受也。故善毛嗇、西施之美，無益吾面。」（《韓非子·顯學》）

其次，君主治理國家就是要使人好利惡害。

韓非認為，人的這種自利的本性不需要改變，而是可以加以充分發揮和利用，因為自利的欲望可以推動事業的發展。「霸王者，人主之大利也。人主挾大利以聽治，故其任官者當能，其賞罰無私。使士民明焉盡力致死，則功伐可立而爵祿可致，爵祿致而富貴之業成矣。富貴者，人臣之大利也，人臣挾大利以從事，故其行危至死，其力盡而不望。此謂君不仁，臣不忠，則不可以霸王矣。」（《韓非子·六反》）君主懷著統一天下的目的來治理國家，他就能根據能力任用官員，實行賞罰而沒有私心。心懷天下，統一天下，這才是君主最大的利益。君主還要讓各級官吏、士人、民眾明白，為國家盡力拼死，就可以加官進爵、建功立業。

韓非將人的自利本性作為君主實行刑賞法制可能性和必要性的理論根據。正是因為人們本性好利惡害，所以君主才能用刑賞法制來驅使人民、治理國家，「凡治天下，必因人情。人情者，有好惡，故賞罰可用；賞罰可用則禁令可立而治道具矣。」（《韓非子·八經》）「賞刑明則民盡死，民盡死則兵強主尊」（《韓非子·飾邪》）

韓非甚至主張要剔除那些不求利也不避惡的「不令之民」和「無益之臣」。「使人不衣不食而不饑不寒，又不惡死，則無事上之意」（《韓非子·八說》）

假如人們不穿衣不吃飯而不感到飢餓和寒冷，又不厭惡死亡，那就不會有侍奉君主的心意了。「古之『烈士』，進不臣君，退不為家，是進則非其君、退則非其親者也。且夫進不臣君，退不為家，亂世絕嗣之道也。是故賢堯、舜、湯、武而是烈士，天下之亂術也。……故烈士內不為家，亂世絕嗣；而外矯於君，朽骨爛肉施於土地、流於川谷，不避蹈水火。使天下從而傚之，是天下遍死而願夭也」（《韓非子·忠孝》）古代所謂的「貞節之士」，上朝不臣服於君主，回家不為家庭出力，這是在朝庭上背叛自己的君主、在家裏背叛自己的父母的人啊。況且，在朝庭上不向君主稱臣，在家中不為家庭出力，是擾亂社會秩序、斷絕子孫後代的做法。所以稱頌唐堯、虞舜、商湯、周武王而肯定貞節之士，是擾亂人心的學說啊。所以貞節之士在家中不為家庭出力，擾亂社會秩序而斷絕子孫後代；而走出家門來到社會就和君主作對，不辭赴湯蹈火，不怕自己腐爛的屍骨被拋撒在野地、漂流在河川峽谷。如果讓天下人都跟著他們，那麼天下到處會有死人而大家都願意早死了。

2. 理性

第一，儒家。

孔子在肯定合理求利前提下反對無節制地追求利，提出對利的追求以是否符合義為標準。「今之成人者何必然？見利思義，見危授命，久要不忘平生之言，亦可以為成人矣。」（《論語·憲問》）子路問孔子怎樣才算是完人，孔子回答，見到利益能想到道義，遇到危險時肯獻出生命，長期處在顯要的位置也不忘平生的諾言，也就可以算是完人了。「義」是孔子判斷人們合理追求「利」的原則和尺度，即「義」是對「利」的理性要求。「富而可求，雖執鞭之士，吾亦為之。」「富與貴，是人之所欲也，不以其道得之，不處也。貧與賤，是人之所惡也，不以其道得之，不去也。」這就是孔子的理念：只要合乎道義，手段正當，追求富貴理所當然，脫貧棄賤當義無反顧。所以，「士見危致命，見得思義。」（《論語·子張》）士遇見危險時能獻出自己的生命，看見有利可得時能考慮是否符合義的要求，又說：「義然後取，人不厭其取。」（《論語·憲問》）合乎道義的時候才取，別人就不厭惡他的取。

反之，對於不符合「義」的「利」，孔子斷然拒絕。「飯蔬食，飲水，曲肱而枕之，樂亦在其中矣。不義而富且貴，於我如浮雲。」（《論語·述而》）吃粗糧，喝冷水，彎著胳膊來做枕頭，這樣做我很快樂，但是用不正當的手段使自己富有、尊貴，這對我如同浮雲一般。這表明了孔子對義利的取捨：義優先

於、決定著利。合義之利可以要，不合義之利則當放棄。「君子喻於義，小人喻於利。」對義、利取捨的態度也是君子與小人的分水嶺。

孔子的義是什麼呢？其一，前文已討論過，孔子所說的義，其實是「公心」，是為他人、為集體、為天下人謀利益；其二，「義者，宜也」（《中庸》），便是「適宜」的意思。即，義就是合宜、合乎道理的行動，或者說義是利益的合理分配原則。「子罕言利」，孔子很少談到利，因為每個人都有生存的需求，獲取利益是人天生的本能，根本不需要強調，所以孔子不反對利。但一味追求利而不講義的便成了「小人」，不追求利只講義的便是「聖人」。聖人難做，因為「聖人比君子更勝一籌，是儒家理想人格的最高代表。在孔子看來，聖人能夠為天下人謀利益。」〔註17〕子貢曰：「如有博施於民而能濟眾，何如？可謂仁乎？」子曰：「何事於仁？必也聖乎！堯舜其猶病諸……」（《論語·雍也》）孔子回答子貢，能夠博施濟眾、讓天下人都能得到實惠和好處的人，不僅是仁人，而是聖人了，但即便堯、舜都難以做到。所以，在「義」和「利」之間尋找平衡點，找到那個「中」，即「中庸」。「從『仁』衍生出來的道德要求與道德規範，處理的都是人與人間的關係，這當中存在著一個如何把握『度』的問題。有鑑於此，孔子提出『中庸』概念，作為最高的道德要求：

中庸之為德也，其至矣乎！（《論語·雍也》）

所謂『中庸』，指的是不偏不倚的日用常行之理，其基本內容就是待人處事，既不要過分，也不要不及，『過猶不及』（《論語·先進》）符合『中庸』精神的行為，孔子稱為『中行』。中行者善於協調各方面的關係，勇於進取而又考慮全局，為人耿直又善於合作，這就達到了『中庸之道』的要求。

『中庸』的實質是尋求人際關係的高度和諧。……這一『和諧』的思想不僅可以用於處理人與人的關係，而且可以用於處理人與自然的關係。『致中和，天地位焉，萬物育焉。』（《禮記·中庸》）人際和諧，天人和諧，萬物和諧，這是儒家所追求的最高境界。」〔註18〕

孟子作了進一步的闡述。孟子肯定個人慾望的存在和對利益的追求，但這都必須在義的指導下進行，以義作為對利進行取捨的標準，只有符合義的要求的利才具有合理性。「非其有而取之，非義也」（《孟子·盡心章句上》）不是自己所有的東西，卻去取了過來，這是不義的行為。「非其道，則一簞食不可受

〔註17〕沈順福，《人性的歷程》，山東人民出版社，2020 年 12 月，第 38 頁。
〔註18〕馮達文、郭齊勇：《新編中國哲學史》，人民出版社，2004 年 7 月，第 36 頁。

於人；如其道，則舜受堯之天下，不以為泰，子以為泰乎？」(《孟子‧滕文公下》) 如果不合乎義理，就是一小竹筒的飯也不能接受；如果合乎義理，即便舜接受堯的天下也不過分。因此，統治者不能被利所迷惑，過度貪圖荒淫享受的生活向百姓索取利。孟子對（梁惠王）說：「王，何必曰利？亦有仁義而已矣。王曰『何以利吾國？』大夫曰『何以利吾家？』士庶人曰『何以利吾身？』上下交征利而國危矣。萬乘之國，弒其君者，必千乘之家；千乘之國，弒其君者，必百乘之家。萬取千焉、千取百焉，不為不多矣。苟為後義而先利，不奪不饜。未有仁而遺其親者也，未有義而後其君者也。王亦曰仁義而已矣，何必曰利？」(《孟子‧梁惠王上》) 治理國家有仁義也就夠了，如果國君只講『怎麼做才能對我的國家有利』、大夫只講『怎麼做才能對我的家庭家族有利』、士和百姓只講『怎麼做才能對我個人自身有利』，那麼就會因上下相互爭奪利益而使國家有殺、奪之禍的危險。在處理君臣、父子、兄弟關係時，必須依靠「義」來維持，而不能仰仗「利」來維持，「敬長，義也」(《孟子‧盡心上》)，以義來維持，家庭就會和睦團結，國家就會安定統一；以利來維持，「是君臣、父子、兄弟終去仁義，懷利以相接，然而不亡者，未之有也」(《孟子‧告子下》)，最終會導致家破國亡。

違背義的事情，即便利得天下也不幹。「生，亦我所欲也，義，亦我所欲也。二者不可得兼，捨生而取義者也」(《孟子‧告子上》) 面對「義」和「生」這最尖銳最深刻的義利衝突，則「二者不可得兼，捨生取義者出」。

孟子的「義」是什麼？是天性。孟子認為人天生有四端：「惻隱之心，仁之端也；羞惡之心，義之端也；辭讓之心，禮之端也；是非之心，智之端也。」(《孟子‧公孫丑》) 其中的自然情感羞惡之心便是產生義的本原。「孟子認為，人天生有四端，四端為人性。順其本性便可以成人。在現實中，人們受到利益之誘惑，放棄了本有之性，逐漸陷入混亂與爭戰。解決的辦法是尋回那被放逐之心，並通過盡心知性、清心寡欲來涵養本性，最終達到成人。」〔註19〕

按照馬克斯‧韋伯提出的價值理性的概念，「作為實踐主體的人以理性認識為前提下選擇和理解價值及其追求，本質上就是對人本身價值的確認、追求和建構」，孟子的「重義輕利」充分體現了價值理性。

荀子直接提出「以義制利」。荀子認為，「利心」是人類自發地、理智性地追求外物和利益，人生而就有欲望，利欲之心是人的本性，「今人之性，生而

〔註19〕沈順福：《人性的歷程》，山東人民出版社，2020 年 12 月，第 80 頁。

有好利焉」，「生而有疾惡焉」，「生而有耳目之欲，有好聲色焉」（《荀子‧性惡》）而且不僅平民百姓，聖賢君子也有利欲之心，「好榮惡辱，好利惡害，是君子小人之所同也。」（《荀子‧榮辱》）但同時，荀子提出了人類社會存在的群體性特徵，「人之生不能無群」（《荀子‧富國》）。人人逐利的本性與人類社會的群體性生存方式之間便存在著矛盾，即「欲多而物寡」，對利的無節制追求必然會引起糾紛，社會因此不能安寧。因而，荀子提出的解決方案是「以義制利」，使人們能夠安分守己、各司其職，保證社會群體的正常運轉。「水火有氣而無生，草木有生而無知，禽獸有知而無義，人有氣、有生、有知，亦且有義，故最為天下貴也。力不若牛，走不若馬，而牛馬為用，何也？曰：人能群，彼不能群也。人何以能群？曰：分。分何以能行？曰：義。故義以分則和，和則一，一則多力，多力則強，強則勝物，故宮室可得而居也。故序四時，裁萬物，兼利天下，無它故焉，得之分義也。」（《荀子‧王制》）正是因為人類不斷地學習、適應和訓練，通曉了「義」，共同維護良好的社會秩序，使人的能力遠遠超越於其他動物，成為天下最尊貴、最強大者。顯然，荀子的「義」是為了消除紛爭，增強社會凝聚力，體現了功利的特徵。

綜上所述，從孔子、孟子到荀子，這是一個從價值理性逐漸走向工具理性的過程。

第二，墨家。

其一，理性合作。

墨子把「兼愛」作為解決天下大亂的良方，其實就是採用合作的方式實現共贏，這是一種理性的合作方式，其背後是對他人權利和利益的承認，是平等的共利。「兼愛」是一種整體的愛，沒有差等的愛，普遍的愛。墨子認為人的本性是自利的，而實行兼愛必然會損害自己的利益，因此從本性出發去實行「兼愛」似乎不可行，但墨子從三個方面說明「兼愛」並不會損害自己的利益，相反還會使自己獲得利益。

首先，墨子指出如果天下所有的人都實行兼愛，愛別人就像愛自己一樣，那就不會發生人與人之間相互損害他人利益的事情，這樣每個人利益都不會被侵害，都可以得到保障，人就會生活在一個安定和諧的社會之中。「若使天下兼相愛，愛人若愛其身，猶有不孝者乎？視父兄與君若其身，惡施不孝？猶有不慈者乎？視弟子與臣若其身，惡施不慈？故不孝不慈亡有。猶有盜賊乎？故視人之室若其室，誰竊？視人身若其身，誰賊？故盜賊亡有。猶有大夫之相

亂家，諸侯之相攻國者乎？視人家若其家，誰亂？視人國若其國，誰攻？故大夫之相亂家，諸侯之相攻國者亡有。若使天下兼相愛，國與國不相攻，家與家不相亂，盜賊無有，君臣父子皆能孝慈，若此，則天下治。」《墨子・兼愛下》墨子認為，如果父親、兄長、君上等每個人都實行了兼愛，就不會有彼此的侵害，那麼國家與國家不相互攻伐，家族與家族不相互侵擾，盜賊沒有了，君臣父子間都能孝敬慈愛，這樣天下也就大治了。

其次，「兼愛」應當做到「有力相營，有道相教，有財相分」（《墨子・尚賢下》）。「兼愛」要求人與人之間相互幫助，身強體壯且有餘力的人去幫助鰥寡孤獨之人，有文化知識的人教誨愚昧無知的人，富有者去幫助貧困者。正是在這種相互幫助下，弱勢群體的困難得到了真正的解決，利益得到了基本的保證，人們的生活就沒有後顧之憂。

最後，根據對等互報心理，「夫愛人者，人必從而愛之；利人者，人必從而利之；惡人者，人必從而惡之；害人者，人必從而害之。」（《墨子・兼愛》）兼愛並不會損害自己的利益，相反，他人會對實行兼愛的人投桃報李予以回報，最終實現了互利共贏。

其二，利益至上。

「兼愛」的終極目標是從互愛中各自均獲得好處，實現共贏。「愛人者人必從而愛之，利人者人必從而利之；害人者人必從而害之」（《墨子・兼愛中》）離開了「利」談人與人之間的互愛就沒有什麼意義了。「仁者之事，必務求興天下之利，除天下之害，將以為法乎天下，利人乎，即為；不利人乎，即止。」（《墨子・非樂上》），墨子講的「利」包含了道德內涵，仁者實行「兼愛」就應該給人民以實際的物質利益，使人民「饑者得食，寒者得衣，亂者得治」（《墨子・賞賢下》）。墨子要求人們以「利天下」為己任，在私利與公利、個人利益與整體利益發生矛盾時，要以公利、整體利益為重，但他也並不反對人的自利之心，而是承認在利人基礎上的「利己」的合理性，提倡通過「利人」使自己也得到利益。

墨子以「利」為權衡一切事物的標準，強調做任何事情都要權衡利弊，「利害相權取大利」，「斷指以存腕，利之中取大，害之中取小。害之中取小者，非取害也，取利也」（《墨子・大取》）意即人遇到強盜，強盜要殺死你或砍斷你的手，那麼你把財物給他，求他砍去一個指頭，這就是害之中取小，雖然損失了財物，犧牲了指頭，但保住了生命。「義者，利也」，判定是否為「義」的標

準就在於能否最大限度的產生利益。

其三，愛利統一。

「兼相愛，交相利」(《墨子‧兼愛下》)，意思是互相有愛，能夠都得到利益。墨子認為，「兼愛」即是「交利」，愛別人是一種投資，「兼愛」的目的是獲利。「老而無妻子者，有所侍養，以終其壽；幼弱孤童之無父母者，有所放依，以長其身。……饑則食之，寒則衣之，疾病侍養之，死喪埋葬之。」(《墨子‧兼愛下》) 如果人們心懷大愛，不分遠近親疏，視人如己地愛所有的人，幫助處於困難中的人，那麼社會就會安寧祥和，從而達到興天下之大利的目的。

「仁，愛也；義，利也。愛利，此也；所愛所利，彼也。愛利不相為內外，所愛所利亦不相為內外。其為仁，內也，義，外也，舉愛與所利也，是狂舉也。」(《墨子‧經說下》) 墨子認為利中有愛，愛中有利，無論是愛與利的接收方還是付出方都不應當有內外之分；「兼相愛，交相利」就是以先利他人為出發點，從而最終實現自己的利益，「兼相愛」是「交相利」的目的，「交相利」是實踐「兼相愛」的手段和原則，「《大雅》之所道曰：『無言而不仇，無德而不報。投我以桃，報之以李』。即此言愛人者必見愛也，而惡人者必見惡也。」(《墨子‧兼愛下》)。故而，兼愛思想的本質是愛利結合。在墨子這裏，「愛」獲得了工具價值。

在博弈論中，從博弈雙方對峙獲利情況來看，博弈可以分為三種：零和博弈、負和博弈、正和博弈。零和博弈就是指不合作博弈，即你輸我贏或你贏我輸的博弈，博弈各方的收益和損失相加總和永遠為「零」；負和博弈就是對抗性的、不合作博弈，負和博弈沒有贏家，雙方處於兩敗俱傷的狀態；正和博弈是非對抗性的、合作的博弈，博弈雙方處於一種合作共贏、互利互惠的狀態。因此，從博弈論角度來分析，「兼愛」是一種合作共贏、互利互惠的正和博弈。

第三，道家。

「天之道，其猶張弓與？高者抑之，下者舉之，有餘者損之，不足者補之。天之道，損之有餘而補不足；人之道則不然，損不足以奉有餘。孰能有餘以奉天下？唯有道者。」(《道德經‧第七十七章》)。上天的規律，是減少有餘的補給不足的。以此保持相對的平衡，這樣世界才能循環往復，生生不息，不斷向前發展。從自然規律推演出的平均主義是老子「義利皆輕」思想

的重要特點。

「義利皆輕」，老子即輕視道德規範又輕視功利，這是一種超越世俗義利觀的思想，莊子的義利觀亦是如此。「楚威王聞莊周賢，使使厚幣迎之，許以為相。莊周笑謂楚使者曰：『千金，重利；卿相，尊位也。子獨不見郊祭之犧牛乎？養食之數歲，衣以文繡，以入大廟。當是之時，雖欲為孤豚，豈可得乎？子亟去，無污我。我寧遊戲污瀆之中自快，無為有國者所羈，終身不仕，以快吾志焉。』」(《史記·老子韓非列傳》)莊子主張放任自適，而將金錢與高官視為束縛他的東西，比之為養以待宰殺以享太廟的犧牛。

第四，法家。

首先，所有的社會關係都是利益關係。例如君臣關係，韓非子認為：「故君臣異心，君以計畜臣，臣以計事君。君臣之交，計也。害身而利國，臣弗為也；害國而利臣，君不為也。臣之情，害身無利；君之情，害國無親。君臣也者，以計合者也。」(《韓非子·飾邪》)所以君主與臣子有著不同的心思，君主按照自己的打算來畜養臣子，臣子按照自己的打算來侍奉君主。君臣之間的交往是一種算計。損害自身來使國家得利，臣子是不幹的；損害國家利益而讓臣子得利，君主是不幹的。臣子的內心，是認為損害了自身就沒有了利益；君主的內心，是認為損害了國家也就失去了與臣子的親近。君主與臣子，是按照算計的原則結合起來的。「臣盡死力以與君市，君垂爵祿以與臣市。君臣之際，非父子之親也，計數之所出也。」(《韓非子·難一》)臣子拼死出力來和君主換取爵位俸祿，君主陳列了爵位俸祿來和臣子換取智慧氣力。君臣之間，並沒有父子之間的骨肉之親，而是以互相計算利害得失為出發點的。王室宗親之間亦是如此：「后妃、夫人、太子之黨成而欲君之死也，君不死則勢不重，情非憎君也，利在君之死也。」(《韓非子·備內》)身為貴族的韓非早已看透了宮廷鬥爭中君臣之間、王室宗親之間的利益關係，為了權力可以不顧及君臣之義、父子之親、夫妻之情，消滅對手可以不擇手段。

一般的家庭也是如此。「且父母之於子也，產男則相賀，產女則殺之。此俱出父母之懷衽，然男子受賀，女子殺之者，慮其後便，計之長利也。故父母之於子也，猶用計算之心以相待也，而況無父子之澤乎？」(《韓非子·六反》)在當時的社會，男子是本家族的主要勞動力，女子外嫁後會成為其他家族的成員，所以父母算計利益得失後情感自然如此。

即便一些利他行為，其實質也還是為了自己：「故王良愛馬，越王句踐愛

人，為戰與馳，醫善吮人之傷，含人之血，非骨肉之親也，利之所加也。」（《韓非子・備內》）。

其次，人皆有計算之心，以求利益的最大化。

韓非子認為人天生有智慧，具有推理能力，「夫智，性也。」（《韓非子・顯學》），「聰明睿智，天也。」（《韓非子・解老》）。也正是因為人具有智慧，具有這樣一種推理能力，能夠辨別利害、通曉事理，其表現就是尋求自身利益的最大化。一切社會關係，包括父母對於子女、臣對君或君對臣等，都是可以直接以利進行計算。「主賣官爵，臣賣智力」。（《韓非子・外儲說右下》）「民之故計，皆就安利，如辟危窮。」（《韓非子・五蠹》）「故父母之於子也，猶用計算之心以相待也，而況無父子之澤乎？」（《韓非子・六反》）；「臣盡死力以與君市，君垂爵祿以與臣市，君臣之際，非父子之親也，計數之所出也。」（《韓非子・難一》）。

韓非子認為，人與人之間只講仁愛是靠不住的，只有以計算對等的利益才能維繫和諧的人際關係。「人為嬰兒也，父母養之簡，子長而怨；子盛壯成人，其供養薄，父母怒而誚之。子、父，至親也，而或誚或怨者，皆挾相為而不周於為己也。夫賣庸而播耕者，主人費家而美食，調布而求易錢者，非愛庸客也，曰：如是，耕者且深，耨者熟耘也。庸客致力而疾耘耕者，盡巧而正畦陌者，非愛主人也，曰：如是，羹且美，錢布且易云也。此其養功力，有父子之澤矣，而心調於用者，皆挾自為心也。故人行事施予，以利之為心，則越人易和；以害之為心，則父子離且怨。（《韓非子・外儲說左上》）人還是孩子的時候，父母對他撫養得馬虎，孩子長大了就會埋怨父母；孩子長大成人以後，對父母的供養微薄，父母就會生氣並責備他。父母與子女之間是至親骨肉，可是還會有責備或埋怨的事情發生，這都是由於相互之間懷著要為別人著想的心理，卻並不符合人人都是為自己著想的世道人情造成的。雇用雇工來播種耕耘，主人花費家財準備了豐盛的飯菜，挑選布幣去換取錢幣來付給報酬，這並不是對雇工仁愛，而是認為：這樣做，耕地的人就會耕得精，鋤草的人就會鋤得細。雇工用盡力氣快速地耕作，用盡技巧修整田埂，並不是對主人仁愛，而是認為：這樣做，飯菜才會豐盛，錢幣才容易得到。主人供養雇工有著父母對子女一般的恩澤，而雇工也專心一意地勞作，雙方都是懷著為自己利益打算的心思。由此可見，人們辦事和給人好處，如果都去為自己的利益而精心打算，那麼結果是，即使像越國人那樣關係疏遠的人也容易和好；如果都講求仁愛去損害自己的

利益而為別人著想，那麼到頭來即使是父母與子女之間也會產生隔閡而相互埋怨。也正是在「計算之心」的基礎上，韓非子為君主提出了「任理去欲，舉事有道」（《韓非子·南面》）的治國策略。而君主治道的基點，應「設利害之道，以示天下」（《韓非子·姦劫弒臣》），這樣臣子會以其自為心，盡其本職，盡力事主。

進一步分析，韓非子的理性政治人具有完全理性、目標理性、認知理性和工具理性的特質。完全理性，即韓非子通過要求法律條文簡潔易懂、公開公正，摒棄「不令之民」和「無益之臣」等措施，使理性政治人不受非理性因素的干擾，準確地執行策略；目標理性，即韓非子理性政治人都以自身利益最大化為追求目標；認知理性，即韓非子理性政治人具備了解博弈規則的能力；工具理性，即韓非子理性政治人視一切社會關係為利益關係，並能根據計算所得的利害得失進行理性決策。

3. 偏好體系穩定有序

第一，儒家：以德治國。

春秋時期，隨著生產工具的改進，牛耕技術的推廣，人們爭相開拓荒地，使得越來越多的土地成為私有財產，原有「溥天之下，莫非王土」的局面被打破，同時也激發了人們追逐、佔有私有財產的利欲之心。私欲的膨脹，導致道德領域逐漸形成一股唯利是圖的風潮，原有的道德禮教和道德體系遇到了前所未有的衝擊和挑戰。此時，在孔子看來，「二三子何患於喪乎？天下之無道也久矣，天將以夫子為木鐸」（《論語·八佾》）整個社會亦是道德淪落、無綱無紀。「巧言令色，鮮矣仁。」很少有人在講仁愛之道了。季氏身為大夫，卻敢於「八佾舞於庭」「旅於泰山」僭越自己的名分；陳恒身為大夫，卻敢「弒簡公」，都可謂大逆不道。

政權的式微導致權威的喪失，權威的動搖導致價值觀的缺失或迷茫，傳統的禮樂文明因此而被無視，百姓手足無措。對此孔子深表憂慮：「德之不修，學之不講，聞義不能徙，不善不能改，是吾憂也。」（《論語·述而》）這便是孔子所面臨的歷史困境或思想難題：如何解決價值觀的迷茫與禮樂的淪落？〔註20〕

孔子一生學習周禮，傳播周禮，以恢復周禮作為自己的志向。「孔子之時，周室微而禮樂廢，《詩》《書》缺。追跡三代之禮，序《書》《傳》，上紀唐虞之際，下至秦繆，編次其事。」《史記·孔子世家》。據《史記》記載，孔子時，

〔註20〕沈順福：《人性的歷程》，山東人民出版社，2020 年 12 月，第 30 頁。

周王室衰微，禮崩樂壞，《詩》、《書》殘缺不全。孔子探究夏、商、西周三代的禮儀制度，編定了《書傳》的篇次，上起唐堯、虞舜之時，下至秦穆公，依照事件的先後順序，加以整理編排。面對「禮壞樂崩」的社會現實，孔子在對於周禮的研究和思考中提出了「周禮是夏、商、周『三代之治』總結，是國家和社會管理的典範，人們只有奉行周禮，才能得以成為有教養的『君子』；國家只要按照周禮去做，就會永享太平。『人而不仁，如禮何？人而不仁，如樂何？（《論語·八佾》）人如果沒有仁愛之心，禮樂制度又從何談起呢？由此，孔子創造性地提出『仁』的範疇，並借『仁』與『命』的分立，凸顯了人的價值主體性；進而把『仁』同『德』相聯繫，建立起自己的道德學說；再進而把『德』同『治』相聯繫，闡發出自己的治國理想。」〔註21〕

孔子繼承了周公的敬德思想，認為治國者的道德行為對老百姓有著巨大的影響力，若治國者推行「德治」，老百姓就會受到「德風」的薰染緊緊圍繞在德君的周圍。「為政以德，譬如北辰居其所而眾星共之」（《論語·為政》）孔子提出「導之以政，齊之刑，民免而無恥；道之以德，齊之以禮，有恥且格。」（《論語·為政》）即用政令來治理百姓，用刑法來整頓他們，老百姓只求能免於犯罪受懲罰，卻沒有廉恥之心；用道德引導百姓，用禮制去同化他們，百姓不僅會有羞恥之心，而且有歸服之心。

孔子「為政以德」的治國方針貫徹在治國過程中分為三個步驟：「修己以敬」、「修己以安人」、「修己以安百姓」（《論語·憲問》）所謂「修己以敬」，說的是治國者的自我管理。孔子說：「苟正其身矣，於從政乎何有？不能正其身，如正人何？」（《論語·子路》）這就是說，「正」是「政」的前提。惟「正身」，才可以「從政」；「從政」即是以道德教化去「正人」。

所謂「修己以安人」，說的是對各級官吏的管理。孔子要求治國者「先有司，赦小過，舉賢才」（《論語·子路》），就是說上司要給下屬作榜樣，不計較下屬的小錯誤，提拔優秀的人才。

所謂「修己以安百姓」，說的是對老百姓的管理。據《論語·子路》篇記載：孔子到衛國去，看到稠密的人口，感歎道：「庶矣哉！」，冉有問：「即庶矣，又何加焉？」孔子回答：「富之。」冉有再問：「既富矣，又何加焉？」孔子再回答：「教之。」這裏的「庶──富──教」，是孔子安民的三部曲。「庶之」，就是要「使民以時」（《論語·學而》），讓老百姓繁衍生息。「富之」，就

〔註21〕馮達文、郭齊勇：《新編中國哲學史》，人民出版社，2004 年 7 月，第 28 頁。

是要「因民之所利而利之」(《論語‧堯曰》)，讓老百姓富裕起來。「教之」，就是要「道之以德，齊之以禮」(《論語‧為政》)，對富裕起來的人民進行道德教化。讓人民過上富足而文明的生活。這是孔子的社會理想。〔註22〕

在禮崩樂壞的時代，孔子上下求索的便是恢復周朝的禮制。「名以出信，信以守器，器以藏禮，禮以行義，義以生利，利以平民，政之大節也。」(《左傳‧成公二年》)而禮制用來行義，行義的目的是產生利益，利益用來治理百姓，這是政權中的大關鍵。

孟子繼承了孔子的思想，將「仁政」建立在「仁心」基礎之上。「仁，人心也；義，人路也。捨其路而弗由，放其心而不知求，哀哉！」(《孟子‧告子章句上》) 孟子認為仁是人的本心、實質，義是人們行為所應遵循的道路。孟子認為仁義應當是人追求的最高理想，是人立於天地間的根本之所在，並進而將仁義當做治國的根本原則。

孟子認為雖然人人天生有「仁義禮智」四德，人人都具有成為聖賢的本性，便並不是人人都最終成為了聖賢，其原因就在於「利」。在孟子看來，普通人的人心好利、趨利：「民之為道也，有恆產者有恒心，無恆產者無恒心。」(《孟子‧滕文公上》。孟子認為，老百姓有固定的產業、穩定的收入就有堅定的信念、穩定的思想，否則，就不可能有堅定的信念、穩定的思想。這便是「民心」，其所求即「恆產」。不僅普通民眾，其實「欲貴者，人之同心也」(《孟子‧告子章句上》)，每個人都同心向貴，這是普遍的事實。

在孟子看來，正是好利之心導致人們忘卻了自己的本心、天性，在利益的不斷腐蝕下，讓人逐漸喪失本有的仁義禮智四端，從而向惡。人人講「利」，人人追求「利」，就必然導致國與國爭，家與家爭，人與人爭，最後天下大亂。「有天爵者，有人爵者。仁義忠信，樂善不倦，此天爵也；公卿大夫，此人爵也。古之人修其天爵，而人爵從之。今之人修其天爵，以要人爵；既得人爵，而棄其天爵，則惑之甚者也，終亦必亡而已矣。」(《孟子‧告子章句上》) 有天賜的爵位，有人授的爵位。仁義忠信，不厭倦地樂於行善，這是天賜的爵位；公卿大夫，這是人授的爵位。古代的人修養天賜的爵位，水到渠成地獲得人授的爵位。現在的人修養天賜的爵位，其目的就在於得到人授的爵位；一旦得到人授的爵位，便拋棄了天賜的爵位。長此以往，終究滅亡。相反，如果人人講仁義，人人追求仁義，那麼，國與國之間、家與家之間、人與人之間就會相親

〔註22〕馮達文、郭齊勇：《新編中國哲學史》，人民出版社，2004年7月，第41頁。

相愛，社會就會呈現井然、和睦的秩序。孟子從不同的角度說明了求義和求利這兩種選擇所造成的相反後果，因此人們應該將道義而非利益作為自身行為的出發點。當社會道義與個人利益發生衝突的時候，孟子要求人們應該毫不猶豫地將道義作為唯一選擇。「魚，我所欲也，熊掌，亦我所欲也，二者不可得兼，捨魚而取熊掌者也。生，亦我所欲也，義，亦我所欲也，二者不可得兼，捨生而取義者也。」（《孟子·告子上》）

孔孟儒家站在憂國憂民的知識分子立場上，以自己冷靜的理性和批判現實主義精神去正視社會和人生，要求突破世俗經濟利益的局限與束縛，主張一種有益於社會理性實現的和諧秩序和道德人格，提出了重義輕利的倫理價值觀。

荀子認為，人生而有相同的本性，「凡人之性者。堯、舜之與桀、跖。其性一也。君子之與小人。其性一也。」（《荀子·性惡》）堯舜與桀紂、君子與小人，本性相同。「故聖人之所以同於眾、其不異於眾者，性也；所以異而過眾者，偽也。」（《荀子·性惡》）聖人和眾人相同而跟眾人沒有什麼不同的地方，是先天的本性；聖人和眾人不同而又超過眾人的地方，是後天的人為努力。

「今人之性，生而有好利焉，順是，故爭奪生而辭讓亡焉；生而有疾惡焉，順是，故殘賊生而忠信亡焉；生而有耳目之欲，有好聲色焉，順是，故淫亂生而禮義文理亡焉。」（《荀子·性惡》）性表現為利心、情和欲。荀子認為，人天生追利。「然則從人之性，順人之情，必出於爭奪，合於犯分亂理，而歸於暴。」（《荀子·性惡》）順應人性，便會產生爭奪、進而導致混亂，並最終走向滅亡。所以，荀子得出結論「用此觀之，然則人之性惡明矣，其善者偽也。」（《荀子·性惡》）即性本惡。對於個人來說，任由本性發展，「縱情性而不足問學，則為小人矣」；對於國家來說，任由本性發展則會產生爭奪和戰爭。

荀子提出，聖人看到普通大眾出於本性而好利、爭奪，導致悖亂，便發明了仁義禮法等一系列的倫理準則與社會規範，來約束、治理社會。「故聖人化性起偽，偽起而生禮義，禮義生而制法度。然則禮義法度者，是聖人之所生也。」（《荀子·性惡》）而聖人之所以是聖人，就在於不斷地學習和改進自己：「故積土而為山，積水而為海，旦暮積謂之歲。至高謂之天，至下謂之地，宇中六指謂之極；塗之人百姓，積善而全盡謂之聖人。彼求之而後得，為之而後成，積之而後高，盡之而後聖。故聖人也者，人之所積也。人積耨耕而為農夫，積

斫削而為工匠，積反貨而為商賈，積禮義而為君子。」(《荀子·儒效》)普通百姓，只要能堅持學習，不斷地改進自己，最終也能成為通達禮義的君子、聖人。

先秦儒家要求統治者限制其私欲和關心庶民大眾的物質利益，肯定各階層皆有自身應得的利益，雖然差別懸殊，仍然需要相互尊重，並強調保護易受侵害的庶民之利，使道義成了個人生活和社會發展穩定的至上目標，統治階級也必須受道義的規約與制裁，他們沒有超出於道義之上的特殊權利。先秦儒家構建這樣一種充滿道德的和諧社會秩序，其目的自然是為了維護統治階級的整體利益和長遠利益。

第二，墨家：兼愛尚賢。

其一，兼愛平等，是墨子的理想和奮鬥目標。

面對複雜的現實生活，對於「兼愛」的推廣實踐，墨子認為應當通過君王來由上而下地實行。墨子認為，推行「兼愛」政策並不困難，只要居於統治地位的人提倡，「兼愛」就能得到推廣。

「昔者晉文公好士之惡衣，故文公之臣皆牂羊之裘，韋以帶劍，練帛之冠，入以見於君，出以踐於朝。是其故何也？君悅之，故臣為之也。」(《墨子·兼愛》)從前晉文公喜歡士人穿不好的衣服，所以文公的臣下都穿著母羊皮縫的裘，束著牛皮腰帶來掛佩劍，頭戴熟絹作的帽子，以這身打扮入宮可以參見君上，可以往來朝廷。這是什麼緣故呢？因為君主喜歡這樣，所以臣下就這樣做。本來穿漂亮的衣服是人之常情，可只要統治階級喜歡穿粗布衣服，那麼下面的百姓就會去迎合著做。

「昔者楚靈王好士細腰，故靈王之臣皆以一飯為節，脅息然後帶，扶牆然後起，比期年，朝有黧黑之色。是其故何也？君悅之，故臣能之也。」(《墨子·兼愛》)從前，楚靈王喜歡他的臣子有纖細的腰。所以朝中的大臣，都惟恐自己腰肥體胖，失去寵信，因而不敢多吃，每天都是吃一頓飯用來節制自己的腰身，每天起床後，整裝時先抑制住呼吸，然後把腰帶束緊，扶著牆壁才能站起來。到了第二年，滿朝文武大臣們臉色都是黑黃色。就因為君主的喜好，臣子們便能做到這樣。節食是難以做到的事情，但楚靈王做了，所以楚國人也紛紛模仿他們的大王也去做了。

「昔越王句踐好士之勇，教馴其臣，焚舟失火，試其士曰：「越國之寶盡在此！」越王親自鼓其士而進之。士聞鼓音，破碎亂行，蹈火而死者左右百人

有餘。越王擊金而退之。」(《墨子・兼愛》)從前越王句踐喜愛士兵勇猛，訓練他的臣下時，先把他們集合起來，然後放火燒船，考驗他的將士說：「越國的財寶全在這船裏。」越王親自擂鼓，讓將士前進。將士聽到鼓聲，爭先恐後，打亂了隊伍，蹈火而死的人，近臣達一百人有餘。越王於是鳴金讓他們退下。因為越王句踐喜歡勇士，其士兵們皆赴湯蹈火以表現自己的勇敢。

「是故子墨子言曰：乃若夫少食惡衣，殺身而為名，此天下百姓之所皆難也。若苟君說之，則眾能為之。況兼相愛、交相利，與此異矣！夫愛人者，人亦從而愛之；利人者，人亦從而利之；惡人者，人亦從而惡之；害人者，人亦從而害之。此何難之有焉？特士不以為政，而士不以為行故也。」(《墨子・兼愛》)所以墨子說道：像少吃飯、穿壞衣、殺身成名，這都是天下百姓難於做到的事。假如君主喜歡它，那麼士眾就能做到。何況兼相愛、交相利是與此不同的好事。愛別人的人，別人也隨即愛他；有利於別人的人，別人也隨即有利於他；憎惡別人的人，別人也隨即憎惡他；損害別人的人，別人也隨即損害他。這種兼愛有什麼難實行的呢？只是居上位的人不用它行之於政，而士人不用它實之於行的緣故。

墨子以晉文公、楚靈王、越王為例，說明君主的示範作用後，進一步分析：「今天下之士君子曰：然，乃若兼則善矣。雖然，不可行之物也，譬若挈泰山越河濟也。子墨子言：是非其譬也。夫挈泰山而越河濟，可謂畢強有力矣，自古及今，未有能行之者也。況乎兼相愛、交相利則與此異，古者聖王行之。」(《墨子・兼愛》)這裏墨子原話的整體意思是，當今天下的士君子說，兼愛好是好，就是不可行，如舉起泰山超越黃河濟水一樣不可行。墨子說，你的譬喻不當。舉起泰山超越黃河濟水，可以說需要強勁有力，從古到今，沒有人能做到。兼相愛，交相利，跟這不同，古代聖王曾做到過，這可從他們書寫在簡帛、鏤刻在金石、雕琢在盤盂、留傳於後世子孫的文獻中知道。《泰誓》曰：「文王若日若月，乍照，光於四方於西土」，這是說周文王的兼愛如日月一樣沒有偏私，普照天下。此外，在《湯說》和《周詩》中也記載了聖王的兼愛。由此可見，兼愛的政策早有古代聖王實行過，因此，只要人們願意傚仿古代聖王，兼愛就會被實行。

其二，尚賢，實現國家整體利益的最大化。

墨家認為「義者，利也」，並且「仁人之所以為事者，必興天下之利，除去天下之害，以此為事者也」(《墨子・兼愛》)，即為義就是要興天下之大利，

然何為「天下之大利」？就是最大多數人的最大利益，這個回答很抽象，具體到現實生活中呢？

　　「子碩問於子墨子曰：『為義孰為大務？』子墨子曰：『譬若築牆然，能築者築，能實壞者實壞，能欣者欣，然後牆成也。為義猶是也，能談辯者談辯，能說書者說書，能從事者從事，然後義事成也。』」（《墨子‧耕柱》）墨子對「大利」的回答，就像築牆一樣，能築的築，能填的填，能測量的測量，這樣牆才能砌成。幹正義的事業也如此，能辯論游說的就去辯論游說，能解經說史的就去解經說史，能處理事務的就去處理實際事務，這樣事業也就能有所成就了。墨子所要表達的是，只要社會上每個人都能在合適的位置，充分發揮自己的能力，那麼就能實現社會整體最大的利益。

　　墨子提出各盡其能的觀點，正是因為看到了在國家治理中的各種不合理現象。墨子認為，當今的統治階級明於小而不明於大，「有一牛羊之財不能殺，必索良宰；有一衣裳之財不能制，必索良工」（《墨子‧尚賢》），但是在選拔國家棟樑時卻糊塗了，根據其是否「骨肉之親，無故富貴，面目美好」這三個標準來選擇，卻不考察他們是否具有管理國家的才能，導致「不能治百人者，使處千人之官；不能治千人者，使處乎萬人之官」（《墨子‧尚賢》），國家的利益受到了極大的損失。

　　墨子認為，每個人的能力有大有小，但如果每個人都能盡自己的能力去做事或者幫助別人，那麼整個社會的總體利益就得到了增加。當墨子把各盡其能的思想上升到社會層面，即如果整個社會人人都能各盡其能，使「有力者疾以助人，有財者勉以分人，有道者勸以教人」（《墨子‧尚賢》），那麼整個社會的利益就會增加；如果把各盡其能的思想上升到國家層面，那就是「尚賢」，即選拔賢良，通過賢人執政，使整個國家得到好的治理，國家整體實力增加。

　　第三，道家：無為而治。

　　老子主張「無為而治」，就是通過「無為」的原則實現天下大治。「處無為之事，行不言之教，萬物作焉而不為始，生而不有，為而不恃，功成而弗居。」（《道德經‧第二章》）「道恒（常）無為而無不為。侯王若能守之，萬物將自化。」（《道德經‧第三十七章》）「我無為而民自化，我好靜而民自正，我無事而民自富，我無欲而民自樸。」（《道德經‧第五十七章》）「為無為，則無不治」（《道德經‧第三章》）。在老子看來，只要堅持「無為」的原則，其他什麼就都可以治理好。

「民之饑，以其上食稅之多，是以饑；民之難治，以其上之有為，是以難治。」（《道德經・第七十五章》）老子看到，在上者巧取豪奪，以致下層人民因饑荒、貧困而為盜、輕死，這是違背天道的，因為「天之道，利而不害」（《道德經・第八十一章》）於是老子主張施政者應效法天道「天之道，損有餘而補不足……孰能有餘以奉天下？唯有道者。」（《道德經・第七十七章》），任百姓自作自息不加干涉，調整社會分配方式損有餘而補不足。

因此，老子「無為」並非不為，而是因循天道，不妄為，不盲動。「是以聖人後其身而身先，外其身而身存，非以其無私邪？故能成其私」（《道德經・第七章》）「以無事取天下」（《道德經・第五十七章》）「不敢為天下先，故能成器長」（《道德經・第六十七章》）。

老子強調要效法天道，無為而任自然，這包含著按規律辦事的意義。「以輔萬物之自然而不敢為」（《道德經・第六十四章》），統治者應輔助萬物的自然變化而不加以干預。「知常曰明，不知常，妄作凶。」（《道德經・第十六章》）掌握了事物規律內心才會明澈，反之，逆著事物發展規律任意行事，會導致兇險。因此，老子「無為」，強調的是統治者不妄為，按規律辦事，對於百姓而言，還是要積極有為的，畢竟要維持生存。

莊子理想中的聖人與老子所推崇的「功成而弗居」的聖人是一致的。「故海不辭東流，大之至也。聖人並包天地，澤及天下，而不知其誰氏。是故生無爵，死無謚，實不聚，名不立，此之謂大人。」（《莊子・徐无鬼》）所以大海不推辭向東的流水，成就了最高的博大。聖人包容天地，恩澤施及天下百姓，而百姓卻不知道他的姓氏。因此生前沒有爵位，死後沒有謚號，財物不曾集聚，名聲不曾樹立，這樣子才可以成為道德完備的大人。莊子認為，利天下是聖人的職責，但若追求爵、謚、名、實就算不上是「大人」了。

「故君子不得已而蒞臨天下，莫若無為。無為也，而後安其性命之情。」（《莊子・在宥》）所以君子是迫不得已才治理天下，最好的辦法就是順任自然。順任自然之後才能使天下人的本性和真情得到穩定的保持。「天下有常然。常然者，曲者不以鉤，直者不以繩，圓者不以規，方者不以矩，附離不以膠漆，約束不以纆索。」（《莊子・駢拇》）莊子認為，執政者在治理國家時應當尊重事物發展規律，效法和順應自然。

老莊均提倡「無為」，但含義確是不一樣的。《老子》第十章說：「愛民治國，能無為乎？」「無為」實際上是「愛國治民」的最高準則，其「無為」的

主張是專為在上位的理想執政者而提出的。

莊子的「無為」則從對在上位執政者的訴求向下落實到廣大的民眾之中，落實到每一個個體當中，並將老子這一與執政者相關的政治概念轉換成表現個人生命處境的詞語。《莊子‧逍遙遊》說：「彷徨乎無為其則」；《莊子‧大宗師》說：「逍遙乎無為之業。」由此可知，莊子「無為」概念的落腳點，在於個體生命達到一種自由自在、超然物外的精神境界，是指一種逍遙遊世的生命境界，追求內在的超脫、精神的解放。同時，《莊子‧在宥》篇裏所說的「無為也，而後安其性命之情」，也將「無為」反觀內化，轉化為「安其性命之情」。〔註23〕

第四，法家：以法治國。

韓非子主張法治，反對以儒家為代表的德治主義政治思想。韓非子要求廢除書籍上的文獻經典，拿法令作為教育的內容；摒棄古代帝王的陳詞濫調，用執法的官吏做老師，不給德治留下任何存在的餘地。

韓非子以文王和徐偃王進行「古今異情」的對比，說明「德治」用於古而不用於今：「古者文王處豐、鎬之間，地方百里，行仁義而懷西戎，遂王天下。徐偃王處漢東，地方五百里，行仁義，割地而朝者三十有六國。荊文王恐其害己也，舉兵伐徐，遂滅之。故文王行仁義而王天下，偃王行仁義而喪其國，是仁義用於古不用於今也。故曰：世異則事異。」（《韓非子‧五蠹》）

韓非子以宋襄公的例子進一步說明，即便是在古代，德治並非尋求天下治平的不二法門。「宋襄公與楚人戰於涿谷上。宋襄公與楚人戰於涿谷上，宋人既成列矣，楚人未及濟，右司馬購強趨而諫曰：『楚人眾而宋人寡，請使楚人半涉，未成列而擊之，必敗。』襄公曰：『寡人聞君子曰：『不重傷，不擒二毛，不推人於險，不迫人於厄。不鼓不成列。』今楚未濟而擊之，害義。請使楚人畢涉成陣而後鼓士進之。』右司馬曰：『君不愛宋民，腹心不完，特為義耳。』公曰：『不反列，且行法。』右司馬反列，楚人已成列撰陣矣，公乃鼓之。宋人大敗，公傷股，三日而死。」（《韓非子‧外儲說左上》）

韓非子反對「上智」之人都難以知曉的德治學說，因為它難於推廣，一般人理解不了，更無法普遍運用於社會治理。「微妙之言，上智之所難知也。今為眾人法，而以上智之所難知，則民無從識之矣，……今所治之政，民間之事，

〔註23〕李尚陽：《先秦道家政治哲學思想研究》，四川省社會科學院，2015年碩士論文，第23頁。

夫婦所明知者不用，而慕上知之論，則其於治反矣。故微妙之言，非民務也。」（《韓非子・五蠹》）韓非子認為，「堯、舜戶說而人辯之，不能治三家。」（《韓非子・難勢》）

不僅如此，韓非子更進一步評論儒家宗師孔子，「且民者固服於勢，寡能懷於義，仲尼，天下聖人也，修行明道以遊海內，海內說其仁，美其義，而為服役者七十人，蓋貴仁者寡，能義者難也。故以天下之大，而為服役者七十人，而仁義者一人。」（《韓非子・五蠹》）在韓非子看來，孔子是個大聖人，可能夠真正服膺其道的人才七十人，實在太少了。因此，韓非子認為，對於道德建設和以德治國，一般人難於理解，即便理解了也很難真正服膺和追求，所以以德治國的實踐效果不會理想。

用法、術、勢循環互補的辦法維護君主的絕對權威，在韓非子的眼裏，真正的賢臣，一要守法，二要盡職，三要謹守君臣之節；一個國家的民眾，只應該有兩種人，一種是農民，一種是戰士，農民給統治者種田，戰士替統治者殺人。在法治體裏的臣子和民眾只是逐利的工具。

韓非子提出讓所有賢者為君主所用之道：「人臣之於其君，非有骨肉之親也，縛於勢而不得不事也。」（《韓非子・備內》）「夫明主畜臣亦然，令臣不得不利君之祿，不得無服上之名。」（《韓非子・外儲說右上》）賢者曲從於君勢，不得不侍奉國君。

但對於世間尚有遺世獨立之人，韓非子則主張「勢不足以化則除之。」（《韓非子・外儲說右上》）因此，那些「不令之民」、「無益之臣」應當予以剪除，這樣就不存在不為君用之臣。「夫見利不喜，上雖厚賞無以勸之；臨難不恐，上雖嚴刑無以威之，此之謂不令之民也。」（《韓非子・說疑》）「古有伯夷、叔齊者，武王讓以天下而弗受，二人餓死首陽之陵。若此臣者，不畏重誅，不利重賞，不可以罰禁也，不可以賞使也，此之謂無益之臣也。」（《韓非子・姦劫弑臣》）「古之烈士，進不臣君，退不為家，是進則非其君，退則非其親者也。且夫進不臣君，退不為家，亂世絕嗣之道也。……故烈士內不為家，亂世絕嗣；而外嬌於君，朽骨爛肉，施於土地，流於川谷，不避蹈水火。使天下從而傚之，是天下遍死而願夭也」（《韓非子・忠孝》）。

在韓非子的君臣博弈、臣民博弈中，始終以經濟、政治權力、社會階層、法律規則的利益為核心，博弈各方都致力於這四類利益（個別性或整體性）的最大化。

第二章　博弈論簡述

　　首先區分博弈和博弈論的概念。「博弈」原指下棋,用來比喻為了利益進行競爭。博弈作為一種爭取利益的競爭,始終伴隨著人類的發展,可以說,自從人類存在的那一天開始,博弈便存在。博弈的思想源遠流長,中國文化中有很濃的博弈色彩,春秋戰國時期群雄爭霸,秦始皇滅六國統一中國,魏蜀吳相互討伐,其中都充滿了雙方的對抗和博弈。齊王與田忌賽馬,以及《孫子兵法》中的圍魏救趙、暗渡陳倉、欲擒故縱等軍事策略無一不是博弈思維的精彩應用。古今中外的人們都在不知不覺中運用博弈思維,在各類紛爭中追逐著自身利益的最大化,只是沒有凝練出博弈理論而已。

　　而現代博弈論的研究,始自美籍匈牙利數學家馮・諾依曼 1928 年和 1937 年先後發表的兩篇文章。博弈論學科的創立,則以馮・諾依曼和美國經濟學家摩根斯坦合著《博弈論與經濟行為》(1944 年)一書的出版為標誌。博弈論是關於理性主體間的策略互動的理論,它不僅是一種數學工具,更是一種方法論,可以解釋人類社會的任何現實問題。

一、博弈論簡述

　　博弈論,英文為 game theory,是研究決策主體的行為發生直接相互作用時候的決策以及這種決策的均衡問題的,也就是說,當一個主體,好比說一個人或一個企業的選擇受到其他人、其他企業選擇的影響,而且反過來影響到其他人、其他企業選擇時的決策問題和均衡問題。所以在這個意義上說,博弈論又稱為「對策論」。〔註1〕

〔註 1〕張維迎:《博弈論與信息經濟學》,上海人民出版社,1996 年,第 3～4 頁。

（一）博弈要素

從上述博弈論的定義中，可以提煉出博弈具有的相關要素：博弈主體；策略集；博弈者決策順序；博弈方得益；當博弈主體面對不完全信息情形時，博弈要素還包括信息。

博弈主體，即博弈決策的雙方或多方，可以是個人、團隊、組織，乃至國家。根據參與人數的多少，博弈可以分為單人博弈和多人博弈，多人博弈又可分為合作博弈和非合作博弈。在博弈均衡分析中的博弈主體必須具有與其策略互動和信念互動相匹配的「理性意識」和「理性能力」。「理性意識」指各個主體都具有追求自身利益最大化的主觀意識和願望，也即博弈主體始終以最大化自身利益為目標；「理性能力」指有理性意識的主體所具有的實現理性願望所需要的各種客觀能力，包括認知能力、理解能力、計算能力、判斷能力等。

策略集，即博弈主體各自可供選擇的全部策略或行為集合。

根據博弈各方決策順序，我們可以將博弈分為靜態博弈和動態博弈：同時決策為靜態博弈，依次決策且後決策者能夠看到先決策博弈方決策內容的為動態博弈。1965 年澤爾騰建立的動態與靜態劃分方式中，博弈是否動態或靜態，完全取決於博弈方對於對手決策（行為）是否知曉，博弈方實際決策的絕對時間點之差別已並無太大意義。就兩主體博弈而言，若博弈方之一看到了另一博弈方的行動及其後果，那麼這種博弈就是兩階段的動態博弈，而若博弈方並不清楚對方是否決策，即使他們實際決策時間有先後，也稱為靜態博弈。

博弈方得益，是指博弈主體選擇策略並加以實施後的結果，是各主體從博弈中獲得的效用水平高低的體現。按利益情況分，博弈可以分為負和博弈、零和博弈與正和博弈。負和博弈是指博弈主體最後得到的收穫都小於付出，都沒有占到便宜，是一種兩敗俱傷的博弈；零和博弈是指一方博弈主體獲益，另一方博弈主體損失，並且博弈主體之間獲得的利益與損失之和為零；正和博弈又被稱為合作博弈，是指博弈主體都能獲益，或者一方的收益增加並不影響其他主體的利益，這種博弈被認為是結局最好的一種博弈。博弈各方主體都是追求利益最大化的理性主體，這個自我利益一般來自四個方面：市場（經濟）利益、社會（階層）利益、政治（權力）利益、法律（規則）利益，在追求個體效用最大化的最適反應中，每個個體都致力於追求這四類利益（個別性或整體性）

最大化。

按照博弈各方互動決策信息差異，博弈可分為：完全（完美）信息博弈、不完全（不完美）信息博弈、非對稱信息博弈。

完全（完美）信息博弈是指每個博弈方都具有全知全能，那些包裹在核心利益要素之外的各種東西都不能遮蔽博弈方。在完全且完美信息的極端化假設下，博弈方決策直接基於得益支付的相對大小比較。

不完全（不完美）信息博弈是指博弈方對於博弈結果（得益）或博弈進程（及相關策略）不完全清楚的博弈。

非對稱信息博弈是指特定博弈方相對於其他博弈方有不同的信息結構。在現實的博弈環境中，博弈方的不完全信息實際上是一種非對稱信息。對稱信息博弈研究給定信息結構下什麼是最可能的均衡結果，而非對稱信息博弈則是要分析給定信息結構下什麼是最優的契約安排。

（二）納什均衡

作為一種主體相互作用的分析語言，博弈論最為重要的核心概念是納什均衡。納什均衡是博弈分析的邏輯起始點和中心點，也是理解社會互動規律和均衡世界秩序的基本工具。

1. 納什均衡的定義

當博弈是最簡單的兩主體博弈時，納什均衡可通俗理解為：「給定你的策略，我的策略是我最好的策略；給定我的策略，你的策略也是你最好的策略。」給定對手的策略選擇，每個博弈方都要實現其利益最大化。這種相互實現利益最大化的博弈決策方式可稱為「互為最適反應」，即每個博弈方都追求自己的「最優反應」——最大化自己利益，而兩個最優反應以最適當方式結合起來，就是納什均衡的通俗表達——互為最適反應，即「納什均衡＝互為最適反應＝博弈求解」。

當兩個以上主體形成有策略關聯的博弈環境時，與主體決策相關的主體、環境和利益及其他相關決策要素都被歸納進納什均衡或納什均衡精練之中，博弈主體決策規律就直接表現為特定形式的納什均衡或其精練均衡。

「囚徒困境（prisoners' dilemma）」模型是博弈論中的經典範例，它是 1950 年 Tucher 提出的。如表 1 所示：

表 1　囚徒困境博弈的初始解釋

囚徒 A	囚徒 B	
	坦白	抵賴
坦白	-8，-8	0，-10
抵賴	-10，0	-1，-1

幾乎沒有一本涉及博弈論的書不舉到這個例子。囚徒困境講的是兩個嫌疑犯作案後被警察抓住，分別被關在不同的屋子裏審訊。警察告訴他們：如果兩人都坦白，各判刑 8 年；如果兩人都抵賴，各判 1 年（或許因證據不足）；如果其中一人坦白或另一人抵賴，坦白的放出去，不坦白的判刑 10 年（這有點「坦白從寬，抗拒從嚴」的味道）。表 1 給出囚徒困境的戰略表述。這裏，每個囚徒都有兩種戰略：坦白或抵賴。表中每一格的兩個數字代表對應戰略組合下兩個囚徒的支付（效用），其中第一個數字是第一個囚徒的支付，第二個數字為第二個囚徒的支付。

在這個例子裏，納什均衡就是（坦白，坦白）：給定 B 坦白的情況下，A 的最優戰略是坦白；同樣，給定 A 坦白的情況下，B 的最優戰略也是坦白。事實上，這裏，（坦白，坦白）不僅是納什均衡，而且是一個占優戰略（dominant strategy）均衡，就是說，不論對方如何選擇，個人的最優選擇是坦白。比如說，如果 B 不坦白，A 坦白的話被放出來，不坦白的話判一年，所以坦白比不坦白好；如果 B 坦白，A 坦白的話判 8 年，不坦白的話判 10 年，所以，坦白還是比不坦白好。這樣，坦白就是 A 的占優戰略；同樣，坦白也是 B 的占優戰略。結果是，每個人都選擇坦白，各判刑 8 年。〔註2〕

由此，我們引出納什均衡的概念：所謂納什均衡（Nash equilibrium），是所有參與人的最優戰略的組合，給定這一組合中其他參與人的選擇，沒有任何人有積極性改變自己的選擇。

納什均衡有一個很重要的特點，即信念和選擇之間的一致性。就是說，基於信念的選擇是合理的，同時支持這個選擇的信念也是正確的。納什均衡也可以說是可以自我實施的（self-enforcement），也就是說，如果所有人都認為這個結果會出現，這個結果就真的會出現。〔註3〕

〔註 2〕張維迎：《博弈論與信息經濟學》，上海人民出版社，1996 年，第 15～16 頁。
〔註 3〕張維迎：《博弈與社會》，北京大學出版社，2013 年，第 51 頁。

2. 納什均衡的隱含假定

從最簡化意義來看，博弈均衡就是納什均衡，博弈均衡就是互為最適反應。但進一步分析博弈決策的基本邏輯，納什均衡雖然外在表現為特定形式的策略組合，但每個博弈方策略互動選擇都存在著相應的信念互動選擇。每個納什均衡，都是策略互動均衡和信念互動均衡的整合。因此，納什均衡的通俗定義中「納什均衡＝互為最適反應＝博弈求解」可以改寫為「博弈均衡＝納什均衡＝策略互動均衡＋信念互動均衡＝互為最適反應」。納什均衡所隱含的信念互動均衡假定存在於所有的納什均衡及其精練均衡中，這也奠定了博弈論的特殊性。在完全信息狀態下，信念互動對於策略互動有隱性支配作用，而在不完全信息狀態下，信念互動對於策略互動的顯性支配作用被凸顯出來。

3. 基於納什均衡的博弈邏輯

納什均衡作為策略互動與信念互動的整合均衡，包含三類互動，即策略互動、信念互動和自利互動，所以納什均衡也可以分解為三種均衡：策略互動均衡、信念互動均衡和自利互動均衡。因此，我們可以把基於納什均衡的博弈邏輯分為三類：策略互動邏輯、信念互動邏輯、自利互動邏輯。

第一，策略互動邏輯是指納什均衡直接表現為一種策略組合，而主體因應不同環境而做出不同策略選擇的博弈邏輯就可稱為策略互動邏輯。當策略互動主體是獨立個體時，策略互動邏輯表現為個體性策略互動邏輯，即獨立個體策略選擇成為博弈決策的關鍵要素；當策略互動主體是存在顯性或隱性利益關聯的特殊利益群體時，策略互動邏輯就表現為群體性策略互動邏輯，而這種群體性策略互動決定了最終的博弈均衡特徵。

第二，信念互動邏輯是指支撐不同策略組合的信念互動組合。信念互動邏輯可分為三類：不完美信念互動邏輯、有限性信念互動邏輯和非對稱信念互動邏輯。不完美信念互動邏輯是指引入第三方「自然」先驗判斷來彌補博弈方決策的不完美信念，從而把決策無法進行的結果不確定性轉化為決策可以掌控的過程不完美性；有限性信念互動邏輯即假定博弈主體存在共同遵循的策略調整機制，把決策無法進行的全過程無知轉化為決策者可以掌控的階段性完美認知或階段性完美信念；非對稱信念互動邏輯是指以機制設計和契約安排為表現形式的均衡選擇，而這種機制設計和契約安排的均衡選擇固化了博弈主體的社會契約地位。

第三，自利互動邏輯是指支撐主體策略選擇的自利特徵決定了決策的關

鍵特徵。自利互動邏輯可以分為狹義自利互動邏輯和廣義自利互動邏輯，其中，狹義自利互動邏輯主要體現在完全信息博弈的均衡分析中，而廣義自利互動邏輯支撐了不完全信息博弈或非對稱信息博弈的均衡分析體系。

對應納什均衡的通俗定義，我們可以把博弈邏輯通俗表述為三句話：博弈論不必證明的先驗假設，即每個主體的每個決策一定是最大化自我利益的最優選擇；策略互動與信念互動的均衡整合，即每個人的每次行動都是策略互動加上信念互動，每次行動也都是策略互動與信念互動的均衡整合；策略信念判斷支撐的自然社會人生，即每個人都是追求自我效用最大化的理性經濟人，每個人的行動也一定是基於其追求個體效用最大化的策略信念判斷，進一步推演到群體與社會，則可以得到這樣的結論：每個人每類群體都擁有其策略信念互動的世界觀，而這個世界觀決定了自然社會人生的方方面面。

4. 均衡原理

按照納什均衡的博弈邏輯，解釋各種現實博弈問題的均衡原理可以從均衡思維、均衡決策和均衡世界三個層面來理解。

第一，從現實博弈問題的解釋過程來看，均衡思維表現為兩方面，即主體理性行動的最適反應和策略信念判斷的互動思維。主體理性行動的最適反應，是指每個人都是自己效用最大化的唯一追求者，也只有自己才能感知和尋找實現自己的效用最大化。別人不可能領會也更不可能追求，只能從其行動與信念表達中進行判斷。博弈均衡是策略互動、信念互動、自利互動的整合均衡，互為最適反應的納什均衡可分解為策略互動均衡與信念互動均衡的整合。因此，要尋找任何經濟、社會問題的實質緣由，需要策略互動、信念互動與自利互動的整合性邏輯思考。

第二，均衡決策可以從個體、群體和社會三個層面來理解。按照博弈決策的主體數量差異，博弈均衡決策可分類為：個體利益互動的個體均衡決策，群體利益互動的群體均衡決策，全體社會大眾互為最適反應的社會均衡決策。個體利益均衡決策僅僅要求其納什均衡符合個體理性，群體利益的均衡決策要求其納什均衡符合集體理性即追求集體利益最大化，而社會利益的均衡決策要求博弈主體考慮交互理性，即考慮個體利益與他人行為的關係。

第三，若把均衡決策的理性空間擴展到人類意志無法左右的整個宇宙體系和自然世界，擴展到自然社會人生的所有方面，那麼，納什均衡的博弈邏輯就為我們展現一種互為最適反應的普遍規律、一種策略信念互動的均衡世界。

從納什定理的技術性定義推論，互為最適反應的均衡世界可以理解為個體利益均衡的外在影像，自然法則的均衡決策原理可以理解為：人類策略信念映像到其意志無法左右的自然世界，再反映像回人類之後形成的個人、群體與社會的策略信念判斷。

人類博弈行為面臨其無法左右且必須適應的先驗性限制，包括來自博弈環境的先驗性時空限制及來自人類自身的先驗性主體限制。兩種先驗性限制的互為最適反應決定了現實世界的均衡特徵，決定了自然社會人生的現實面貌。

在納什均衡的基礎假定制約下，博弈思維的一條邊界是先驗性時空限制，即是說，有限時間空間的主體（博弈解說者）總是面對無限隨機演進的現實世界，人類認知的規律性規範性追求不得不時時應對自然社會的無序性隨機性，博弈主體也必須同時面對人類意念中的世界與意念外的世界，必須在意識形態與非意識形態的衝突協調過程中形成自我行動的策略信念判斷。

在納什均衡的基礎假定制約下，博弈思維的另一條邊界是先驗性主體限制，即是說，有限脆弱生命個體的人類博弈不得不受限於有限的生存空間與無限的離去時空的博弈環境，只能接受有限生命衍生的演化心理均衡，只能認同有限無法對抗無限及柔弱無法對抗強悍的策略信念判斷，只能遵循名來利往的先驗性判斷與個體利益至上的人類行動原則。

正是因為均衡世界的先驗性限制，現實世界實際表現為一種博弈層次分明的均衡世界，所以任何博弈解說者必須承認：人類決策存在無法擺脫的雙重約束：初始條件約束與有限理性（初始信念）約束，有限性時間生存伴隨無限性思想擴展，有限性空間存在應對無限性視界延展。推演結論是：隨機的策略信念互動事件左右了歷史進程，不確定性的時空限制下的初始物質條件與不確定性的主體存在下的初始精神條件既左右了自然社會人生，也左右了宇宙自然的發展變化。

按照納什均衡的博弈邏輯，宇宙自然本身就有不為人類意志左右的自在均衡，這種自在均衡在人類意志可以控制的時空內呈現互動均衡的自然世界人生，特別表現為策略互動與信念互動支配的世界秩序，表現為競爭社會利益各異個體的相容共生與冷酷世界不同利益群體的和諧溫暖。

在無限延展的時空中，策略信念互動無限延展，策略信念判斷無限循環。在自然社會人生的各種現實博弈中，每個人都被特定形式的策略信念判斷左

右，都要判斷別人行動的效用最大化信念表達，都要通過前後遞進的策略信念判斷與時空轉換的策略信念判斷，在多次乃至無限次循環的策略信念互動中追求個人的效用最大化，實現特定環境條件下的互為最適反應。

在無限延展的時空中，納什定理也支持了均衡世界的策略信念判斷。納什定理意味著所有主體相互作用一定存在均衡，至少是一種混合策略均衡，而這也意味著整個世界一定是均衡的世界，這個均衡世界既有博弈個體不得不接受的純粹物質利益（直接利益），也有博弈個體借助於策略信念判斷而衍生的各種形式的非物質利益（間接利益）。納什定理的推演結論是：不管世界的初始是如何混沌，世界的終點一定是某種和諧、一定是特定均衡形式的和諧世界！

在所有可見行動（客觀世界）對於每個個人都有各向異性時，針對信念的判斷與基於判斷的信念在主體相互作用中發揮關鍵性作用，世界也就在利益關聯主體的策略信念判斷中形成發展變化。因此可以說，世界歸根結底是由信念與信念互動支配的世界，信念是世界形成發展的基本動力源泉。

（三）博弈論的發展與應用

博弈作為一種爭取利益的競爭，始終伴隨著人類的發展。而博弈理論，一般認為開始於 1944 年由馮・諾依曼（Von Neumann）和摩根斯坦恩（Morgenstern）合作的《博弈論與經濟行為》（The Theory of Games and Economic Behavior）一書的出版。但是現代博弈理論跟他們講的東西關係不大，儘管有一些概念，特別是預期效用理論等，都是他們創立的。到 50 年代，合作博弈發展到鼎盛期，包括納什（1950）和夏普里（Shapley，1953）的「討價還價」模型，Gillies 和 Shapley（1953）關於合作博弈中的「核」（Core）的概念，以及其他一些人的貢獻。

50 年代可以說是博弈論的巨人出現的年代。合作博弈論在 50 年代達到頂峰，同時非合作博弈論也開始創立。納什在 1950 年和 1951 年發表了兩篇關於非合作博弈的重要文獻，Tucker 於 1950 年定義了「囚徒困境」（prisoners' dilemma）。他們兩個人的著作基本上奠定了現代非合作博弈論的基石。[註4]

50 年代中後期至 70 年代是博弈論產生重要成果的階段。澤爾騰將納什概念引入了動態分析，提出了「多步對策」、「子博弈完美納什均衡」和「顫抖均

〔註 4〕張維迎：《博弈論與信息經濟學》，上海人民出版社，1996 年，第 5～6 頁。

衡」的概念；豪爾紹尼開創了不完全信息對策研究的新領地，提出了「貝葉斯納什均衡」的概念和分析不完全信息博弈問題的標準方法。80 年代以後，博弈論開始走向成熟，理論框架逐漸完整和清晰，和其他學科之間的關係也逐漸深入，並開始受到經濟學家真正的重視。90 年代以來博弈論領域的經濟學家已經三次獲得經濟學諾貝爾獎，張維迎分析了三個原因：1. 博弈論在經濟學中的應用最廣泛、最成功；博弈論的許多成果也是借助於經濟學的例子來發展的，特別是在應用領域。2. 經濟學家對博弈論的貢獻也越來越大，特別是在動態分析和不完全信息引入博弈論之後，例如克瑞普斯和威爾遜都是經濟學家。3. 最帶根本性意義的原因是經濟學和博弈論的研究模式是一樣的，這就是強調個人理性，也就是在給定的約束條件下追求效用最大化。在這一點上，博弈論和經濟學是完全一樣的。〔註 5〕

　　近二十年以來，博弈論在國際關係、政治學、軍事戰略和其他各個方面也都得到了廣泛的應用，並有了初步的理論探討。著名經濟學家保羅‧薩繆爾森說：「要想在現代社會做一個有文化的人，你必須對博弈論有一個大致瞭解。」相信「事事皆博弈」的學者們甚至認為，博弈論作為一種互動決策理論體系可以解釋整個社會、整個世界乃至整個宇宙。

　　洪開榮在《博弈論解說》中從均衡原理和博弈邏輯角度出發，將整個世界的林林總總都納入博弈論解說的均衡分析架構，分析了市場與經濟、階層與社會、權力與政治、規則與法律的內在關聯。他從納什均衡的博弈邏輯角度歸納出自然社會人生互為最適反應產生的利益創造的經濟、社會、政治和法律博弈、行為偏好驅動的認知與藝術博弈、道德與倫理博弈、文化與宗教博弈及不確定性策略信念互動的創新與科技博弈、衝突與戰爭博弈、宇宙與自然博弈。這十大類博弈類型，不僅解釋了經濟、社會、政治和法律問題產生的實質緣由，還從策略信念判斷的博弈均衡體系中釐清藝術、倫理和宗教的分界線，並在不確定性策略信念互動思維中建構科技、戰爭和自然博弈問題的均衡聯繫。

1. 利益創造視角的四類博弈

　　在每個個體的生命週期內，其自利互動邏輯所依託的自我利益一般來自四個方面：市場（經濟）利益、社會（階層）利益、政治（權利）利益、法律（規則）利益，在尋求個體效用最大化的最適反應中，每個個體都致力於追求這四類利益（個別性或整體性）最大化。因此，利益創造視角的四類博弈是：

〔註 5〕張維迎：《博弈論與信息經濟學》，上海人民出版社，1996 年，第 6～7 頁。

市場與經濟博弈、階層與社會博弈、權力與政治博弈、規則與法律博弈。

第一，市場與經濟博弈：市場與經濟博弈是市場利益創造的博弈，是基於個體性經濟利益的策略信念互動均衡。定名為市場與經濟博弈的基本緣由是：市場活動是利益創造的基本途徑，經濟增長和財富創造最穩定的動力源泉是市場機制，其均衡的關鍵特徵是最大限度激發人性慾望潛能的策略信念互動。

第二，階層與社會博弈：階層與社會博弈是社會利益創造的博弈，是基於群眾性社會利益的策略信念互動均衡。定名為階層與社會博弈的基本緣由是：社會活動是利益創造的基本途徑，社會分層和利益集團對理解社會問題有基礎性意義，其均衡的關鍵特徵是利益群體尋租與社會結構分層的策略信念互動。

第三，權力與政治博弈：權力與政治博弈是政治利益創造的博弈。是基於權力支配性政治利益的策略信念互動均衡。定名為權力與政治博弈的基本緣由是：政治活動是利益創造的基本途徑，排他性支配他人的政治權力常常成為政治行動的最大誘惑，其均衡的關鍵特徵是強制性權力運用的策略信念互動。

第四，規則與法律博弈：規則與法律博弈是規則利益創造的博弈，是基於契約性法律利益的策略信念互動均衡。定名為規則與法律博弈的基本緣由是：法律活動是利益創造的基本途徑，法律制定通常意味固定關聯主體利益的規則制定，其均衡的關鍵特徵是群體利益規則性固定的策略信念互動。

按照納什均衡的博弈邏輯，任何經濟社會問題的產生、發展與消亡，都是內生化過程顯現，都源於利益關聯主體的策略信念互動，而從利益創造視角的四種博弈類型劃分，實際上也劃分了四種主體理性，即經濟理性、社會理性、政治理性、法律理性。而且，在這四類利益創造博弈中，利益內涵是不確定且混合的，其個體效用最大化的利益訴求，既有物質利益，也有非物質利益；既有固定利益，也有非固定利益。

2. 行為偏好視角的三類博弈

從主體決策角度來理解，博弈類型只有兩類：行為博弈與期權博弈，行為博弈是泛指基於主體決策偏好的博弈，是行為偏好互動的博弈均衡；期權博弈是泛指基於不確定性環境因素的博弈，是不確定性互動的博弈均衡。從行為偏好視角來審視博弈類型，基於行為認知及其強弱差異，博弈類型又可劃分為三類博弈，即認知與藝術博弈、道德與倫理博弈、文化與宗教博弈。

第五，認知與藝術博弈：認知與藝術博弈是個別性信念判斷的個體行為認知博弈，是行為偏好互動的一種博弈均衡，是基於個體性藝術信念價值的策略信念互動均衡。定名為認知與藝術博弈的基本緣由是：個體性認知信念是這類博弈利益創造的基本途徑，任何藝術創造活動都可以歸結為特定策略信念互動均衡的主體認知判斷，其均衡的關鍵特徵是基於個體性認知價值的策略信念互動。

第六，道德與倫理博弈：道德與倫理博弈是群體性信念判斷的群體行為認知博弈，是行為偏好互動的一種博弈均衡，是基於群體性內生的倫理信念價值的策略信念互動均衡。定名為道德與倫理博弈的基本緣由是：群體性共同認知是這類博弈利益創造的基本途徑，個體性道德判斷常常服從於群體性倫理標準，其均衡的關鍵特徵是基於群體性認知價值的策略信念互動。

第七，文化與宗教博弈：文化與宗教博弈是社會性信念判斷的行為認知博弈，是行為偏好互動的一種博弈均衡，是基於代際持續性內生意念的宗教價值的策略信念互動均衡。定名為文化與宗教博弈的基本緣由是：先驗性的社會信念認同是這類博弈利益創造的基本途徑，文化與宗教對於特定人群有無法改變的行為偏好固化作用，其均衡的關鍵特徵是基於社會性認知價值的策略信念互動，構成社會整體的個體和群體都具有完全相同的先驗性策略信念判斷。

在三類行為偏好博弈中，非物質利益居於主導地位。而且，其利益評判標準帶有極強的主體色彩。源於行為認知的這三類博弈可統稱為主觀世界博弈或主觀信念博弈，其博弈邏輯是：現實世界的主體策略選擇必然有相應的信念判斷構成共生依存的策略信念組合，信念組合與策略行為構成隨機複雜動態的關聯性變化，策略信念判斷的互動循環支撐著世界，支撐著自然社會人生。

行為偏好視角的博弈思維表明，納什均衡決定了一種不變的信念互動邏輯，決定了策略與信念的自循環與外循環。而且，推演結論是：既然個人行動的信念判斷是形成互為最適反應的關鍵要素，而決定信念判斷的世界觀和宗教信仰又支配了每個個人的行動信念判斷，因此，異質性的群體利益互動必然導致信念分歧的極端化，基於文化與宗教差異的階級鬥爭是人類世界的必然宿命。

3. 不確定性視角的三類博弈

基於海薩尼轉換（1967）思路，期權博弈把不確定性處理成為先驗性信念判斷支持的策略信念互動均衡，而人類意志應對不確定性的能力高低決定了

不確定性視角的三類博弈，即創新與科技博弈、衝突與戰爭博弈、宇宙與自然博弈。

第八，創新與科技博弈：創新與科技博弈是人類意志可以左右的不確定性博弈，是基於創新才能利益創造的策略信念互動均衡。定名為創新與科技博弈的基本緣由是：隨機性創新思維是利益創造的基本途徑，人類意志可以自由支配的科技創新同時又具有隨機不確定性特徵，其均衡的關鍵特徵是策略信念互動既有主動正向的不確定性價值，也可能伴隨自然社會已有財富的創造性毀滅。

第九，衝突與戰爭博弈：衝突與戰爭博弈是人類意志部分左右的不確定性博弈，是基於群體性利益急劇變化和社會負和利益格局的策略信念互動均衡。定名為衝突與戰爭博弈的基本緣由是：改變原有群體（社會）利益格局的衝突行動是博弈均衡實現的基本途徑，戰爭是群體利益極端化分異的產物，其均衡的關鍵特徵是特定群體利益有突然急劇增加，但社會整體有被動負向的不確定性價值減損。

第十，宇宙與自然博弈：宇宙與自然博弈是人類意志無法左右的不確定性博弈，是基於人類意志之外的利益創造與人類意念外價值（上帝價值）的策略信念互動均衡。定名為宇宙與自然博弈的基本緣由是：映像到宇宙體系和自然規律的人類認知空間的不斷變化是利益創造的基本途徑，宇宙包容了人類意志可以到達的自然，物質化的宇宙與人格化的自然是所有博弈問題分析的先驗性基礎性條件，其均衡的關鍵特徵是既表現為人類意志之外的自在均衡，也表現為映像到人類認知空間的先驗性互動的子博弈完美均衡。

在三類不確定性博弈中，非固定性利益居於主導地位，而且，這種非固定性利益更可能表現出極大的隨機性特徵。源於期權博弈的這三類博弈可統稱為客觀世界的博弈或不確定性博弈，其博弈邏輯是：每個博弈主體（社會成員）不得不依託其所在的現實世界，而這個決定其博弈要素條件的現實世界與策略對手的現實世界交叉重疊複雜融合，博弈主體們（狹義的社會）的現實世界是過去世界的策略信念判斷，也是未來世界映像的今日映象。

以上所界定的十大類博弈類型是利用經典博弈與現實問題的契合關聯性，對於多種學科領域重大現實問題的博弈均衡解釋。博弈思維的先驗性限制與博弈主體的策略信念判斷，不僅決定了博弈均衡決策的現實邊界，也使追求利益最大化（利益創造）的人類個體通過策略信念判斷的互動決策，產生了紛

繁複雜的博弈形態。

二、中國古代的博弈思想

中國傳統文化中有很濃的博弈色彩，春秋戰國時期群雄爭霸，秦始皇滅六國統一中國，魏蜀吳相互討伐，其中都充滿了雙方的對抗和博弈。另外，無論是《三國演義》還是近代的《厚黑學》，都在教你與別人的博弈中如何作出最優策略，取得最後勝利。只不過其中沒有提到「博弈」二字。

《孫子兵法》是我國古代流傳下來的最早、最完整、最著名的軍事著作，享有「兵學聖典」之美譽。《孫子兵法》探討了與戰爭有關的一系列矛盾的對立和轉化，如敵我、主客、眾寡、強弱、攻守、勝敗、利患等，其中包含很多理論演繹的成分，涵有豐富的辯證博弈思想。它可以算是最早的關於策略的書，被稱為中國博弈論的萌芽之作。「夫未戰而廟算勝者，得算多也。夫未戰而廟算不勝者，得算少也。」（《孫子兵法·計篇》）「廟算」即博弈。

在中國古代著名博弈行為個案中，我們以賽馬博弈、合縱連橫博弈為例，進行博弈論模型的深入解讀。

（一）賽馬博弈

「忌數與齊諸公子馳逐重射。孫子見其馬足不甚相遠，馬有上、中、下輩。於是孫子謂田忌曰：『君弟重射，臣能令君勝。』田忌信然之，與王及諸公子逐射千金。及臨質，孫子曰：『今以君之下駟與彼上駟，取君上駟與彼中駟，取君中駟與彼下駟。』既馳三輩畢，而田忌一不勝而再勝，卒得王千金。」（《史記》卷六十五：《孫子吳起列傳第五》）田忌經常與齊國諸公子賽馬，設重金賭注。孫臏發現他們的馬腳力都差不多，可分為上、中、下三等。於是孫臏對田忌說：「您只管下大賭注，我能讓您取勝。」田忌相信並答應了他，與齊王和諸公子用千金來賭注。比賽即將開始，孫臏說：「現在用您的下等馬對付他們的上等馬，拿您的上等馬對付他們的中等馬，拿您的中等馬對付他們的下等馬。」三場比賽完後，田忌一場不勝而兩場勝，最終贏得齊王的千金賭注。

這是一個類零和博弈模型。「彼之所得必為我之所失、得失相加只能得零」的思維貫穿於比賽之中，這時就必須運用策略來使自己的利益最大化。在賽馬中，孫臏知道所有馬的速度快慢，還知道齊王的出馬順序，博弈雙方處於信息不對稱狀態，這些信息直接決定了博弈的勝負。當齊王的策略為｛上，中，下｝

時，田忌以｛下，上，中｝的策略使收益達到最大值。因此，田忌用「下馬」對齊王的「上馬」，用「上馬」對齊王的「中馬」，用「中馬」對齊王的「下馬」，是田忌的最優策略，是策略式博弈的一個納什均衡。

（二）合縱連橫博弈

《史記》記載，戰國後期，秦國力量越來越強，東方六國都不能單獨抗秦，蘇秦最先面見秦王，想游說秦王乘機豪取天下，由於秦國剛剛處死商鞅，對謀略之士極為厭惡，並沒有理睬蘇秦。於是蘇秦惱怒，聯合「天下之士合縱相聚於趙而欲攻秦」（《戰國策‧秦策三》），先後游說六國，聯合起來西向共同抗秦。秦在西方，六國土地南北相連，故稱「合縱」。然後蘇秦掛六國相印回到趙國當了聯盟軍的「總參謀長」，投「從約書」給秦國，秦兵不敢越過函谷關十五年。秦國用魏國人張儀，先後游說六國，主張小國應依附大國才能存活，要六國共同服從秦國。秦在西方，六國在東方，東西相連，故稱「連橫」。

合縱連橫的實質是各大國為了拉攏弱國而進行的外交、軍事鬥爭。合縱的目的在於聯合許多弱國抵抗一個強國，以防止強國的兼併。連橫的目的在於事奉一個強國作為靠山，進攻另外一些弱國，達到兼併和擴展土地的目的。各國圍繞著怎樣爭取盟國和對外擴展的策略問題不斷權衡，時而加入「合縱」，時而加入「連橫」，反覆無常。合縱連橫的鬥爭，持續了很長時間。不管是連橫還是合縱，最終贏家都是秦國。

合縱連橫的鬥爭適應了戰國形勢發展的需要，對各國政治產生了很大影響。合縱連橫是博弈論中典型的囚徒困境模型。我們以連橫同盟的核心秦國和合縱同盟的核心齊國作為兩個博弈主體進行分析。

其博弈矩陣如下：

齊＼秦	連　橫	合　縱
連橫	（1　　-1）	（0　　　0）
合縱	（0　　　0）	（-1　　1）

如圖示，兩個博弈主體：秦國和齊國，其任何決策都以追求自己利益最大化，即自利是其決策的唯一依據。秦國與齊國都有兩種戰略政策可以選擇，即「合縱」與「連橫」。策略組合一（連橫，連橫），秦國採取「連橫」政策，齊國默許秦國的「連橫」政策並與秦國建立友好外交關係，齊國最終被滅，由秦

統一六國（1　-1）；策略組合二（連橫，合縱），秦國採取「連橫」政策，齊國仍然採取「合縱」政策，結果是秦國與六國處於對峙狀態（0　0）；策略組合三（合縱，連橫），秦國默許六國「合縱」，齊國卻採用「連橫」政策與秦國示好，秦齊各自在鄰近地區兼併，兩家不斷擴張，東西平分中國（0　0）；策略組合四（合縱，合縱），秦國默許六國「合縱」，齊國採用「合縱」政策，結果是秦國勢力擴張被遏制，而齊國成為六國領袖，勢力得以擴張（-1　1）。而歷史的真相恰恰是策略組合一（連橫，連橫），其收益為（1　-1），即齊國最終被滅，由秦統一六國。

　　合縱聯盟中的六國也同樣陷入「囚徒困境」。各國只追求自身利益的最大化，而忽略聯盟的集體利益，缺乏長久合作的意願，弱弱聯盟卻眾心不齊，所以一到關鍵時候就分崩離析，在長期反覆博弈中最終同歸於盡，讓秦國成了歷史大贏家。合縱聯盟的失敗說明了個體理性不能保證集體理性，正如《資治通鑒》卷二評說的：各國自身利益的最大化不自動形成合縱集體利益的最大化。集體理性更多地仰賴於制度的安排。因為制度是長期迭演博弈所選擇的均衡結果，它是行動個體由不合作走向合作的路徑依賴。合縱雖然是六國共同利益，但各國承擔的成本和風險未必一樣，公孫衍、蘇秦更多的是以各國自身利益為重極盡促合之能事，而沒有強調合縱同舟共濟的集體利益和相關制度保障，這是合縱崩潰的重要原因之一。

　　墨學與儒學並為先秦時代兩大顯學，對韓非子的政治博弈思想形成產生了重要影響。韓非子師從荀子，雖然荀子屬於儒家，但荀子的思路很接近墨家，因此，我們可以以孔子、墨子和荀子為代表，對先秦時期的博弈思想進行整理和回顧。

1. 孔子的博弈邏輯思想

　　前面講過博弈論的基礎核心概念「納什均衡」的通俗表達：給定你的策略，我的策略是我最好的策略；給定我的策略，你的策略也是你最好的策略。因此根據他人對自己的行為來決定對待他人的行為，即「人施於己，反施於人」是博弈論的主張。博弈論不要求對人性的善惡作出先驗的假設，博弈論只關乎利益，不關乎道德，它本身並沒有對行為的善惡提出具體要求，博弈雙方按照對等原則進行利益最大化的決策。孔子也有對等的博弈思想。「或曰：『以德報怨何如？』子曰：『何以報德？以直報怨，以德報德。』」（《論語·憲問》）對「直」字的解釋目前主要有兩種，一種是把「直」解釋成對等的東西，另一種則解釋

為「公正合理」。本人更傾向於第一種解釋，因為從上下文來解讀，孔子是針對「以德報怨」而提出「以直報怨」的。關於「直」的處世原則，《論語》中還有論述。「葉公語孔子曰：『吾黨有直躬者，其父攘羊而子證之。』孔子曰：『吾黨之直者異於是。父為子隱，子為父隱，直在其中矣。』」（《論語‧子路》）父子相互隱瞞彼此的過錯，既有違於社會公正，也是虧欠於受害者的不道德行為。孔子為什麼還稱之為「直」呢？因此，在這裏「直」只能被解釋為行為對等。父子之間有恩有惠，一方隱瞞另一方的過錯，符合行為對等原則。

「直」在孔子的思想裏是一個自然的為人處世的原則，並不關乎德性。「人之生也直，罔之生也幸而免」《(論語‧雍也)》。行為對等原則是普遍的人性，不知道這個原則的人是沒有的，這真是自然賜予人類的恩惠。

2. 墨家的博弈思想

墨子提倡「兼愛」，其理由出自利益的博弈，即「兼相愛，交相利」。「兼」就是既考慮自己，又考慮別人；相反，「別」就是只考慮自己，不考慮別人。如果你既愛護自己，又愛護別人，那麼除了自我關愛之外，你還會得到別的愛護，這就是最大限度地實現了自己的利益。如果大家都是這樣的話，那麼就是「交相利」了。反之，如果你只愛護自己，不愛護、甚至傷害別人，那麼別人就會反過來傷害你，到頭來你自己也保護不了自己。如果大家都是這樣的話，那麼就是「交相惡」了。

從「別愛」到「兼愛」，從「交相惡」到「交相利」既是一個博弈的過程，也是一個歷史的過程。墨子說，人類初期，「一人一義，十人十義，百人百義，千人千義，逮至人之眾不可勝計也，則其所謂義者亦不可勝計。」（《墨經‧尚同下》）這裏的「義」指的是自愛的原則，每一個人都以愛護自己的利益為「義」，結果是「人是其義，而非人之義」，為了自己的利益而損害別人的利益，引起爭鬥，天下大亂，「如禽獸然」（《墨經‧尚同中》）。在大家利益相互損害、人人不能自保自愛的情況下，大家都想要找到一個顧全大家利益的統一原則，「是故天下之欲同一天下之義」（《墨經‧尚同下》）。墨子把「同一天下之義」的任務賦予天子，由此解釋天子和國家的起源。至於天子是通過什麼途徑產生的，是民選，還是天命？墨子沒有回答。這一問題對他來說並不重要，重要的是，從天下大亂的禽獸狀態到推行兼愛的君主國家是一個自然的過程，這種自然過程即墨子所說的「天志」。

今人常把墨子的「兼愛」思想的基礎歸結為功利主義和鬼神崇拜。但進一

步的分析可以表明，墨子「兼愛別害」的功利主義的根據是行為對等原則；他鼓吹鬼神崇拜，則是為了解釋人類按照這一原則所形成的趨善避惡的自然傾向。

3. 荀子的博弈思想

荀子主張人性惡，他所謂的惡其實不過是人的自愛好利、趨樂避苦等非道德本能。非道德並不等於反道德，相反，通過聖人的「化性起偽」，人類被引向禮義社會。「化性起偽」是從非道德的本能走向道德社會的過程，這一過程也就是現在所說的利益博弈過程。

荀子說「君子與小人，其性一也」，這是說聖人和常人的本性並沒有什麼不同，這就提出了一個問題：為何與眾人同樣「性惡」的聖人能夠做出禮義的善舉呢？荀子回答說，聖人的高明之處在於善於積累人類的經驗智慧，「故聖人者，人之所積而致也。」這裏所謂的「積」不同於孔孟所說的「推」。孟子說：「聖人者，善推己及人也。」「推」是類比，「積」是積累；「推」是道德的延伸，「積」是在經驗積累的過程中，進行步驟越來越複雜的利益博弈，達到了對人類的長遠利益的認識。「積」本身是一種非道德的能力，但其結果卻是「聖」。荀子把這一過程刻畫為：「伏術為學，專心一志，思索孰察，加日縣久，積善而不息，則通於神明，參於天地矣。」從理論上說，每一個人都有成聖的認識能力，「塗之人可以為禹」。但實際上，「聖可積而致，然而皆不可積」。常人對利益的博弈局限於個人的暫時利益，眼光短淺，博弈幾招也就罷了，這就是「不可積」。

聖人為什麼要「化性起偽」，眾人又為什麼要違背自己的本性接受禮義制度？歸根到底，都是出於利害關係的考慮，即荀子所強調的「辨」。他說，人與禽獸的區別在於「有辨」，「人道莫不有辨」（《荀子‧非相》）。「辨」的作用是「明分（社會分工）使群（社會組織）」（《荀子‧富國》）。他反覆說明，人類群居合一，定分差等，化於禮義，「故最為天下貴」；反之，「群而無分則爭，爭則亂，亂則離，離則弱，弱則不能勝物」（《荀子‧王制》）。從分、群、化，到「最為天下貴」是人類利益的正博弈；從「無分」、「爭」、「亂」、「離」、「弱」，直至人不如動物的境地，這是人類利益的負博弈。荀子的禮義觀正是以人類利益的正反兩方面的博弈為基礎的，他與墨子一樣，荀子把社會和道德的合理性歸結為利益的博弈。

第三章　韓非子政治思想概述

　　韓非子畢其一生，總結治國經驗，研究治國理論，鞭辟入裏地分析了「人性好利」，並以此為基礎為君主提出了法、術、勢並舉的邏輯嚴密的治國方略。對韓非子的政治思想進行博弈要素的分析，就必須對韓非子所處的時代、韓非子本人和其政治思想有個簡單的介紹。

一、時代背景

　　韓非子處於春秋戰國時期，這是一個由奴隸社會向封建社會轉型的特殊的歷史過渡時期。這一時期，生產力的發展導致各國的變革運動和思想文化的繁榮。綜觀有以下特點：

　　第一，生產力大發展。

　　春秋時期，社會生產力有了很大的發展，主要表現為鐵器的使用。我國鑄造鐵器大約開始於西周末年或春秋初年。至春秋中期以後，使用鐵器的情況已很多。《國語・齊語》曰：「美金（銅）以鑄劍戟，試諸狗馬；惡金（鐵）以鑄鉏（鋤）夷斤？（zhú 竹），試諸壤土。」鐵器的使用，使得更大面積的農田耕種和廣闊森林地區的開墾成為可能，並且它還給手工業工人提供了一種堅固和銳利的工具，推動了手工業、民間商業甚至金屬貨幣的發展。總之，鐵器在生產中的運用和生產工具的改變，不僅提高了農業生產力，也極大推動了社會生產力的發展。

　　第二，生產關係的變革。

　　隨著鐵器的廣泛使用，農業生產力不斷發展，私田得以大量開發，周天子對土地的控制力逐漸喪失，土地國有制受到嚴峻挑戰。「普天之下，莫非王土」

變為「封略之內，何非君土」，天子不能控制「天下」的土地，諸侯也不能控制封國內的土地，貴族們也無力經營管理他們所分到的井田。

通過各種途徑轉化而來的私有土地急劇增加，井田制在迅速破壞。至春秋後期，終於出現了土地的買賣關係。土地買賣是土地私有權確立的標誌。當時，私有土地的經營方式主要有兩種，一是農民自種；二是地主出租土地給佃農耕種，收取實物地租，這種租佃關係，是封建地主經濟的萌芽。

私田一開始不向國家納稅，但是私田的增多，導致公田的歉收或荒蕪。諸侯們為了擴大稅源，增加財政收入，紛紛進行了賦稅制度的改革。最具代表性的是魯宣公十五年（前594年）的「初稅畝」，即以畝積為單位徵收耕地稅。這一制度的實行，等於承認了私有土地的合法性，它標誌著井田制的徹底瓦解。

奴隸社會中，奴隸完全沒有人身自由，其收入全部為奴隸主佔有，不存在交稅不交稅的問題。只有在封建社會中，農民才向地主租種土地，才會徵稅交租。所以「初稅畝」是奴隸制生產關係向封建生產關係轉變的標誌。這種生產關係的變革，解放了奴隸，產生了封建地主階級。

到了戰國時代，新興的土地佔有者的勢力越來越大，秦國順應當時社會發展的趨勢，公開宣布廢除奴隸主貴族的土地佔有制，土地可以自由買賣，土地私有制進一步得到了國家法律的保障。

第三，戰爭四起，國家逐漸統一。

新興地主階級的出現，加劇了剝削階級內部的矛盾和鬥爭。諸侯國之間，統治階級上下層之間，公、私室之間，都展開了激烈的兼併戰爭和奪取政權的鬥爭。這些鬥爭儘管形式不同，但其實質都是新興地主階級與舊有奴隸主階級之間鬥爭的表現形式。由於新興地主階級代表著社會發展的方向，適應了社會生產力發展的要求，所以他們在這場社會變革的鬥爭中，處於領導地位，並最終取得勝利。但這個過程是漫長的。

春秋時期，周王朝已經名存實亡。周天子已喪失了諸侯的共主地位，降低到和諸侯國的同等地位，已無力統領各諸侯國。於是各諸侯國之間開始了爭霸戰爭，大國吞併小國，甚至各諸侯國內部和家族內部的爭權奪位，也成為當時的一種常態。「我們可以看出封國統治者的恐慌之情，他們不但要面臨隨時被鄰國吞併的威脅，也面臨隨時被國內反抗力量趕走或殺掉的威脅。國王和中央政府既無力維持舊有的秩序，它的那些禮數因之也不能發生拘束的作用。現實

的現象是，無論在諸侯國之間還是諸侯國內部，力量決定一切。封建統治者都渴望有一位主持正義的英雄人物出現。他們所謂的正義，當然是指保護現存的封國不再被吞併，保護他們自己不再被逐被殺。於是一些野心勃勃的國君開始往這個目標奮鬥而且脫穎而出。他們並不希望建立自己的王朝，也不希望統一中國，只是希望建立霸權，成為一個霸主，諸侯國唯他馬首是瞻，就大大地心滿意足了。在這種霸權政治形態下，霸主代替周王朝國王和中央政府的地位。封國本應朝見國王的，現在改為朝見霸主。本應向國王進貢的，現改為向霸主進貢。糾紛爭執本應請國王審理的，現改為請霸主審理。受侵略時本應向國王控訴求救的，現改為向霸主求救。霸主唯一的依靠是武力而不是法理，所以職位不能世襲。武力弱時，霸權轉移，霸主資格即行消失。」〔註1〕春秋五霸（齊恒公、楚莊公、晉文公、秦穆公、晉悼公），就是對春秋霸權政治的一種記錄和描寫。

　　到戰國初期，一百多個諸侯國經過激烈的兼併戰爭，僅剩下二十多國，其中以齊、楚、燕、韓、趙、魏、秦最為強大，史稱戰國七雄。戰國時期，各個國家之間由爭霸轉向爭王，最後轉向追求統一。

　　韓非子所處的韓國，面積不大，夾在秦、魏、楚之間，經常受到攻掠，在七雄中只能扮演被欺、被強暴的角色，其中尤以秦為主要敵人。據《史記·六國年表》記載，韓國自公元前403年被冊封為諸侯國到公元前230年被秦所滅的179年間，受秦國大規模入侵近20次，受魏國入侵四次，再加上參與合縱連橫的戰役，共40多次，而且絕大多數是戰敗方，國力消耗極大。因此，作為小國，只能在大國間窺測風向，捕捉時機，苟延殘喘。而國內，貴族專斷朝綱，內政腐朽。據《史記·六國年表》和《韓世家》記載，公元前371年發生了韓廆、嚴遂弒其君哀侯事件，公元前349年發生了韓姬弒其君悼公事件，其政局不穩，可見一斑。在這些內憂外患的形勢下，韓非子心裏產生了強烈的危機感。

　　第四，法制改革的實踐與理論。

　　春秋時期，「面對新的社會形勢，奴隸主貴族中的明智之士覺察到傳統『禮治』的弊端，主張對舊禮進行改革，並且創立新的法令；從舊貴族轉化而來的新的封建貴族，急欲擴大鞏固自己的特權，對傳統的周禮進行了新的解釋，同時設置新法，而新興的地主階級，則代表著新的生產關係，要求廢除周

―――――――――――――――――

〔註1〕柏揚：《中國人史綱》，時代文藝出版社，1987年，第123頁。

禮，完全用新的法律治國。他們都要求改革變法，但其具體內容卻有很大差異。〔註2〕

管仲相齊，主持國政，採取了一系列革新措施。他十分重視「禮」在治國中的地位和作用，並對周禮進行了改造，他推崇「禮」的強制作用，而不是其教化作用。管仲主張依法理政、依法統軍、依法治民，採取三國五鄙制，依靠法律和強制手段使民就範。管仲認為，「下令於流水之原者，令順民心」（《管子・牧民》），只有法令順應追求利益的民心，法令的實行才能源源不斷地像流水那樣通行無阻。他的富國強兵和令順民心的主張，成為後來法家的先聲，也使齊國強大起來。鄭國子產是從奴隸主貴族轉化而來的封建貴族，他折衷於禮、法之間，一方面強調禮治的重要，要求貴族必須遵守禮儀；另一方面又使禮治趨於自然化、社會化、規則化。子產擔任執政期間，進行了法律改革——鑄刑書，即把刑法鑄造在金屬器物上，予以公布。鑄刑書衝破了秘密刑的思想，打破了「刑不上大夫」的傳統。鄧析是鄭國大夫，代表新興地主階級立場，主張徹底否定周禮，實行法制革新。

從嚴格意義上說，管仲、子產等人還不能稱為法家，因為他們還沒有提出相應的理論。「作為一種理論形態的法家應說是從李悝開始的。李悝不僅是一位政治實踐家，進行了立法和變法活動，而且還提出了相應的理論。因此作為特定學派的開山祖應該是李悝。」〔註3〕。李悝任魏國相，「盡地力之教」，實行授田制度，進行種植指導和實行平糴法。他認為「民傷則離散，農傷則國貧。善為國者使民無傷而農益勸。」〔註4〕李悝研究和總結了當時各國的法律，並集大成制定了《法經》，這不僅為後世的法家提供了法典的依據，而且對後來的中國有深遠的影響。「強調社會生活一切遵法，這是先秦法家的基本特徵，李悝在這方面有開創之功。」〔註5〕慎到是戰國中期的趙國人，他提出了「立公棄私」的公法論，並把法看作一切人的行為的最公平的制度，認為法的最大作用和目的就在於立公棄私。慎到認為，只有國君才有立法和變法權，官吏只能「以死守法」，民眾則必須「以力役法」。慎到主張尚法而不尚賢、不用忠，主張通過法律制度來維護地主階級的整體利益；認為推行法治的關鍵取決於君主權勢的大小，「權重位尊」才能「令行禁止」；認為「法之功莫大使私不行，

〔註2〕楊鶴皋主編：《中國法律思想史》，北京大學出版社，1988年，第21頁。
〔註3〕劉澤華：《中國政治思想史》（先秦卷），浙江人民出版社，1996年，第261頁。
〔註4〕侯外廬《中國思想通史》（第一卷），人民出版社，1995年，第592頁。
〔註5〕劉澤華：《中國政治思想史》（先秦卷），浙江人民出版社，1996年，第270頁。

君之功莫大使民不爭。今立法而行私，是私與法爭，其亂甚於無法。」；「故治國無其法則亂，守法而不變則衰，有法而行私謂之不法。以力役法者百姓也，以死受法者有司也，以道變法者君長也。」

李悝和慎到的法治建樹主要體現在法治理論上，而就治國的法治實踐而言，則以申不害、吳起、商鞅等人為代表。申不害，鄭國人，韓昭侯時為相，是戰國前期的法家代表人物之一，著有《申子》一書，他主張「術」治，認為君主在有法和勢的同時，更要注重對術的把握。吳起，衛國人，楚悼王時為相，主持變法：限制舊領主貴族的爵祿世襲制；嚴明法令，精簡機構，裁去多餘的官吏以節省開支，供養軍隊，獎勵軍功；遷舊貴族從地少人多的地方到地多人少的地方去開荒。悼王死後，吳起被舊貴族射傷後車裂而死。商鞅，衛國人，在秦執政十九年，他在秦國的變法實踐：編訂戶籍，實行連坐，獎勵軍功，以軍功受爵位，廢除舊有的世卿世祿制，獎勵耕織，發展小農經濟；建立縣制，開阡陌，廢井田，大量開墾荒地。商鞅變法取得成功，秦國日益強大。秦孝公死後，商鞅被舊貴族報復車裂而死。

第五，百家爭鳴和理性思維的發展

春秋戰國時期，諸子百家面對中國社會的重大轉型，認真思考「中國向何處去」，紛紛從各自的立場，運用不同的方法，表達了自己的思想和觀點。這場歷時三百多年之久的跨世紀大辯論，縱橫捭闔、機鋒迭起、智慧紛呈，給我們留下了寶貴的思想文化遺產。儒家關注文化，留下了凝聚民心的核心價值體系，就是仁愛、正義、自強；墨家關注社會，留下了建設家園的美好理想，就是平等、互利、博愛；道家關注人生，留下了指導人生的智慧結晶，就是真實、自由、寬容；法家關注國家，留下了公開、公平、公正的治國理念和應對變革的思想資源。

思想史家則傾向於把戰國時期看成是理性不斷發展的時代，如陳來比較早期希臘神話與理性對立發展的線索，認為春秋以來的思想發展是「神靈信仰的沒落和實踐理性的成長」，即戰國是理性思潮不斷發展的時代。馮達文認為「先秦思想演變史，無疑可以說是由信仰走向理性，且由價值理性降及工具理性的歷史。」[註6] 周初「以德配天」，透顯著人如何在相互關係中定位的自覺意識，這是生長中的價值理性。儒家「仁學」體系，以人性人情構築價值理性。

〔註 6〕馮達文：《理性的界限——先秦兩漢思想轉型提供的啟示》，《學術研究》，2002年第 1 期，第 34 頁。

先秦道家關切客觀與知識，把「理性」的目光轉向外在。老莊哲學的「道」之
被歸於「無」，在一定意義上也可以說由邏輯推導而成。墨家對概念（名）、判
斷（辭）、推理（說）的運用提出了一整套形式規則。荀子與韓非子思想的形
成則代表著先秦思想由價值理性到工具理性的轉向。

二、韓非子其人

目前，以司馬遷《史記》卷六十三《老子申韓列傳第三》篇對身份和基本
情況的介紹最為權威：

> 韓非者，韓之諸公子也，喜刑名法術之學，而其歸本於黃、老。
> 非為人口吃，不能道說，而善著書，與李斯俱事荀卿，斯自以為不
> 如非。非見韓之削弱，數以書諫韓王，韓王不能用。於是韓非疾治
> 國不務修明其法制，執勢以御其臣下，富國強兵而以求人任賢，反
> 舉浮淫之蠹而加之於功實之上。以為儒者用文以亂法，而俠者以武
> 犯禁。寬則寵名譽之人，急則用介冑之士。今者所養非所用，所用
> 非所養；悲廉直不容於邪枉之臣；觀往者得失之變，故作《孤憤》、
> 《五蠹》、《內外儲》、《說林》、《說難》十餘萬言。

> 然韓非知說之難，為《說難》，書甚具，終死於秦不能自脫。

> 人或傳其書至秦，秦王見《孤憤》、《五蠹》之書，曰：「嗟乎！
> 寡人得見此人與之遊，死不恨矣！」李斯曰：「此韓非之所著書也。」
> 秦因急攻韓。韓王始不用非，及急，乃遣非使秦。秦王悅之，未信
> 用。李斯、姚賈害之，毀之曰：「韓非，韓之諸公子也。今王欲並諸
> 侯，非終為韓不為秦，此人之情也。今王不用，久留而歸之，此自
> 遺患也。不如以過法誅之。」秦王以為然，下吏治非。李斯使人遺
> 非藥，使自殺。韓非欲自陳，不得見。秦王後悔時之，使人赦之，
> 非已死矣。

> 申子、韓子皆著書，傳於後世，學者多有。余獨悲韓子為《說
> 難》而不能自脫耳。

從上面的文字中，我們可以知道以下內容：

其一，「韓非者，韓之諸公子也。」韓非子是戰國末期韓國的一個諸公子，
出身貴族，生活條件優渥，受過良好的教育。至於這個諸公子是怎麼樣的一個
諸公子，史書無明文記載，但是根據韓非子有機會數諫韓王這一情況推斷，他

更多可能是韓王諸多公子中的一個。

關於韓非子的出生年份，史家沒有提及，大概是文獻不足徵的緣故。後世學者卻作了種種推測，目前有兩個說法：一是生於公元前 280 年，根據韓非子出使秦國是韓王安五年，此時韓非子的同學李斯在秦國已經 15 年這一史實推出（見錢穆《先秦諸子繫年・李斯韓非考》）；另一個是生於公元前 295 年，根據《韓非子》中描述堂谿公既與韓非子相見又與韓昭侯相見，以及韓昭侯在位年代推出（陳千鈞《歷代韓學述評》自《學術世界》第一卷第十一期，1936 年版）。關於韓非子死亡的年份，根據文字記載：公元前 234 年韓非子出使秦國，第二年被害死在秦國監獄，因此韓非子死於公元前 233 年。

其二，喜刑名法術之學，而其歸本於黃老。至於「喜刑名法術」，從他師從荀子，吸收法家眾長，主張法治和術治的事實來看，這是客觀的。而「歸本於黃老」，在《揚權》、《解老》、《二柄》、《主道》等多篇中都可以找到黃老的思想。黃老的道以及虛無思想在韓非子的治國思想中得到了最充分的體現，它成為韓非子思想的根。

其三，韓非子口吃，不善於言談，而善於著書。他一生寫了十多萬字的理論文字，流傳至今的仍有五十五篇，結集於《韓非子》一書中。從這些文字可以看出，他的散文邏輯嚴謹、結構緊湊、筆鋒犀利、說理透徹。其《孤憤》、《五蠹》、《說難》等代表作，很為司馬遷所讚賞。客觀證明他的確是善於著書立說。

其四，韓非子一生的軌跡。韓非子一生做過三件事：總結治國經驗、研究治國理論、為君主貢獻治國方略。韓非子所處的韓國政治腐敗、強國環伺，作為韓國王族，韓非子痛感韓國的衰弱，曾經多次上書韓王，要韓王變法圖強，然而「韓王不能用」。韓非子沒有辦法，再加上自己口吃，不善言語，便只好著書立說，通過書的形式來表達自己的思想，寫了《孤憤》、《五蠹》、《內外儲》、《說林》、《說難》十餘萬言。韓非子雖然不為韓王所用，但卻得到秦王嬴政的欣賞。韓非子的著作傳到秦王那裏，「秦王見《孤憤》、《五蠹》之書，曰：『嗟乎，寡人得見此人與之遊，死不恨矣！』」，於是便有了韓非子出使秦國的史實。韓非子出使秦國後，秦王對韓非子的態度竟是「悅之，未信用」，其同學李斯因嫉妒乘機設計陷害。

其五，韓非子因說而死。韓非子知道勸說君主是一件難事，自己也知道勸說君主要注意什麼，但他最終還是死於說。正是「余獨悲韓子為《說難》而不

能自脫。」事實上韓非子這個人是懂得世故的，也是懂得陰謀的。他的《說難》、《說林》，就講了不少世故；《內儲》、《外儲》，也講了不少陰謀。事實上，韓非子不但懂陰謀，而且還是中國歷史上有名的大陰謀學家。可見，陰謀學家和陰謀家還是兩回事，他教大家如何算計別人，結果自己卻被別人算計，所以說，韓非子也是死於自己的學說，也是做法自斃。

韓非子最大的悲哀在於，他到秦國一亮相，就暴露出書生意氣，缺乏實際政治經驗，就憑著自己的一張嘴而斷送了自己的生命。從這個角度說，他不善言談是有道理的，否則不會因為說而斷送自己的性命。他對人的認識和分析過於尖刻、直白，在《初見秦》中對秦國的臣子攻擊過於猛烈，「此無異故，其謀臣皆不盡其忠也」，「而謀臣不為，引軍而退，復與荊人為和」，「而謀臣不為，引軍而退，復與魏為和」，「而謀臣不為，復與趙氏為和。……是謀臣之拙也。」這些不僅讓秦國謀臣不高興，而秦王也不能高興。韓非子知道「說難」，「當塗之人」對付「法術之士」有的是辦法，既可以找個岔子公開處死（以公法而誅之），也可以找個刺客暗地謀殺（以私劍而窮之），而他本人的結局也正印證了「人主不合參驗而行誅」。在《說難》中，他清楚進言的困難在於如何瞭解進言對象的心，但他還是沒能把握住分寸，看來在理論和實踐之間確實存在距離。

其六，韓非子的性格。

一個人出身的環境以及由此環境培養出來的個性不但可以決定他的思想，甚至可以影響他一生的命運。普通人如此，思想家也不例外。

奧地利精神病學家阿德勒氏的個體心理學認為，自卑者具有猶豫的態度，結果往往導致功能性口吃。而器官障礙導致的器質性口吃，阿德勒氏認為也是自卑的一個重要原因。因此，無論哪一種口吃，都可以說明韓非子可能具有自卑傾向。「韓非者，韓之諸公子也。」「諸」即在眾、庶。在《韓非子·孤憤》中，韓非子自稱「疏遠」、「輕賤」、「處勢卑賤」，與「法術之士」同列，這些恰好可以說明韓非子的身份不會是親近的嫡正之子，而只能是疏遠的庶孽之末流。而庶孽之流所受到的冷眼和壓力是超乎尋常的，也是最易產生自卑心理的。

個體心理學認為，具有自卑感的人總是比常人更多地意識到生活中的困難，更容易養成一種尋找生活陰暗面的習慣。這在《韓非子》中可以找到許多例證。例如，韓非子以父子怨恨、夫妻謀害、溺殺女嬰等極端事例來揭露人性

的醜惡、宗法政治的殘酷、血緣親情的虛偽，以說明人生的冰冷、世相的陰森，這恰好反映了他對周圍的環境懷有一種敵意。

韓非子所處的韓國面積不大，夾在秦、魏、楚之間，經常受到攻掠，在戰國七雄中處於被欺侮、被強暴的角色；國內貴族專斷朝綱，內政極其腐朽，黑暗的政治現實使韓非子時刻感到自己和自己的國家的弱小，時刻感到生存環境的不穩定和前途的危殆。這些強烈的危機感是韓非子激烈的批判思想的內驅力，也是他與外界形成尖銳衝突的直接原因，也最終成為其人生悲劇的根源。

上面是通過對《史記》中《韓非傳》分析獲得的有關韓非子生平的基本情況。

三、概述韓非子政治思想

韓非子的「道理論」是其整個思想體系的哲學基礎，與他的人性論和法治體系主張有著必然的聯繫。正是在「道理論」的框架之內，人性、法治才得以有效結合。

（一）道理論

司馬遷稱韓非子之學「原於道德之意」，「歸本於黃老」，即韓非子的「道理論」是改造老子的道德論而獲得的理論成果。因此，要論述韓非子的「道」，先要理解老子的「道」。老子「道」的本義是路、途徑，引申為規律、道理、原則，它有三重意蘊：

一，道是萬物的本源。「道可道，非常道；名可名，非常名。無名天地之始；有名萬物之母。故常無欲以觀其妙；常有欲以觀其微徼」（《老子》第一章）。道可說但不是人們所說的那樣，道的名也可以叫，但不是人們所叫的名。無，指的是天地之始，有，指的是萬物之母。所以，從無的角度考察道，就能認識它的與眾不同，從有的角度來考察道，就能認識它的廣大。「有物混成，先天地生。寂兮寥兮，獨立不改，周行而不殆。可以為天下母。吾不知名，字之曰道」（《老子》第二十五章）。有東西渾然而成，先於天地而存在。沒有聲沒有形，既不依賴其他事物也不會有所變化，全面運作而永不停息。它是天地萬物的根源，不知道怎樣稱呼它，所以叫做道。

二，道是世間萬物運行的原則規律。「道恒無名，侯王若能守之，萬物將自化。」（《老子》第三十七章）道沒有名分，但侯王如果遵守這個原則，就能

將萬物歸化。「執古之道以御今之有，能知古始，是謂綱紀。」(《老子》第十四章) 用古來就有的道來把握今天的事物，就能知道天地萬物都有一個開端，這就是道的原則。

三，道是治國的原則。「天下有始，以為天下母。既得其母，以知其子，既知其子，復守其母，沒身不殆。」(《老子》第五十二章) 天下有個開端，這個開端就是天下之母。知道了這個天下之母，就可以認識它生出的萬物，認識了萬物，再支持這個天下之母，就可以終身沒有危險。「天下有道，卻走馬有糞，天下無道，戎馬生於郊」(《老子》第四十六章)。天下有道，連戰馬都被用來種田，天下無道，連懷胎的馬都上戰場，以至於產駒在郊外。「治大國若享小鮮。以道立天下，其鬼不神」(《老子》第六十章)。治理國家就如同煎小魚一樣。用道來治理天下，鬼怪都起不了作用。

韓非子指出：「道者，萬物之始，是非之紀也」(《主道》)。道是萬事萬物的根源，是正確與錯誤的準繩。從韓非子對道的理解和闡釋中可以看到，韓非子直接吸收了《老子》中關於道的思想。

韓非子師從荀子，荀子關於「理」的論述對韓非子關於理的思想產生了重大影響。《荀子‧修身》云：「君子之求利也略，其遠害也早，其避辱也懼，其行道理也勇」，君子對於追求利益是淡泊的，對於遠離禍害是有預見的，他謹慎地避開災禍，勇敢地奉行道義，這裏「理」作為行動的原則。《荀子‧解蔽》云：「凡人之患，蔽於一曲而暗於大理」，大凡人們的毛病，是被偏見所蒙蔽而不明白全面的道理，這裏的「大理」是指事物的普遍規律。《荀子‧大略》云：「凡百事異理而相守也。」，凡是各種事情道理雖然不同而有一個共同的準則。

關於韓非子思想中「道」和「理」的內涵以及兩者相互的關係，在《解老》篇中有如下論述：

> 道者，萬物之所然也，萬理之所稽也。理者，成物之文也；道者，萬物之所以成也。故曰：道，理之者也。物有理，不可以相薄；物有理不可以相薄，故理之為物之制。萬物各異理，而道盡稽萬物之理，故不得不化；不得不化，故無常操；無常操，是以死生氣稟焉，萬智斟酌焉，萬事廢興焉。天得之以高，地得之以藏，維斗得之以成其威，日月得之以恆其光，五常得之以常其位，列星得之以端其行，四時得之以御其變氣，軒轅得之以擅四方，赤松得之與天

地統，聖人得之以成文章。道，與堯舜俱智，與接輿俱狂，與桀、
紂俱滅，與湯、武俱昌。以為近乎，遊於四極；以為遠乎，常在吾
側；以為暗乎，其光昭昭；以為明乎，其物冥冥。而功成天地，和
化雷霆，宇內之物，恃之以成。凡道之情：不制不形，柔弱隨時，
與理相應。萬物得之以死，得之以生；萬事得之以敗，得之以成。
道，譬諸若水，溺者多飲之即死，渴者適飲之即生；譬之若劍戟，
愚人以行忿則禍生，聖人以誅暴則福成。故得之以死，得之以生；
得之以敗，得之以成。

　　道，是使天地萬物成為這個樣子的總規律，是與各種事理相當的總法則。
理，是構成具體事物的具體法則；道，是萬物得以形成的普遍法則。所以說：
道，是使各種事物具有具體法則的東西。事物各有自己的具體法則，所以不會
互相侵擾；事物有各自的具體法則而不會互相侵擾，所以這具體的法則就成為
具體事物的支配者。各種事物各有不同的具體法則，而道與各種事物的具體法
則都相當，所以它不能不隨著不同的具體法則而變化；道不能不隨著不同的具
體法則而變化，所以它沒有永恆不變的規則。道沒有永恆不變的規則，因此，
死與生這種自然現象由於這種變化無常的道而天然地生成了，各人的智慧由
於這種變化無常的道而有高有低，各種事物由於這種變化無常的道而有衰敗
有興盛。天得到了它因而高遠無比，地得到了它因而儲藏豐富，北斗星得到了
它因而形成了自己的威勢，太陽月亮得到了它因而使自己的光輝永恆不絕，
金、木、水、火、土五大行星得到了它因而使自己的方位固定不變，羅列於天
空的恒星得到了它因而使自己的運行保持正常，四季得到了它因而能駕馭自
己的節氣變化，黃帝得到了它因而能控制四面八方，赤松子得到了它因而與天
地一樣長壽，聖人得到了它因而製成了禮樂制度。道，和堯、舜在一起就表現
為聰明，和接輿在一起就表現為發瘋，和夏桀、商紂王在一起就表現為滅亡，
和商湯、周武王在一起就表現為興盛。道這個東西，認為它就在附近吧，它卻
游蕩在四方的盡頭；認為它離得很遠吧，它卻常常在我們的身旁；認為它很昏
暗吧，它的光芒卻閃閃發亮；認為它很明亮吧，它這種東西又黑洞洞看不見摸
不著。但是，道的功能造成了天地，道的元氣生成了雷霆；宇宙間的東西，都
靠了它才得以形成。大致說來，道的真實情況是：既不造作又不表露，它柔和
文弱地隨時變化著來和各種事物的具體法則相適應。各種東西得到了它可以
因此而死亡，得到了它也可以因此而生存；各種事情得到了它可以因此而失

敗，得到了它也可以因此而成功。道，把它來作比方就好像水，沉沒在水中的人因為過多地喝了它就死了，快渴死的人適量地喝了它就活了；把它來作比方又好像是劍和戟，愚蠢的人拿它來行兇泄怒，那麼禍害就發生了，聖人用它來除暴去害，那麼幸福就造成了。所以各種東西得到了它可以因此而死亡，得到了它也可以因此而生存；各種事情得到了它可以因此而失敗，得到了它也可以因此而成功。

在韓非子看來，道是萬物的本然狀態，是萬物的總體；理是每個具體事物的內部聯繫。關於「理」，在《解老》中有詳細的解說。「凡物之有形者，易裁也，易割也。何以論之？有形，則有短長；有短長，則有小大；有小大，則有方圓；有方圓，則有堅脆；有堅脆，則有輕重；有輕重，則有白黑。短長、小大、方圓、堅脆、輕重、白黑之謂理。」大凡有形狀的事物，就容易被裁判，容易被決斷。憑什麼對它下這樣的結論呢？因為有了形狀，就會有度量上的長與短；有了度量上的長與短，就會有面積上的大與小；有了面積上的大與小，就會有形狀上的方與圓；有了形狀上的方與圓，就會有質量上的輕與重；有了質量上的輕與重，就會有顏色上的墨與白。長與短、大與小、方與圓、堅硬與柔嫩、輕與重、黑與白等等性質的規定性就叫做理。可見，理所表現的是事物各自的特點，它注重的是個別事物的特殊規定性。

道注重從總體上把握對象，理強調個別事物的特點，道不能憑空存在，必須在他物的比照下才有特點。道理合一是矛盾的統一，是大與小、一與多的統一。「理為物之制」，是個別事物的抽象限定，比如此物與彼物不同，昔時狀態與今日者又不相同，這是因為「萬物各異理」的緣故。可是在道看來，「萬物各異理」正是世界的本來狀態，表現個別事物的特點是所有的理的共性，理以它的異而達到同。正是在這個意義上，韓非提出「萬物各異理而道盡稽萬物之理」的命題，從而賦予道理以辯證法的含義。〔註7〕

道既是理的總和，又是理的超越。按照韓非子的邏輯，理是片面的，凡物有生有死，即有生理和死理，但不管是生是死，都是合乎道的，因此就有了超脫於具體之物的常道。道一方面通過理而成為萬物的本然狀態，另一方面又通過對理的超越而脫離具體之物的限制。同和異是同一的，就道與萬物相同的一面來說，它是變化的，就它超然物外的另一面來說，它又是不變的，即它的變是不變（常道）的，這就是變與常相統一，兩者互為條件、互相轉化，具有辯

〔註 7〕蔣重躍：《韓非子的政治思想》，北京師範大學出版社，2010 年，第 160 頁。

證法的特徵。「道盡稽萬物之理，故不得不化；不得不化，故無常操」說的正是這個道理。〔註8〕

道不受具體個別之物的限制，柔軟靈活，各種理都能適應。陳榮捷先生認為：「對韓非來說，道並非使個性泯滅的無差別的統一體，相反，卻是事物的具體性和確定性的真實原因。」這正是「天地不仁，以萬物為芻狗，聖人不仁，以百姓為芻狗」的老子自然之道的表現和昇華，它把道家的哲學提到一個新的高度。

關於德。韓非子認為，「德者，核理而普至，至於群生，斟酌用之。萬物皆盛，而不與其寧」（《揚權》）。「德是一個事物所得於道的一部分，事物有了這一部分，就有了它的性質，所以說是『核理』。所有的事物都從道得到或多或少的一部分，有或大或小的德。一切事物都有所得於道，都有其德，然後才能成為某種事物。」〔註9〕由此可見，德得於道，就是得於規律，德是事物所得於道的一部分。

再來梳理韓非子的道、德、理的關係。韓非子的道、德、理都是表現規律的，都是規律的不同體現。只不過，道是總規律，德和理是事物的具體規律。德和理與道的關係是不同的，德強調的是佔有規律，突出的是主動性和能動性，是主動去獲得道；而理則強調的是表現道，是道在具體事物上的表現形式，突出的是被動性和客觀性，是被動地表現。道和德相比，體現在包含的範圍上，德只是對道的佔有多少而已；道和理相比，體現的是內外的關係，道是內在的，而理則是外在地表現出來的道。在韓非子的思想中，道是不能離開理則獨立存在的，理也是離不開事物而獨立存在的。作為事物的總規律即一般規律的道，以及作為事物特殊規律的理，都存在於事物之中。理表內外，德現多少。韓非論述道，聯繫德和理，是為了加深對道的理解，是為了清晰道和客觀事物的關係。〔註10〕

由於萬物各自有特殊的理，每物又有自己與時變化的理，因此，在道理論的基礎上，韓非子提出「世異則事異，事異則備變」的政治原則。就人性而言，時世轉移，生活環境的變化必然導致道德觀念的變化，正所謂「上古競於道德、中世逐於智謀、當今爭於氣力」。因此，掌握政權的人必須隨著歷

〔註8〕蔣重躍：《韓非子的政治思想》，北京師範大學出版社，2010年，第161頁。
〔註9〕馮友蘭：《中國哲學史新編》上，人民出版社，1998年，第768頁。
〔註10〕王守仁：《韓非的治國方略研究》，中國社會科學出版社，2012年，第32頁。

史的變化而變化，不能拘泥於凝固僵化的原則和模式。政治必須遵循道理，隨著物的變化與時俱進，以適應歷史的前進腳步。這就是韓非子的道理說在政治上的意義。

循天守道，這就是韓非子主張治理國家必須要堅持的基礎性方略，其基本含義就是要遵循自然規律。循天，出自於《用人》篇，是遵循天道、遵循自然規律的意思；守道，《功名》篇明確提出要「守自然之道」。韓非子從遵循天道自然出發，一方面是告誡人們在治理國家的過程，不能違背自然規律，另一方面也是告誡君主，治理國家要有道，不能違背治理國家的道，要像守護自然之道一樣守護治國之道。其本源意義都是對自然規律的尊重，要按照自然規律去辦事，不違背自然規律。

老子和韓非子都提出「道法自然」，不違背自然規律，聽任萬物自生自滅，但是兩者在道德範疇上仍有很大分歧，它主要源於道德論和道理論的差異。老子從反對周代禮樂文化的天命論出發創立了一種新的道德範疇，這就是無名之德，柔弱謙虛、混沌無為之德。老子把當時社會禮壞樂崩、社會動盪的原因歸為儒家的「仁義」主張，他認為「仁義」違背了自然無為的本體，過於狹隘，「大道廢，有仁義；慧智出，有大偽；六親不和，有孝慈；國家昏亂，有忠臣」（《老子》第十八章），提出矯治的最好辦法就是放棄現行的禮樂文化，返璞歸真，回歸自然，恢復小國寡民的狀態。老子的道德論並不適應當時社會新興勢力變法圖強的需要。

代表改革派的韓非子一方面贊成對仁義禮樂制度進行徹底的批判，另一方面又反對人們因此走向逃避現實和道路，他認為這種「輕物重生之士」應當歸入禁除之列。韓非子從齊國《管子》之學出發，對老子的道德學說進行了梳理，並構築了他自己的道理學說。老子提出，「物壯則老，是謂不道，不道早已」（《老子》第三十章），物有生有長，有壯有老，而道無為無欲，永葆生命，「先天地生」、「獨立不改」（《老子》第二十五章），這與「道法自然」發生了矛盾，導致了道與物的脫節，成為一種凝固、僵硬的道德性質。韓非子緣此而進，提出「夫道者，弘大而無形；德者，核理而普至」（《韓非子·揚權》），「道，理之者也」（《韓非子·解老》）。即通過理這個環節，破除了老子僵化的道、物關係。韓非子認為，道是理的總體，理是物的情實，凡從於道而服於理的，必然要隨物而化、因時而動，與物遷移、隨時變化就是服從道理，就是有德，離開了物的變化這個道理，任何道德都是虛偽的。韓非子通過理的中介，使其道

變常統一，與「堯舜俱智，與接輿俱狂，與桀紂俱滅，與湯武俱昌」，徹底地遏制了傳統道論中背離萬物的神秘傾向，這個改革適應了新興勢力變法圖強的政治需要。

（二）人性論

所謂人性論，是指關於人性或人的本質的學說。而關於人性，中國哲人早就說過，「凡性者，天之就也。」（《荀子·性惡》），即指人的天生稟賦。從某種意義上說，對人或人性的認識決定著一個思想體系的基本傾向和理論深度，因此，探討韓非子的人性論，對於進一步理解他的政治思想體系無疑有著十分重要的意義。

學術界關於韓非子是否性惡論者展開過討論。主張韓非子性惡論者，以蔡元培、馮友蘭、熊十力先生為代表，其理由是韓非子主張人性好利，又師從荀子，荀子主張人性惡，作為弟子必定受其影響。「韓非沒有提出抽象的人性論，也沒有提過荀子。但是荀子的性惡論似乎對他有極大的影響。他對於具體社會問題的見解，似乎是荀子的性惡論的極端的應用。」〔註11〕「韓非子以為人之性，本無有善。凡人皆挾自為心，只知有利而已矣。韓非受學荀卿，卿言性惡，韓非之人性論，實紹承荀卿性惡說，此無可諱言也。」〔註12〕

我個人認為這可能是一種誤解。

首先，《韓非子》的五十五篇文獻中從未說過「人性惡」，也沒有說過「人性好利惡害」是惡的。

其次，韓非子對「人性好利惡害」持肯定態度，他認為這是人的本性，無所謂善惡，並且還希望人好利惡害，認為君主治理國家就是要使人好利惡害，這是治理國家的一種境界，對那些不求利也不避惡的「不令之民」和「無益之臣」甚至主張要殺死他們。這在《韓非子》中有諸多論述，例如：

> 「好利惡害，夫人之所有也。」「喜利畏罪，人莫不然」（《韓非子·難二》）愛好利厭惡害，這是人所固有的天性；喜歡利益害怕刑罰，沒有一個人不是如此。

> 「夫安利者就之，危害者去之，此人之情也。」（《韓非子·姦劫弒臣》）安定有利的就靠近它，危險有害的就離開它，這是人的

〔註11〕馮友蘭：《中國哲學史新編》（第 1 冊），人民出版社，1962 年，第 564～565 頁。
〔註12〕熊十力：《韓非子評論》，臺灣學生書局，1978 年，第 16～18 頁。

常情。

「人不樂生，則主不尊；不重死，則令不行也」（《韓非子‧安危》）人們不樂意活著，那麼君主就不會受到尊重；人們不愛惜生命，那麼法令就不能實行了。

「使人不衣不食而不饑不寒，又不惡死，則無事上之意」（《韓非子‧八說》）假如人們不穿衣不吃飯而不感到飢餓和寒冷，又不厭惡死亡，那就不會有侍奉君主的心意了。

「若夫許由、續牙、晉伯陽、秦顛頡、衛僑如、狐不稽、重明、董不識、卞隨、務光、伯夷、叔齊，此十二人者，皆上見利不喜，下臨難不恐，或與之天下而不取；有萃辱之名，則不樂食穀之利。夫見利不喜，上雖厚賞，無以勸之；臨難不恐，上雖嚴刑，無以威之：此之謂不令之民也。此十二人者，或伏死於窟穴，或槁死於草木，或飢餓於山谷，或沉溺於水泉。有民如此，先古聖王皆不能臣，當今之世，將安用之？」（《韓非子‧說疑》）至於那許由、續牙、晉伯陽、秦顛頡、衛僑如、狐不稽、重明、董不識、卞隨、務光、伯夷、叔齊，這十二個人，都是見利不動心，臨危不懼的。有的給他天下都不接受，遇到勞苦和屈辱，就不願要官府的俸祿。見利不動心的人，即使君主厚賞，也不能用來勉勵他；臨危不懼的人，即使君主重罰，也不能威懾他：這叫做不服從命令的人。這十二個人，有的隱居而死在山洞裏，有的憔悴枯槁而死在荒野上，有的餓死在深山裏，有的投水自盡。如果有了像這樣的人，那麼上古的聖明帝王都不能役使他們，處在當今的時代，又怎麼能使用他們呢？

再次，韓非子作為先秦的政治思想家，他研究人性只是為了根據人性的實際進行有效的管理和治理，他對人性的思考只是基於政治家的維度，而並不需要對人性進行善惡的評價。

那麼關於人性，韓非子是怎樣一種態度呢？

第一，環境決定人性。

韓非子拒絕對人性或人的本質做抽象的道德評判，只承認物慾是道理在人性上的表現。他不承認人性天生具有善惡的抽象的道德性質，而只認為人性的狀況須由它所處的環境來決定，正所謂「上古競於道德，中世逐於智謀，當今急於氣力」，外界形勢變了，人性的抉擇也會隨之變化。

　　古者丈夫不耕，草木之實足食也；婦人不織，禽獸之皮足衣也。不事力而養足，人民少而財有餘，故民不爭。是以厚賞不行，重罰不用，而民自治。今人有五子不為多，子又有五子，大父未死而有二十五孫。是以人民眾而財貨寡，事力勞而供養薄，故民爭。雖倍賞累罰而不免於亂。(《韓非子‧五蠹》

　　古時候成年的男子不耕種，野草樹木的果實也就夠吃了；婦女不紡織，禽獸的皮也就夠穿了。不從事耕種紡織等體力勞動而給養充足，人口稀少而財物有餘，所以人們不互相爭奪。因此優厚的獎賞不必實行，嚴厲的刑罰不必使用，而人們自然安定無事。現在一個人有了五個兒子不算多，而每個兒子又有五個兒子，祖父還沒有死就有了二十五個孫子。因此人口眾多而財物缺少，從事勞動很辛苦而給養卻很微薄，所以人們才互相爭奪，即使加倍獎賞、屢次處罰仍然不能避免禍亂的發生。

　　韓非子從人口與財產的關係來看待社會和政治問題，並由此認識人的本質，的確有其犀利獨到之處。他在歷史的進化中發現人們的「道德」修養在逐漸衰退，人性也在退化，導致這種退化的原因不在於人性本身，而在於它賴以存在的客觀環境的變化，即人口過剩與財產短缺之間的越來越深的矛盾。

　　堯之王天下也，茅茨不翦，采椽不斫；糲粢之食，藜藿之羹；冬日麑裘，夏日葛衣；雖監門之服養，不虧於此矣。禹之王天下也，身執耒臿以為民先，股無胈，脛不生毛，雖臣虜之勞，不苦於此矣。以是言之，夫古之讓天子者，是去監門之養，而離臣虜之勞也，古傳天下而不足多也。今之縣令，一日身死，子孫累世絜駕，故人重之。是以人之於讓也。輕辭古之天子，難去今之縣令者，薄厚之實異也。夫山居而谷汲者，膢臘而相遺以水；澤居苦水者，買庸而決竇。故饑歲之春，幼弟不餉；穰歲之秋，疏客必食。非疏骨肉愛過客也，多少之實異也。是以古之易財，非仁也，財多也；今之爭奪，非鄙也，財寡也。輕辭天子，非高也，勢薄也；重爭士橐，非下也，權重也。(《韓非子‧五蠹》

　　堯統治天下時，住的是簡陋的茅屋，吃的是粗米疏菜，穿的是獸麻布，其供養都不如現在看門的僕役；禹統治天下時，親自拿著工具，走在民眾的前面，終生劬勞，以致腿上不生毫毛，其勞苦甚過奴隸。所以他們把統治天下的大權傳給別人，是擺脫了繁重的苦役，這種的所謂的「道德」，在後世看來，實在不是出於本性的良善，因而算不得什麼。現在的縣令，一旦身死，他的子孫接連幾代都享受出門乘車的特殊待遇，所以人們才很看重這個官職。因此，人們

可以輕易地辭去古代的天子，卻難以捨棄現在的縣令，這是因為待遇上優厚的
實際情況不一樣。居住在山裏的人水很珍貴，節日期間以水作為禮物相互饋
贈；而居住在澤畔的人又以水為禍患，不惜雇工排放。同樣的東西，因地點不
同而價值不同。所以在荒年的春天，即使是幼小的弟弟，也不讓食物給他；而
豐年的秋天，即便過客也可留食。這並非要疏遠親人，偏愛過客，而是由糧食
的多少來決定。總而言之，古人看輕財物，是由於財物太多，並非人性的仁慈；
今人爭奪，是由於財物太少，並非人性的鄙惡。古人輕易辭去天子之位，是因
為當時天子權小，而不是品德高尚；今天的人爭著做官，是因為當官的權力大，
而不是志趣低下。

韓非子不承認性惡，只強調環境的影響，這說明他雖受荀子的影響，但主
觀上卻努力轉向道家的自然主義。

第二，人性好利惡害。

韓非子不僅提出「好利惡害的本性」，還分析了「好利惡害」的現實原
因。

「人不食，十日則死；大寒之隆，不衣亦死。」（《韓非子·定法》）人要
是不吃東西，十天就死了；大冷到了極點，要是不穿衣服也會死。

「人無毛羽，不衣則不犯寒；上不屬天而下不著地，以胃腸為根本，不食
則不能活，是以不免於欲利之心。」（《韓非子·解老》）人身上不長獸毛鳥羽，
所以不穿衣服就不能戰勝寒冷；人在上不依附於天空，在下又不扎根大地，拿
腸胃作為生命的根本源泉，所以不吃東西就不能活，因此就不免有貪圖得利的
思想。

由此得出，作為自然的動物，其生存需求首先就要有最基本的衣食保障，
這就決定了人必須趨利避害。

「鱔似蛇，蠶似蠋。人見蛇則驚駭。見蠋則毛起。然而婦人拾蠶，漁者握
鱔。利之所在，則忘其所惡，皆為賁、諸」（《韓非子·內儲說上》）黃鱔像蛇，
蠶像青蟲。人們看見蛇就驚慌害怕，看見青蟲就汗毛豎起。但是婦人用手拾蠶，
漁民手握黃鱔，有利可圖的地方，人們就忘記了他們所厭惡的形狀，都成了孟
賁那樣的勇士。

「鳥有翢翢者，重首而屈尾，將欲飲於河，則必顛，乃銜其羽而飲之。人
之所有飲不足者，不可不索其羽也」（《韓非子·說林下》）有一種叫「翢翢」
的鳥，頭部沉重而尾巴短小，如果要到河邊喝水，就一定會跌倒，於是它就得

靠另一隻翩翩銜著它的羽毛來讓它喝水。人們之中有想「喝水」而能力又不夠的，不能不索取「翩翩的羽毛」來讓同伴「銜著」啊。因此，不僅爭奪是實現利益的方式，合作也是一種追求利益的方式。

所以，韓非子向人們所展示的人性觀是：在財物不充足的時代，人們為了生存必須好利惡害；好利惡害不只會產生爭奪，還可以產生合作，其目的還是為了利。

第三，一切社會關係都是利益關係。

在一般人看來，父子之間沒有利害關係而只有親情關係，但在韓非子看來，父子之間就是一種利益關係。

「且父母之於子也，產男則相賀，產女則殺之。此俱出父母之懷袵，然產男則受賀，女子則殺之者，慮其後便、計之長利也。」（《韓非子‧六反》）再說父母親對於子女，生了兒子就祝賀他，生了女兒就把她殺了。子女都是父母所生，但是兒子卻受到祝賀，而對女兒卻把她殺了，這是因為父母親考慮到自己以後的利益，從自己的長遠利益打算的緣故啊。在古代，男孩不僅可以耕戰，還可以使家業和種族得以延續，因此男孩對父母的利益大。

君臣之間更是一種利害關係。「人臣之情，非必能愛其君也，為重利之故也。」（《韓非子‧二柄》）臣子的內心，不一定會愛他的君主，而是因為看重利益的緣故才裝出忠愛君主的樣子。

「故君臣異心，君以計畜臣，臣以計事君。君臣之交，計也。害身而利國，臣弗為也；害國而利臣，君不為也。臣之情，害身無利；君之情，害國無親。君臣也者，以計合者也。」（《韓非子‧飾邪》）所以君主與臣子有著不同的心思，君主按照自己的打算來畜養臣子，臣子按照自己的打算來侍奉君主。君臣之間的交往是一種算計。損害自身來使國家得利，臣子是不幹的；損害國家利益而讓臣子得利，君主是不幹的。臣子的內心，是認為損害了自身就沒有了利益；君主的內心，是認為損害了國家也就失去了與臣子的親近。君主與臣子，是按照算計的原則結合起來的。

進而韓非子進一步推論，人的一切社會行為都是自利的，所有的社會關係都是利益關係。

「后妃、夫人、太子之黨成而欲君之死也，君不死，則勢不重，情非憎君也，利在君之死也。」（《韓非子‧備內》）后妃、夫人、太子的私黨結成以後就希望君主快死去，因為君主如果不死，那麼她們的權勢就不大。她們的本意

並不是憎恨君主，而是因為她們的利益在君主的死亡上。因此，不僅君臣、父子之間，王室宗親之間也都是利益關係。

「故王良愛馬，越王句踐愛人，為戰而馳，醫善吮人之傷，含人之血，非骨肉之親也，利之所加也。」（《韓非子‧備內》）所以王良愛馬，越王句踐愛人，是為了打仗和趕路。醫生善於吮吸別人的傷口，口含別人的膿血，這並不是因為他和病人有骨肉之親，而是因為利益關係。

韓非子看到了利益驅動下的一切社會行為和社會關係。

第四，凡治天下，必因人情。

韓非子認為，人性自利的本性是先天注定無法改變，也不需要改變，而是應該加以調動和發揮，以推動事業的發展。「霸王者，人主之大利也。人主挾大利以聽治，故其任官者當能，其賞罰無私，使士民明焉：盡力致死，則功伐可立而爵祿可致，爵祿致而富貴之業成矣。富貴者，人臣之大利也。人臣挾大利以從事，故其行危至死，其力盡而不望。」（《韓非子‧六反》）稱霸稱王，是君主最大的利益。君主懷著這稱霸稱王的大目標來治理國家，所以他會任用有相當才能的官吏，賞罰時沒有偏私，使士民們都明白：盡力拼命，則功勞可以建立，爵位俸祿可以得到，那麼榮華富貴的事業也就成了。榮華富貴，是臣子的最大利益。臣子懷著這個大目標去做事，即使遇到危險也能堅持到死，即便力量花光也無怨恨。

韓非子將人的自利本性以及發揮這種本性的必要性，作為實行刑賞法制之可能性和必要性的理論依據。「凡治天下，必因人情。人情者，有好惡，故賞罰可用；賞罰可用，則禁令可立而治道具矣。」（《韓非子‧八經》）凡是要治理好天下，必須要憑藉人之常情。人之常情，有愛好也有厭惡，所以獎賞和刑罰就可以使用了；獎賞和刑罰可以使用，那麼禁約法令就可以建立起來而治國的辦法也就完備了。

韓非子的因情而治，從總體上來說是要根據人的本性實際來治理國家，具體地說，它包含三層含義：其一，君主治理國家要把握其社會現實和他所統馭的臣民的人情即人性，做到心中有數，而不至於對國情和人性一無所知；其二，根據社會的實際和人性表現的實際——好惡而採取相應的治國之策；其三，當社會現實和人性發生變化時，君主要及時調整統治的方略，做到根據實際情況因情而治。韓非子處在歷史變革的時代中，目睹社會變化而導致人性在現實表現中的變化，向封建專制君主提出要「因情而治」，這是他唯物主義思想的體

現，也是他順應現實變化而採取治國方略的體現。〔註13〕

（三）法、術、勢邏輯體系

韓非子在人性論的基礎上，對儒家、墨家、道家等思想進行批判和吸收，又對前期法家「法」、「術」、「勢」思想進行系統整理形成了他的法治理論。韓非子指出，商鞅、申不害、慎到等人雖然從不同的角度提出了「法」、「術」、「勢」的思想，但「皆未盡善也」。商鞅治秦重「法」輕「術」，故「戰勝則大臣尊，益地則私封立：主無術以知奸也」（《韓非子‧定法》）打仗打贏了，大臣就尊貴起來了；擴展了地盤，臣子的個人封地就建立起來了：這是因為君主沒有運用術治去瞭解奸臣的緣故。申不害治韓「不擅其法，不一其憲令，則奸多」，「雖十使昭侯用術，而奸臣猶有所譸其辭矣。」（《韓非子‧定法》）申不害不去統一那舊法和新法，也不去統一那先後下達的政令，那麼奸邪的事就增多了。即使以十倍的努力讓韓昭侯運用術治，奸臣們仍然有辦法來玩弄他們的言辭進行詭辯。慎到的勢治思想作為辯難對象比較集中地保留在《韓非子‧難勢》篇中，韓非子對單純勢治的批評也集中體現在此篇中。篇中韓非子反對用賢治代替勢治，揭露了單純勢治裏面的矛盾，並提出用法來彌補單純勢治的不足，「抱法處勢則治，背法去勢則亂」。

在韓非子看來，只有堅持以法為本，做到「抱法」、「處勢」、「行術」三者的有機統一，才是明主治國之道。「人主之大物，非法則術也」（《韓非子‧難三》）君主的大事，不是法治就是術治。「勢者，勝眾之資也」（《韓非子‧八經》）威勢，是制服眾人的一種憑藉。

關於法。「法者，編著之圖籍，設之於官府，布之於百姓者也。」（《韓非子‧難三》）法律是設在官府、編在典籍中讓百姓知道的東西，即法具有公開性。「法也者，官之所以師也」（《韓非子‧說疑》）法令是百官所遵守的尺度。「法不阿貴，繩不撓曲，法之所加，智者弗能辭，勇者弗能爭。刑過不避大臣，賞善不遺匹夫。」（《韓非子‧有度》）即法具有公平性。「夫犯法廢令不尊敬社稷者，是臣乘君而下尚校也。臣乘君，則主失威，下尚校，則上位危。威失位危，社稷不守。」（《韓非子‧外儲說右上》）至於那些違犯法律無視命令不尊重國家政權的人，是臣子凌駕在君主頭上，是臣下和皇上對抗。臣子凌駕在君

〔註13〕 王守仁：《韓非的治國方略研究》，中國社會科學出版社，2012 年，第 43～44 頁。

主頭上，君主就失去威勢；臣下和皇上對抗，皇上的地位就危險了。威勢喪失而地位危險，國家的政權就不能保住。這其實也是說，法在本質上是君主意見的體現。

從以上論述中，可以如此概括：法是公布於百姓之中關於賞罰的法令，是官吏所遵守和執行的行為標準，具有公開性和公平性，其本質是君主意志的體現。

韓非子的法有三重含義。

其一，法是治國之道。「因天之道，反形之理」（《韓非子‧揚權》）依據自然法則，推及事物的常理。「因道全法」（《韓非子‧大體》）從自然之道中找到治國之道的道。「以法為道」（《韓非子‧六反》）把法作為治國之道，要依靠法律來治理國家。

其二，法是賞罰標準。「動無非法」，「捨己能，而因法數，審賞罰」（《韓非子‧有度》）一舉一動都要以法而行，君主要放棄自己的能耐而依靠法度，嚴格地實行賞罰。「法者，見功行賞，因能授官」（《韓非子‧外儲說左上》）法律就是見功行賞，因能授官。

其三，法是齊民之軌。「一民之軌，莫如法」（《韓非子‧有度》）統一老百姓的行為規範，沒有什麼比得上法。「設法度以齊民」（《韓非子‧八經》）設立法度整治百姓。

韓非子的動無非法，是一切按照法律的規定辦事，強調治理國家要把法作為賞罰的標準，法在實際上就是賞罰的標準。

關於術。由於「術」在實際操作層面的複雜性，在《韓非子》中有大量關於「術」的論說。韓非子不僅闡述了用「術」的主體和對象，還說明了用「術」的原因、方法和途徑。

「術者，因任而授官、循名而責實、操生殺之柄、課群臣之能者也。此人主之所執也。」（《韓非子‧定法》）術治這個東西，就是根據各人的能力來授予相應的官職、按照官職名分來責求其實際的功效、掌握住生殺大權、考核各級官吏的才能這麼一整套的方法。這是君主所掌握的。即「術」的使用主體是人主，「術」所適用的對象是大臣。

「君無術則蔽於上，臣無法則亂於下。此不可一無，皆帝王之具也。」（《韓非子‧定法》）君主如果沒有術治，就會在上面受到蒙蔽；臣子如果沒有法治，就會在下面鬧亂子；所以這兩樣東西是不可或缺的，它們都是成就帝王大業的

工具。這裏說明了「術」的原因在於防止君主被臣下所蒙蔽。

「術者，藏之於胸中以偶眾端而潛御群臣者也。……術不欲見。……用術則親愛近習莫之得聞也」（《韓非子・難三》）術，是藏在君主心裏用來對照驗證各方面的事情從而暗地裏用它來駕馭群臣的東西，術不可暴露，就連君主寵愛的親信都沒有誰能打聽得到。這是講用「術」的方法，即藏於胸不外露。

「善張網者引其綱，若一一攝萬目而後得，則是勞而難；引其綱，而魚已囊矣。故吏者，民之「本」、「綱」者也，故聖人治吏不治民」（《韓非子・外儲說右下》）善於張網捕魚的人拉漁網的綱繩，如果一一去拉那成千上萬的網眼以後才去抓魚，那麼即使很勞累，也很難捕到魚；而拉漁網的綱繩，魚就全被兜住了。官吏就是民眾的「綱繩」，所以聖明的君主管理官吏而不直接管理民眾。因此，「術」的途徑在於治吏。

綜觀上述，韓非子之術是君主駕馭群臣的技術，正如馮友蘭先生說：「法家所講之術，為君主駕馭臣下之技術。」〔註14〕

關於勢。韓非子深受慎到「勢」論的影響，採取綜合法術勢的辦法，建立了完善的「勢」論。

「君執柄以處勢，故令行禁止。柄者，殺生之制也。勢者，勝眾之資也。」（《韓非子・八經》）「萬乘之主、千乘之君所以制天下而征諸侯者，以其威勢也。威勢者，人主之筋力也。」（《韓非子・人主》）「勢之為道也無不禁。」（《韓非子・難勢》）威勢作為一種政治手段，是沒有什麼東西能禁止的。「勢重者，人君之淵也。君人者，勢重於人臣之間，失則不可復得也。」（《韓非子・喻老》）權勢，好比是君主賴以生存的深水潭。如果君主把自己的權勢丟到臣子中間，那就不可能再得到它了。

綜上所述，韓非子的「勢」是統治眾人的工具，具有普遍的強制力，更有其唯一的最高性。「勢」是國家為實現統治目的而具有的最高權威，就國家而言，相當於「主權」；就君主而言，相當於「統治權」。

韓非子認為「法」、「術」為帝王之具，二者不可缺一；然則只有「法」、「術」，沒有「勢」的保障，法術仍不足以駕馭群臣。「勢」是用「術」行「法」的強制力保證。蕭公權先生對韓非子關於「勢」的這種認識給予了較高的評價，「韓非論勢，乃劃道德於政治領域之外，而建立含有近代意味純政治之政治哲

〔註14〕馮友蘭：《中國哲學史》，中華書局，1961年，第395頁。

學。無論其內容是否正確，其歷史上之地位則甚重要。」〔註 15〕

　　任繼愈先生主編的《中國哲學史》中提出韓非子「是把法、術、勢這三個法治的要素，構成為一個有機的政治思想體系」。〔註 16〕把法、術、勢之結合上升到體系的高度上來認識，具有一定的理論意義。

〔註 15〕蕭公權：《中國政治思想史》，遼寧教育出版社，1998 年，第 216 頁。

〔註 16〕任繼愈主編：《中國哲學史》第 1 冊，人民出版社，1963 年，第 239 頁。

第四章　韓非子政治思想的博弈要素分析

博弈論是使用嚴謹的數學模型，研究雙方或者多方在競爭、合作、衝突等條件下，充分瞭解各方信息，選擇一種能為本方爭取最大利益的最優決策的理論，它研究的是理性主體之間的策略互動。在博弈論中，理性是一種交互主體性能力，理性概念是其核心概念，也是其進行理論分析的基礎。從博弈論的角度來分析韓非子的政治思想，我們可以發現：韓非子畢其一生，總結治國經驗，研究治國理論，鞭辟入裏地分析了「人性好利」，並以此為基礎為君主提出了法、術、勢並舉的邏輯嚴密的治國方略。「人性好利」與古典博弈論的「理性經濟人」本質一樣，都是以追求利益為目標；雖然韓非子的治國方略在秦王統一天下的實踐中似乎得到了的驗證，古典博弈論也確實解釋了諸如「囚徒困境」的一些經濟問題，但兩者都最終陷於工具理性的困惑中，並在後期隨著理性概念的進一步完善而獲得發展。因此從古典博弈論的視角來看，韓非子的政治思想充分體現了博弈思維，它是君主與臣民之間的互為最適反應的互動決策方法體系，是自利假設前提下的納什均衡。古典博弈論和韓非子的政治思想雖然跨越古今中外，分屬不同學科，但兩者似乎異曲同工。

在前面的論述中，已從兩方面來對博弈論進行定義[註1]：其一，博弈論是一種主體相互作用語言，一種以納什均衡為基本語句的主體相互作用語言；其二，博弈論是一種互動決策方法體系，一種以互為最適反應為基本工具的互動決策方法體系。在這個定義中，強調了三個主體概念：理性、互動和決策。

〔註 1〕洪開榮：《博弈論解說》，經濟科學出版社，2015 年，第 23 頁。

理性可以簡單理解為最大化個體利益的先驗假設,博弈理性代表博弈與主體行為偏好的關聯性,不同理性內涵決定了不同的博弈行為和博弈方式。互動是博弈的必然特徵,策略性關聯的不同主體在不同的理性邊界內進行互動。決策是博弈均衡分析的目的與歸宿,博弈決策就是通過均衡分析尋找利益最大化的關聯性策略選擇。

對照定義,我們可以這樣理解韓非子的君臣博弈:其一,它是君主與臣民的相互作用語言,一種以經濟、政治權力、社會階層、法律規則利益為核心的納什均衡的主體相互作用語言;其二,它是君主與臣民之間的互為最適反應的互動決策方法體系。第一個概念強調的是均衡,即對內君臣各司其職、相安無事,對外消除戰爭、達到統一;第二個概念強調互為最適,即便以當今的視角來看屬於被壓迫、被殘酷統治的臣民一方的決策,也是當時博弈環境下的信念互動的最適策略。

同樣這個理解中也體現了三個主體概念:理性,君主與臣民都是在既定的博弈環境中追求自身利益的最大化;互動,「術」和「勢」便是君主占主導地位的不完全信息下的互動;決策,「法」便是通過博弈互動達到的互為最適反應的策略的集合。

從上述博弈論的定義中,我們可以看到博弈具有的相關要素:博弈主體;各博弈方各自可選擇的全部策略或行為的集合;博弈者決策順序;博弈方的得益;當博弈主體面對不完全信息情形時,博弈要素還包括信息。我們先從這些要素出發,對韓非子政治思想進行博弈論的分析。

一、博弈主體

博弈主體,即博弈決策的雙方或多方。在博弈均衡分析中的博弈主體必須具有與其策略互動和信念互動相匹配的「理性意識」和「理性能力」。「理性意識」指各個主體都具有追求自身利益最大化的主觀意識和願望,也即決策者始終以最大化自身利益為目標;「理性能力」指有理性意識的主體所具有的實現理性願望所需要的各種客觀能力,包括認知能力、理解能力、計算能力、判斷能力等。

關於韓非子政治思想體系中的博弈主體,首先要說明的是範圍,即博弈各方包括哪些人。

韓非子一生寫了十多萬字的理論文字,流傳至今的五十五篇結集於《韓非

子》一書中。《韓非子》是韓非子所有政治思想的展示和表現，韓非子奉獻給封建君主自己認為治國應該堅持的基本原則和方針及策略等都體現在這五十五篇治國宏論之中。這五十五篇治國宏論中，有韓非子那個時代以及前世治理國家的經驗，也有韓非子自己對治理國家策略方針的思考。綜觀這五十五篇治國宏論，尤其在「法、術、勢」的思想體系中體現的大都是君馭臣（民）之道和臣侍君之道，因此，韓非子政治思想體系中的博弈主體應當包括君主、臣子和平民，但不包括奴隸。

在本書的第三章第一節「時代背景」中已介紹過，春秋戰國時期是由奴隸社會向封建社會轉型的特殊的歷史過渡時期。這一時期，生產力大力發展，推動了生產關係的變革。特別是鐵器的廣泛使用，使和農業生產力不斷發展，私田得以大量的開發，井田制迅速被破壞。魯宣公十五年（前 594 年）的「初稅畝」等於承認了私有土地的合法性，標誌著奴隸制生產關係向封建生產關係的轉變。這一生產關係的轉變，產生了封建地主階級。到了戰國時代，新興地主階級的勢力越來越大，新興地主階級與奴隸主貴族之間的矛盾和鬥爭也越來越激烈，統治階級內部上下級之間，公、私室之間，展開了各種形式的兼併與戰爭，社會正進行著一場翻天覆地的劇變。春秋戰國五百多年的歷史長河裏，充滿了戰爭、動亂和宮廷政變，刀光劍影，爾虞我詐，硝煙四起，血流成河。在這樣的背景下，「社會怎麼了」、「中國向何處去」等這些重大的社會課題成為各諸侯、大夫以及士們實踐和思考的核心問題。

春秋戰國即秦漢以前的社會，有階級，也有等級。階級分三等：貴族、平民、奴隸；貴族又分四級：天子、諸侯、大夫、士。士作為最低一等的貴族，夾在貴族與平民當中，上下浮動。春秋戰國時期的士已逐漸失去了世職和食田，他們沒有固定工作，也沒有不動產，等同於無業游民或庶民，但他們又不能當真像庶人一樣種田或做工，他們要生存，只能依附於諸侯和大夫，混得好的，可以成為上士，升為大夫；混得差的，就只能當下士，打零工；混得再差一些，則可能下降為庶民。

士雖然是最低一等的貴族，但他們擁有與天子、諸侯、大夫大體相同的權利和義務，包括參政權、參軍權和祭祀權。這些權利體現在「冠」上，周代的貴族一定不能沒有冠，也只有貴族成年後才能「冠」，平民成年後只能「幘」。因此，士雖不能「冠冕堂皇」，卻也「峨冠博帶」，還是十分體面。但他們沒有統治權。此外，作為貴族，士一般能接受比較好的教育，而且他們的學習積極

性最高。因為他們是最低一級的貴族，有身份無地位，有義務無職務，有事業無產業。要生存，必須得靠能力。所以士人無不重視教育。事實上，讀詩書、學禮儀、練本事，加強道德修養和文化教養，是士人的基本任務，即所謂「修身」。修身好了，就可以出來工作。工作有多種，幫助大夫打理采邑，叫「齊家」；協助諸侯治理邦國，叫「治國」；輔助天子安定四海，叫「平天下」。修身、齊家、治國、平天下，這是士的任務，也是士的使命。因為士是必須靠工作來維持生活的貴族，靠能力才會有機會上升到更高一級的貴族層級中去。

在春秋戰國這一社會劇變中，士作為一個特殊的階層而崛起，成為社會的中堅力量。諸侯要爭霸，大夫要兼併，家臣要擅權，他們都需要士的幫助。所以，從春秋開始，諸侯和大夫養士，已形成風氣，戰國更甚。比如戰國末年，養士最多的有四個人：齊國孟嘗君、趙國平原君、楚國春申君、魏國信陵君，他們養的士，都在三千以上。在春秋後期和戰國初期，士的重要性還不很明顯，但到了戰國中後期，情況就不一樣了。士們，尤其是重是重量級的士，跑到哪個國家，哪個國家就興旺發達；離開哪個國家，哪個國家就內外交困，正所謂「入楚楚重，出齊齊輕，為趙趙完，叛魏魏傷」（王充《論衡·效力》）。所謂的儒家、墨家、名家、道家、法家等都是士人。

因此，探究「社會怎麼了」、回答「中國向何處去」等的重大社會課題就成了士人們的歷史使命。從孔子開始，圍繞這些命題，一場歷時三百多年的跨世紀大辯論開始了。諸子百家，競相爭鳴。

首先是儒家。在儒家看來，當時的社會問題就是「禮壞樂崩」，整個社會「君不君，臣不臣，父不父，子不子」。為什麼這樣？因為君臣父子都不仁愛。臣不愛君，子不愛父，就犯上作亂，禮就壞了。君不愛臣，父不愛子，就以強凌弱，樂就崩了。因此，救世的藥方，就是「仁愛」。臣愛君，子愛父，就守規矩，禮就保住了。君愛臣，父愛子，就講和諧，樂就保住民。所以，抓住了仁愛，就抓住了根本，也就能標本兼治。

第一個公開批判孔子和儒家的是墨家。在墨家看來，天下大亂的具體表現，不是犯上作亂，而是以強凌弱。之所以如此，就因為以前實行的是禮樂制度，而禮樂制度在本質上等級制度。等級變成天經地義，人分三六九等，國分大中小等，就會導致「強執弱，眾劫寡，富侮貧，貴傲賤，詐欺愚」，儒家堅持「尊卑貴賤」、「愛有差等」，只會加劇不平等，讓社會越病越重。因此，墨家主張「兼愛」，即以「無差別的愛」來代替「有差別的愛」，最終的目的，是

實現「平等的制度」，來代替「不平等的制度」。但這種「平等而有序」的狀態只是一種理想。因為人人都平等，就會人人都自行其是，意見無法統一，因此，墨家提出天下所有人都要唯上級之命是從，而且最終都聽天子一個人的，即「尚同」。因此，墨家追求民權和平等，最終卻走向專制和獨裁。

儒、墨兩家都沒有給出有力的答案。接下來，道家提出，儒、墨兩家都是隔靴搔癢，他們只看到社會出了問題，卻不知道問題的根本在哪裏。道家認為，儒、墨兩家總想人為地建立某種秩序，先前的周公也好，後來的墨翟也好，在建立或提出這些秩序時，表現出的正是人類的無知與狂妄。他們認為，天道自然，大道不言，任何人為的秩序，無論怎樣精心設計，都是自作聰明，徒勞無益，只要順其自然才能天下太平。所以，老子說：「及吾無身，吾有何患？」（《老子・第十三章》）也就是說，如果我沒有身體，還會有什麼憂患？同理，如果原本就沒有秩序，或者根本就不需要秩序，那還會有秩序問題嗎？不會。但是，人又怎能像動物一樣生活在自然界！只有組成社會，人類才能生存。要組成社會，就必須有社會秩序。而這個社會是人類的，那麼這個秩序也就只能是人為的。

於是，法家提出「有序而無為」。如何實現？以法治國。治，就有序。法來治，人不治，就無為。但是，法需要人來執行，因此又可以說是「有為」。這樣，墨家的難題，即沒有一個最高的仲裁者社會陷入無序，讓天子或上級來專制獨裁社會又陷入不平等，法家通過法解決了這個問題，在有為和無為的問題上又統一了儒道兩家。可見，有了法，墨家爭取的平等就可以實現了；法治是井然有序的，儒家爭取的秩序也實現了；維持秩序，體現公平，又不必刻意而為之，依法辦事就行，道家的無為也實現了。但是，法家建立法治，維持秩序，實現公平，不是為天下百姓，只是為了君主。

百家爭鳴，遠非這四家之言。這裏僅以這四家作為典型代表。綜觀各家思想，都不能簡單地以「正確」或「錯誤」來評判，只能說都有道理，也都有問題，並相互衝突。這些辯論，更是錘鍊了思想、智慧和靈魂。因為如何做人、如何治理國家，如何認識世界等，這些問題都是哲思的範疇。正是這場大辯論，不僅推動了文化的發展，更是推動了社會心智的成熟和理論的發展；不僅為後世留下了寶貴的思想文化遺產，更是留下了就對變革的思想資源和凝聚民心的價值體系。

在這場哲思大辯論中，理性思維獲得了空前的發展。儒家「仁學」體系，

以人性人情構築價值理性；墨家對概念（名）、判斷（辭）、推理（說）的運用提出了一整套形式規則；道家關切客觀與知識，把「理性」的目光轉向外在，在把「道」作為萬物始出的本原時，無疑此道已具有客觀實在的意義；荀子與韓非子思想則代表著先秦思想由價值理性轉向工具理性。思想史家們把這一段時間看成是理性獲得不斷發展的時間，如陳來先生比較了早期希臘神話與理性對立發展的線索後，認為春秋以來的思想發展是「神靈信仰和沒落和實踐理性的成長」，也即是說，戰國時期是理性思潮不斷發展的時代。因此，先秦思想演變史，是由信仰走向理性，且由價值理性降及工具理性的歷史。

在政治上，春秋時期是一個無政府的社會，是霸權秩序下的社會，「我們可以看到封國統治者的恐慌之情，他們不但要面臨被鄰國吞併的威脅，也面臨隨時被國內反抗力量趕走和殺掉的威脅。國王和中央政府既無力維持舊有的秩序，它的那些禮教因之也不能發生拘束的作用。現實的現象是，無論在諸侯國之間還是諸侯國內部，力量決定一切。」〔註2〕到戰國時期，生產力發展進一步加快，各國都在通過改革變法來強大自己的國家，各諸侯國之間由爭霸轉向爭王，最後轉向追求統一。春秋時期的戰爭規模一般不大，常常一天就結束。交戰的雙方也都很講究軍事禮儀，注重君子風度，而戰國時期諸子所目睹的是一個極其殘忍的社會。戰國時期的戰爭，常常是幾十萬大軍征伐對峙，野戰攻守持續數月，活埋戰俘成千上萬。

殘酷的社會現實，推動了諸子百家理論體系的架構，也推動了理性思維的空前發展。在這樣弱肉強食、適者生存的殘酷社會背景下，諸侯、大夫、士們等各博弈主體的主觀意識或願望就是追求更大利益，為生存或為發展，並且他們屬於貴族，都受過很好的教育，有相當的認知能力、理解能力、思辨能力等。

至於博弈主體中還包括平民，是基於這三點考慮：其一，在韓非子的法治體系中，民是被法治、受賞罰的一方，自然屬於博弈主體之一；其二，平民有人身權，能根據自己的認識能力、理解能力進行獨立決策；其三，在戰國後期，平民已有機會接受教育，事實上自孔子首倡私學，開辦了中國第一家私人學校，就實現了我國教育史上官學與私學並行的教育局面，打破了貴族階級對教育的壟斷。即平民具有與其策略互動和信念互動相匹配的「理性意識」和「理性能力」。

〔註2〕柏揚：《中國人史綱》，時代文藝出版社，1987年，第123頁。

　　還需說明的是，對於那些不以最大化自身利益為目標即便具有「理性意識」和「理性能力」的人，不在韓非子的政治博弈主體之列。韓非子認為博弈雙方必須是「好利惡害」的，因為「好利惡害」是「賞善罰奸」的基礎。對於那些不求利也不避惡的「不令之民」和「無益之臣」，韓非子認為其行為是擾亂社會斷子絕孫的行徑，甚至主張要殺死他們。「夫見利不喜，上雖厚賞無以勸之；臨難不恐，上雖嚴刑無以威之，此之謂不令之民也。」（《韓非子·說疑》）「古有伯夷、叔齊者，武王讓以天下而弗受，二人餓死首陽之陵。若此臣者，不畏重誅，不利重賞，不可以罰禁也，不可以賞使也，此之謂無益之臣也。（《韓非子·姦劫弒臣》）「古之烈士，進不臣君，退不為家，是進則非其君，退則非其親者也。且夫進不臣君，退不為家，亂世絕嗣之道也。……故烈士內不為家，亂世絕嗣；而外嬌於君，朽骨爛肉，施於土地，流於川谷，不避蹈水火。使天下從而傚之，是天下遍死而願夭也」（《忠孝》）。

二、策略集

　　策略集，即博弈主體各自可選擇的全部策略或行為集合，在韓非子的君臣博弈中便是「以法治國」的一整套的策略方法，其中既包括了博弈中強勢一方的君主的治國策略集合，也包括了處於被動地位的臣子的應對策略集合。博弈雙方的信念互動選擇對應了不同的策略互動選擇，在互動中進行決擇整合，最終達到一種均衡策略，即各自追求利益最大化的策略組合。我們可以從控制、治吏、賞罰、務力耕戰等幾個方面概括其策略集合。

　　第一，關於控制的策略集合。

　　韓非子認為，做任何事情，要事先調查研究，從實際出發，不可憑主觀臆斷，莽撞行事。「魯人身善織屨，妻善織縞，而欲徙於越。或謂之曰：『子必窮矣。』魯人曰：『何也？』曰：『屨為履之也，而越人跣行；縞為冠之也，而越人被發。以子之所長，遊於不用之國，欲使無窮，其可得乎？」（《韓非子·說林上》）這個想到越國去的魯國人擅長編織麻鞋，其妻擅長紡織白絹，但越國人喜歡光腳和披散頭髮，如果不事先瞭解這個情況，他們貿然到越國一定會受窮。

　　韓非子強調，控制講究及時，不能事到臨頭倉促應戰。「有與悍者鄰，欲賣宅而避之。人曰：『是其貫將滿矣，子姑待之。』答曰：『吾恐其以我滿貫也。』遂去之。故曰：『物之幾者，非所靡也。』」（《韓非子·說林下》）有人和蠻橫

的人作鄰居，想賣掉住宅加以躲避。有人勸他說：「這人將惡貫滿盈了，你不妨姑且等待一下。」想賣住宅的人說：「我倒害怕他會用我來填滿罪惡哩。」於是就離開了。韓非子告誡說：事情到了危急關頭，決不能拖拉。「人君非獨不足於見難而已，或不足於斷制」(《韓非子·難四》)君主的失敗不僅僅是不能及時查見禍端，而在於不能及時做出決斷。

「『刻削之道：鼻莫如大，目莫如小。鼻大可小，小不可大也；目小可大，大不可小也。』舉事亦然。為其不可復者也，則事寡敗矣。」(《韓非子·說林下》)這是說，做事要留有挽救和修補的機會。正如雕刻一樣，鼻子可以先做大一點，眼睛先刻得小一點，因為大鼻子可以刻小，小眼睛可以變大，反之卻不行。

「故治民者，禁奸於未萌」，「禁，先其本者治；兵，戰其心者勝」(《韓非子·心度》)治理民眾，要把姦邪禁止在尚未發生之時。禁止姦邪，要在姦邪本源還沒有產生之時進行禁止；用兵打仗，要利用民眾的自覺思想才會勝利。韓非子強調對局勢的事先控制。

在控制利益得失方面，韓非子提出「舉事有道，計其入者多，其出少者，可為也」(《韓非子·南面》)，即當收入大於支出，則事情可行。

在對群臣的控制方面，「蟲有虺者，一身兩口，爭食相齕也。遂相殺，因自殺。人臣之爭事而亡其國者，皆虺類也。」(《韓非子·說林下》)虺長有兩張嘴巴，因爭食而相互咬鬥，結果殺死了自己。臣子之間爭權奪利致使國家滅亡的，都像旭蛇一樣。韓非子強調要減少內部矛盾以加強競爭力。「夫馴烏者斷其下翎焉。斷其下翎，則必恃人而食，焉得不馴乎？夫明主畜臣亦然，令臣不得不利君之祿，不得無服上之名。」(《韓非子·外儲說右上》)以名和利使臣子仰仗君主，正如馴烏那樣，「斷其下翎」使其不得不「恃人而食」。「相室，約其廷臣；廷臣，約其官屬；兵士，約其軍吏；遣使，約其行介；縣令，約其辟吏；郎中，約其左右；后姬，約其宮媛。此之謂條達之道。」(《韓非子·八經》)讓大臣告發宰相，部下告發大臣，士兵告發軍官，隨行告發使者，副官告發縣令，侍從告發郎中，宮發告發皇后姬妾。這就所謂的上通下達的方法。這是關於各級官吏相互制約的機制，層層相控，環環相扣。

關於整體局勢控制的戰略思想，韓非子提出要顧全大局，先解決主要矛盾。「三虱相與訟。一虱過之，曰：『訟者奚說？』三虱曰：『爭肥饒之地。』

一虮曰：『若亦不患臘之至而茅之燥耳，若又奚患於是？』乃相與聚噆其身而食之。螫醒，人乃弗殺。」（《韓非子‧說林下》）

關於權力的控制，韓非子是集權主義者，他強調權力的下放要十分謹慎。「權勢不可以借人，上失其一，臣以為百。」（《韓非子‧姦劫弒臣》）。

第二，關於用人治吏的策略集合。

韓非子重視人才，認為君主只有借助人才的力量才能成就豐功偉績，「故古能致功名者，眾人助之以力，近者結之以成，遠者譽之以名，尊者載之以勢。如此，故太山之功長立於國家，而日月之名久著於天地。」（《韓非子‧功名》）君主治理國家應處於「無為」狀態，只要抓住官吏這一管理民眾的「本綱」即可，「權不欲見，素無為也。事在四方，要在中央。聖人執要，四方來效。虛而待之，彼自以之」，「勿失其要，乃為聖人」（《韓非子‧揚權》）。

關於人才的選拔標準和途徑，韓非子提出了很多頗具借鑒價值的觀點。第一，對人才的舉薦要有約束機制。「明主之道，取於任，賢於官，賞於功。言程，主喜，俱得利；不當，主怒，俱必害；則人不私父兄而進其仇讎。」（《韓非子‧八經》）如果舉薦的人才能夠勝任，舉薦人同樣可以受賞；而如果所舉薦之人徒有虛名，則舉薦人和被舉薦人同時受罰。第二，所選人才要辯智且修潔。「人君之所任，非辯智則修潔也。」（《韓非子‧八說》），「所舉者必有賢，所用者必有能」（《韓非子‧人主》），被提拔和任用的人一定得同時具有賢良的品德和很強的能力，缺一不可。第三，實踐是檢驗人的唯一標準，「不以功伐決智行，不以三伍審罪過，而聽左右近習之言，則無能之士在廷，而愚污之吏處官矣。」（《韓非子‧孤憤》）不根據功勞來評定臣下的智慧和德行，不通過多方比較檢驗來審查罪行，而一味聽從身邊親信的話，那麼會導致無能之輩在朝中掌權，愚蠢小吏佔據高位。第四，選拔人才，不僅要看業績，更要慎察德行。「備其所憎，禍在所愛」（《韓非子‧備內》）既要提防自己所憎恨的人，但更要小心自己所寵愛的人，因為禍患往往來自親近的人。第五，以法度為準繩來衡量群臣的是非得失。「明主使法擇人，不自舉也；使法量功，不自度也。」（《韓非子‧有度》）。第六，選拔人才，要不拘一格，「觀其所舉，或在山林藪澤岩穴之間，或在囹圄緤紲纏索之中，或在割烹芻牧飯牛之事。然明主不羞其卑賤也，以其能為可以明法便國利民，從而舉之。」（《韓非子‧說疑》）不管是山林野夫、屠夫，還是廚師、牧人、商販，只要他們確有才幹就可以選拔任用。第七，摒棄人情，任人唯賢。「內舉不避親，外舉不避仇。是在焉，從而

舉之；非在焉，從而罰之。是以賢良遂進而姦邪並退，故一舉而能服諸侯。」（《韓非子・說疑》）

關於用人之道，韓非子也提出了相關策略。韓非子主張官吏不兼任，「一人不兼官，一官不兼事」（《韓非子・難一》），「右手畫圓，左手畫方，不能兩成」（《韓非子・功名》），「官有一人，勿令通言，則萬物皆盡」（《韓非子・主道》）；一職不設二官，「一棲兩雄，其鬥諓諓」，「一家二貴，事乃無功」，「夫妻執政，子無適從」（《韓非子・揚權》）；用人不疑，「人主之過，在已任臣矣，又必反與其所不任者備之」（《韓非子・南面》）；用人所長，「夫物者有所宜，材者有所施，各處其宜，故上下無為。」（《韓非子・揚權》）；君主無須有所長，「上有所長，事乃不方」（《韓非子・定法》），「矜而好能，下之所欺；辯惠好生，下因其材。上下易用，國故不治。」（《韓非子・揚權》）

關於考核官員，韓非子提出要保持虛靜，「道在不可見，用在不可知；虛靜無事，以暗見疵」（《韓非子・主道》）；要依據法度，「先王以三者為不足，故捨已能而因法數，審賞罰」（《韓非子・有度》）；要循名責實，不得越官而有功，「有道之主聽言，督其用，課其功，功課而賞罰生焉」（《韓非子・八經》）；要言行一致，前後一致，「以其所出，反以為之入」（《韓非子・揚權》），「知其言以往，勿變勿更，以參合閱焉」（《韓非子・主道》）；要眾端參觀，利用眾人的智慧考察，「以一得十者，下道也；以十得一也，上道也。」（《韓非子・八經》）；要一聽責下，「一聽則愚智不分，責下則人臣不參」（《韓非子・內儲說上》），聽取臣下意見，聰智和愚笨不會紛亂，督責臣下的行為，無能之人就不會摻雜其中。

第三，關於賞罰的策略集合。

關於賞罰「二柄」，韓非子有諸多論述。賞罰的重要性，「治國之有法術賞罰，猶若陸行之有犀車良馬也，水行之有輕舟便楫也，乘之者遂得其成。」（《韓非子・姦劫弒臣》）；物質激勵和精神激勵要相結合，「賞譽同軌，非誅俱行」（《韓非子・八經》），「譽輔其賞，毀隨其罰，則賢、不肖俱盡其力矣。」（《韓非子・五蠹》）；賞和罰相結合，「行賞也，暖乎如時雨，百姓利其澤；其行罰也，畏乎如雷霆，神聖不能解也。」（《韓非子・主道》）；賞罰的標準要可行，「明主立可為之賞，設可避之罰」（《韓非子・用人》），這樣方能調動人的積極性；同時賞罰的標準還要順應自然規律，「不逆天理，不傷情性；不吹毛求疵，不洗垢而察難知」（《韓非子・大體》）；以法律為準繩，賞罰要公正，「概

者，平量者也；吏者，平法者也。治國者，不可失平也。」（《韓非子‧外儲說左下》），「故善為主者，明賞設利以勸之，使民以功賞而不以仁義賜；嚴刑重罰以禁之，使民以罪誅而不以愛惠免。」（《韓非子‧姦劫弒臣》）；賞罰「信」而「必」，「賞罰敬信，民雖寡，強。」（《韓非子‧飾邪》），「小信成則大信立，故明主積於信」（《韓非子‧外儲說左上》），「罰莫如重而必，使民畏之」（《韓非子‧五蠹》）；重刑少罰，不要頻繁賞賜，刑罰是國家安定的根本，「賞繁，亂之本也」（《韓非子‧心度》），「故治民者，刑勝，治之首也」（《韓非子‧心度》）；「以刑去刑」，重罰那些犯罪輕微的，則輕罪不會出現；要重賞，「賞莫如厚，使民利之」（《韓非子‧八經》），因為「厚賞者，非獨賞功也，又勸一國。受賞者甘利，未賞者慕業，是報一人之功而勸境內之眾也。」（《韓非子‧六反》）；賞罰大權不可借人，「凡上之患，必同其端；信而勿同，萬民一從。」（《韓非子‧揚權》）所有君主的禍患，都源於君臣共同執掌賞罰大權。相信臣下而不與其共掌大權，則民眾才會全部服從君主。

第四，關於務力耕戰的策略集合。

「富國以農，拒敵恃卒」（《韓非子‧五蠹》）使國家富裕要依靠農民，抵抗敵人要依靠戰士；「能越力地者富，能起力於敵者強，強不塞者王」（《韓非子‧心度》），致力於土地的人就富有，致力於戰場的人就強盛，不堵塞富強之道就可以稱王。「凡治天下，必因人情。人情者，有好惡，故賞罰可用。」（《韓非子‧八經》），韓非主張根據人情，通過賞罰的手段來發展耕戰、實現富國強兵的目的。

當然韓非關於治國的策略還有很多，無法一一列舉，本文只是從控制、治吏、賞罰、務力耕戰等幾個方面對其策略集合進行了粗略概括。

三、信息

按照各博弈主體互動決策信息差異，博弈可分為：完全信息博弈、不完全信息博弈。

其一，關於完全信息博弈。完全信息博弈假設每個博弈主體都具有全知全能，他們對策略空間及策略組合下的支付完全瞭解，那些包裹在核心利益要素之外的各種東西都不能遮蔽每個博弈主體。因此，完全信息博弈可以分析那些極端化假設下即純粹自利支配下個人行動的博弈，每個博弈主體都具有全知全能第三方「自然」能力。而且，在完全信息的極端化假設下，博弈主體的行

為偏好直接外顯為策略選擇的得益支付值，博弈各主體直接根據比較得益支付值的相對大小進行決策。因此，博弈各主體的決策規律以一種清晰而直接的利益邏輯得到充分顯現。

相比較於不完全信息博弈，完全信息博弈更能表達納什均衡的普遍存在性和一致預測性。在分析經濟社會問題時，完全信息博弈以高度抽象性的假設，通過一種極值化與極端化的邏輯方式，構建了極端深刻的分析框架。因此，各種形式經濟社會博弈問題的實質內涵被充分顯現出來了！

在不需要證明的先驗性「人性自利」假設下，最具抽象意義的完全信息博弈均衡展示了各博弈主體的個體利益博弈實質，並完全卸下了各博弈主體的道德包裝。通過極端簡化的分析，完全信息博弈充分暴露了支配各博弈主體行為動機的最核心要素，而那些包裹在核心利益要素之外的其他各種因素都不能對各博弈主體的決策產生影響，各博弈主體可以隨時根據自己的決策基準進行著決策，因而其博弈均衡的決策參考價值也得到了充分的實現。

同時，在完全信息的極端化假設下，支撐各博弈主體進行均衡決策的行為基礎，即「完全自利假設」也被凸顯出來。這種伴隨共同知識和共同理性的「完全自利假設」，間接了說明了人類的決策行為確實受到了博弈方之外的「第三方」即「自然」的支撐和左右。可以設想，如果沒有這個代表共同知識和共同理性的第三方假設，各博弈主體將無法在現實社會中進行決策，將不可避免地導致脫離現實的行為困境。

法治觀是法家思想的核心，也正是法家名稱的由來，研究韓非的思想，不可能迴避他關於「法」的思想。作為韓非子政治思想精髓的「法」，其制定的原則較多地體現了完全信息博弈的特徵。

首先，法要明確、統一、公開。韓非子說：「法者，編著之圖籍，設之於官府，而布之百姓者也。」(《韓非子‧難三》)，法令必須及時公布出來，讓法能夠得到廣泛的普及並深入人心，要做到「明主言法，則境內卑賤莫不聞知也，不獨滿於堂。」(《韓非子‧難三》) 這樣，任何貴賤和官民，任何地域，都一律有一個統一的根據和標準，不至於會出現混亂。法必須始終作為一種具有嚴格標準的客觀的尺度，用來衡量和規範人們的行為，「一民之軌，莫如法。」(《韓非子‧有度》)。此外，法還要詳盡。法律簡省，則會留下討論的空間，有了討論的餘地就會出現爭訟，就會出現混亂，「書約而弟子辯，法省而民萌訟。是以聖人之書必著論，明主之法必詳事。」(《韓非子‧八說》)。君主要盡

量將一切能考慮到的情況都納入到法律條文中去，不論出現什麼情況都能從法律條文中找到相應的解決辦法，「盡思慮，揣得失」（《韓非子・八說》），不管民眾智愚，只人按照法律條文行事就行。這樣，「智慮力勞不用而國治也」（《韓非子・八說》），治理國家就會輕鬆省力。

其次，法要具有穩定性，「法也者，常者也」（《韓非子・忠孝》）。「法莫如一而固，使民知之」（《韓非子・五蠹》）法一但制定，就要在一定時期內保持穩定，不然民眾無所適從。因為「凡法令更則利害易，利害易則民務變」（《韓非子・解老》），故曰「治大國者若烹小鮮」（《韓非子・解老》）。

再次，法要可行性。法要簡潔易懂、切實可行和便於遵守，便於適用，即法應當「表易見」、「教易知」、「法易為」。「察士然後能知之，不可以為令，夫民不盡察。賢者然後能行之，不可以為法，夫民不盡賢。」（《韓非子・八說》），因為法的適用對象是普通的老百姓，所以不能高深得只有「察士」才能明白，或者要求太高，以至於只有「賢者」才能做得到，這樣的法是沒有辦法執行的。此外，任何一項措施都有利弊，都有兩面性，「法有立而有難，權其難而事成，則立之；事成則有害，權其害而功多，則為之」（《韓非子・八說》）如何衡量某項法律是否可行呢？如利大於弊，功大於害，長期利益大於短期利益，那麼，這樣的法律就可以執行。

最後，法要公平公正。法家主張不論親疏、貴賤、上下、尊卑，都要「一斷於法」。韓非子認為「法不阿貴，繩不撓曲。法之所加，智者弗能辭，勇者弗敢爭。刑過不避大臣，賞善不遺匹夫。」（《韓非子・有度》），「是故誠有功，則雖疏賤必賞；誠有過，則雖近愛必誅。」（《韓非子・主道》）。韓非子主張要「立公去私」，他提出「明主之道，必明於公私之分，明法制，去私恩。夫令必行、禁必止，人主之公義也；必行其私，信於朋友，不可為賞勸，不可為罰沮，人臣之私義也。私義行則亂，公義行則治，故公私有分。」（《韓非子・飾邪》）英明的君主一定要明白公與私的分別，要彰明國家的法制，摒棄臣子的私利。命令下達了就一定要執行，禁約頒布了就一定要遵守，這是君主維護國家利益的原則。如果按照私欲對朋友守信用，則獎賞和刑罰就失去作用。維護個人私利的原則風行，則國家就陷入混亂；維護國家利益的原則風行，則國家就安定，所以公、私是有區別的。

通過對法的公開、公平、公正、統一、明確、穩定、可行等要求，使博弈各主體在完全信息狀態下，追求「利益最大化」，體現「人性好利」的自然

屬性。

其二，關於不完全信息博弈。不完全信息博弈是指各博弈主體對策略空間及策略組合下的支付沒有完全的瞭解，至少有一個博弈主體不能確切知道其他博弈主體的支付函數，也就是說參與博弈的各主體的得益函數不是公共的知識。即「不完全信息」，是指博弈的策略空間及支付函數不是所有參與博弈各主體的公共知識。

由於各博弈主體的得益函數不是公共知識，參與博弈的各方不能確切地知道其他參與者的支付函數，因此，在這樣的博弈中不可能一次就達到均衡，而必須要通過多次的博弈才能達到均衡狀態。那麼，在這個多次的博弈過程中，各博弈主體是如何確定自己的策略的呢？他們只能根據自己的經驗判斷，並分析歸納其他博弈主體以往的策略，從而決定自己的策略，他們所運用的推理方法就是歸納推理法。

在人類社會和自然界出現的博弈現象中，完全信息是理想狀態，而普遍的現象是各博弈主體只能擁有不完全的相關信息。對於各博弈主體認知的狀態來說，理智的有限性、推理的不確定性以及知識信念的概然性是常態。人們也正是認識到這種常態現象，博弈論的研究重心從完全信息分析轉向不完全信息分析。因此，關於不完全信息博弈的研究是完全信息博弈研究面向實際和應用的發展和推廣。

前面將韓非子有關法的策略歸入完全信息博弈之列進行研究，也是在「理性政治人」的假設以及對法「公開」、「公平」、「公正」、「統一」、「明確」、「穩定」、「可行」等一系列的假設要求下進行的。而在韓非子政治思想中更多的是不完全信息的博弈，尤其在「術」治中。

「術」是韓非子思想的重要一部分，一部《韓非子》主要談的是術，而不是法。何為「術」？「術」就是君主根據「法」駕馭群臣的手段或方法，「術者，因任而授官、循名而責實、操殺生之柄、課群臣之能者也。此人主之所執也。」（《韓非子·定法》）。術治就是根據各人的能力來授予相應的官職，按照官職名分來責求其實際的功效，掌握生殺大權，考核各級官吏才能的一整套方法。這是君主所要掌握的。與「法」要「著於官府」、「必於民心」即要公之於眾不同，「術」要「藏之於胸中，以偶眾端而潛御群臣者也。」（《韓非子·難三》）術是藏在君主心裏用來對照驗證各方面的事情從而暗地裏用它來駕馭群臣的東西。因此，「術」是君主用來察奸和防奸的一種權術，從表面上來看，

「術」是使用循名責實的辦法來考核臣下，而從實質上來看，它是暗中用來控制臣下的一種手段。故「術不欲見」。在《韓非子·內儲說上七術》篇中，韓非子提出了七種君主可使用的「術」。即「七術：一曰眾端參觀，二曰必罰明威，三曰信賞盡能，四曰一聽責下，五曰疑詔詭使，六曰挾知而問，七曰倒言反事。此七者，主之所用也。」本文以「疑詔詭使」、「挾知而問」、「倒言反事」為例進行不完全信息博弈的分析。

關於「疑詔詭使」，發出使臣下猜疑的命令、使用詭詐的差遣。「數見久待而不任，奸則鹿散。使人問他則不鬻私。是以龐敬還公大夫，而戴歡詔視輼車，周主亡玉簪，商太宰論牛矢。」（《韓非子·內儲說上七術》），君主頻頻召見一些人，讓他們長期待在身邊而又不委派任務，那麼奸臣就會疑懼起來，因而像鹿受驚了一樣四下逃散。君主派遣使者用已知的事來責問其他事情，臣下就不敢隱私不報。因此，龐敬召回了管理市場的公大夫，戴歡下令要偵察臥車，周君假裝丟失玉簪，宋太宰斷言有牛屎。即君主的真實意圖不可暴露，要採用間接迂迴的方式督察臣下，從而臣子在莫名其妙中感到君主無所不在、無所不知，因此不敢隱瞞實情。

關於「挾知而問」，拿自己已經知道的事去詢問臣下，「挾智而問，則不智者至；深智一物，眾隱皆變。其說在昭侯之握一爪也。故必南門而三鄉得，周主索曲杖而群臣懼，卜皮事庶子，西門豹詳遺轄。」（《韓非子·內儲說上七術》），拿已知的事去問臣下，那麼不知道的事也會知道的；深入瞭解一件事，許多隱情就都能分辨清楚了。所以韓昭侯肯定知道南門外情況，然後其他三個門外面的情況也就知道了；周君要下令搜尋彎曲的手杖，群臣因此感到害怕；卜皮要指派侍僕刺探御史，西門豹要假裝丟失車轄。這是考察臣子是否忠誠的有效手段。君主用已經知道的事情來詢問臣下，並觀察臣下的反應，不僅可以核查臣下的誠實和忠誠度，還可以舉一反三地知道其他事情。

關於「倒言反事」，把話倒過來說，把事反過來做，「倒言反事以嘗所疑，則奸情得。故陽山謾樛豎，淖齒為秦使，齊人慾為亂，子之以白馬，子產離訟者，嗣公過關市。」（《韓非子·內儲說上七術》）用反話反事來測試自己懷疑的事，就會瞭解到奸情。所以陽山要假裝誹謗樛豎，淖齒要派人冒充秦使，齊人作亂前要派人刺探君主，子之要用白馬測試左右，子產要隔離訴訟雙方，衛嗣公要派人過關市。這是說相反的話，做相反的事，製造假信息，以試探所懷疑的對象。

四、博弈者決策順序

根據博弈各方決策順序，我們可以將博弈分為靜態博弈和動態博弈：同時決策為靜態博弈，依次決策且後決策者能夠看到先決策博弈方決策內容的為動態博弈。1965 年塞爾騰建立的動態與靜態劃分方式中，博弈是否動態或靜態，完全取決於博弈方對於對手決策（行為）是否知曉，博弈方實際決策的絕對時間點之差別已並無太大意義。就兩主體博弈而言，若博弈方之一看到了另一博弈方的行動及其後果，那麼這種博弈就是兩階段的動態博弈，而若博弈方並不清楚對方是否決策，即使他們實際決策時間有先後，也稱為靜態博弈。結合各博弈方對信息的掌握，可分為完全信息靜態博弈、完全信息動態博弈，不完全信息靜態博弈、不完全信息動態博弈。

完全信息靜態博弈是指各博弈主體同時決策，並且所有博弈主體對博弈中的各種情況下的策略及其收益支付完全瞭解。韓非子提出的「務力耕戰」這一均衡策略可以看作是君臣博弈雙方在完全信息狀態下互利互動合作的靜態博弈結果。「富國以農，拒敵恃卒」（《韓非子·五蠹》），使國家富裕要依靠農民，抵抗敵人要依靠戰士。「能越力地者富，能起力於敵者強，強不塞者王」（《韓非子·心度》）。能夠在農耕上發揮民眾力量的國家就富裕，能夠在對敵作戰中發揮民眾力量的國家就強大，當強大到不能被阻擋時，國家就能稱王天下。對於君主而言如此，對於臣民而言，亦是如此。保護國家不受侵略，在和平的社會環境下開墾荒田進行耕種，這是臣民們的理想生活方式。因此，「務力耕戰」這一策略是對君臣博弈主體的雙方都完全信息下的共同決策。

再例如，韓非子要求法律必須保證公平、公正，對權貴高官、平民百姓都一視同仁，都具有約束力，這樣的法律才能起到獎善懲惡的作用，才能保證整個社會的良好秩序。「故鏡執清而無事，美惡從而比焉；衡執正而無事，輕重從而載焉。夫搖鏡則不得為明，搖衡則不得為正，法之謂也。」（《韓非子·飾邪》）鏡子要保持明亮而不受干擾，美和醜自會在鏡子中映照出來；秤桿保持平正而不受干擾，輕和重自會在秤桿上衡量出來。搖動鏡子就不能使它保持明亮，搖動秤桿就不能使它保持平正，這就是說的法治的情況。韓非子認為，只有消除凌駕於法之上的特權、營建平等的環境，法才能得到最大多數人的遵守。所以，「法不阿貴，繩不撓曲。法之所加，智者弗能辭，勇者弗敢爭。刑過不避大臣，賞善不遺匹夫。」（《韓非子·有度》）即便君主，也要「去私」，「明主之道，必明於公私之分，明法制，去私恩。」（《韓非子·飾邪》）英明

君主一定要明白公與私的分別，彰明國家的法制，摒棄臣子私下的小恩小惠。韓非子把公平、公正、無私的法稱為「明法」，他認為，「明法」不僅僅要「法不阿貴」，還要加強對「賢行」、「忠信」、「智慧」等士們的約束。「人主使人臣雖有智慧，不得背法而專制；雖有賢行，不得逾功而先勞；雖有忠信，不得釋法而不禁。此之謂明法。」（《韓非子‧南面》）臣子們不能因為自己有功於君主或國家，就可以恣意妄為凌駕於法律之上。即便是君主的老師也要遵守法律。「明法」強調將法律當作是判斷人們言論行動的是非功過並進行賞罰的唯一準則。一切都以法這個公正的標準為根本依據，就可以保證社會的和諧穩定，有利於消除因私而產生的政治弊端。「以事遇於法則行，不遇於法則止。」（《韓非子‧難二》）「遇」，即合、符合之意。綜上所述，韓非子關於「法」的遵守，對君、臣、民各博弈主體都是公開、公平、公正，其利益得失也一目了然，因此，遵守「法」是各主體的完全信息靜態博弈。

完全信息動態博弈是指各博弈主體的信息是完全的，即博弈各主體對博弈中的各種情況下的策略及收益支付都完全掌握，但各博弈主體的行動是有先後順序的，後動的博弈主體可以觀察到前者的行動並暸解前者行動的全部信息。在韓非子的政治思想中有很多策略屬於完全信息動態博弈。例如「賞罰依法」，即賞罰的標準和依據是「法」。「不引繩之外，不推繩之內；不急法之外，不緩法之內。」（《韓非子‧大體》）嚴格按照法律準繩辦事，就像木工按照墨線砍削木材那樣，既不把墨線任意拉到外面，也不把墨線任意推到裏面；對法令規定之外的事情不去嚴加管束，對法令規定之內的事情決不怠慢馬虎。君主要「捨己能而因法數，審賞罰」（《韓非子‧有度》），即君主要依據法律進行賞罰。

「今有功者必賞，賞者不得君，力之所致也；有罪者必誅，誅者不怨上，罪之所生也。民知誅賞之皆起於身也，故疾功利於業，而不受賜於君。」（《韓非子‧難三》）「禍福生乎道法，而不出乎愛惡；榮辱之責在乎己，而不在乎人。」（《韓非子‧大體》）受到獎賞，不用感恩戴德，因為這是自己努力的結果；受到處罰，也不會怨恨，因為這是自己犯了錯。如此，人們就不會致力於搞關係，而是全力以赴地努力勞作。

韓非子還強調功名必出於法。「明主之道，臣不得以行義成榮，不得以家利為功，功名所生，必出於官法。法之所外，雖有難行，不以顯焉，故民無以私名。」（《韓非子‧八經》）英明君主的治國原則是：臣下不能靠私人的德行

和道義來造成自己的榮譽，不能拿為私家謀利的事作為自己的功勞；產生功勞名譽的根據，一定來自國家的法度。國家所摒棄的，即使具有難以做到的德行，也不因此而顯揚，所以臣民就沒有因為私人的德行而得到名譽的。「私門之官用，馬府之世緞，鄉曲之善舉，官職之勞廢，貴私行而賤公功者，可亡也。」（《韓非子‧亡徵》）偏僻鄉村中的那些有好名聲的隱士被提拔，而官署中那些辛苦工作的官吏卻被罷免，尊重謀取私利的行為，而鄙視為國家立功的勞作，這種國君可能會亡國。

「君通於不仁，臣通於不忠，則可以王矣。」（《韓非子‧大體》）君主不仁愛，臣下不孝忠，則可以稱王。這是因為君臣都按法辦事，不涉及私情的緣故。嚴格遵守法律，並依法進行獎罰，可以有助於形成公平、公正、和諧的氛圍，實現「法如朝露，純樸不散，心無結怨，口無煩言」（《韓非子‧大體》）的「至安之世」。這是完全信息狀態下的動態合作博弈。

在不完全信息靜態博弈中，各博弈主體在對博弈策略空間及策略組合下的收益支付沒有完全瞭解的情況下同時決策。由於各博弈主體的決策沒有先後順序，因此，沒有任何一方博弈主體能夠有機會觀察到其他博弈主體的選擇。但是，雖然每個博弈主體並不知道其他博弈主體實際選擇的策略，而他只要知道其他博弈主體有關類型的概率分布就能夠正確地預測到其他博弈主體的策略選擇及其各自有關類型之間的關係。因此，該博弈主體的決策目標就是：在給定自己的類型，以及給定其他博弈主體的類型與策略選擇之間關係的條件下，使得自己的期望效用最大化。

例如韓非子的虛靜無為之術，便是君臣之間不完全信息下的靜態博弈。「故虛靜以待，令名自命也，令事自定也。虛則知實之情，靜則知動者正。有言者自為名，有事者自為形；形名參同，君乃無事焉，歸之其情。」（《韓非子‧主道》）君主要用虛靜無為的態度來對待一切，要保持內心的虛無而不懷有成見，才能瞭解到事情的真相，要保持安靜而不急躁，才能瞭解到行動的規律。讓那些進言的臣子自己發表言論而不事先限定言路，讓那些辦事的人自己決定如何辦而不事先規定好方案，君主只要拿臣下的言論和他的行動對比，看是否契合，這樣君主不用做其他事，臣下就會說真話、做實事了。

「函掩其跡，匿有端，下不能原；去其智，絕其能，下不能意。」（《韓非子‧主道》）君主要善於掩蓋自己的行跡，隱藏自己的想法，不要隨便顯示出自己有多麼聰明，也不要輕易顯示自己多麼有能力，讓屬下無法揣度，也無跡

可循。即統治者一定不要被臣下看透，要做到深不可測。因為君主如果表現出喜歡一個人事一件事，那些趨炎附勢之人就會把自己的真實想法隱藏起來，而依據君主的喜好來說話、做事。所以，君主要含而不露，以防止那些溜鬚拍馬之人投其所好，趨其所愛。在《韓非子・外儲說右下》就講了一個故事，以說明隨便暴露了自己的愛好會給自己帶來了麻煩。「公孫儀相魯而嗜魚，一國盡爭買魚而獻之，公孫儀不受。其弟子諫曰：『夫子嗜魚而不受者，何也？』對曰：『夫唯嗜魚，故不受也。夫即受魚，必有下人之色；有下人之色，將枉於法；枉於法，則免於相。雖嗜魚，此不必能致我魚，我又不能自給魚。既無受魚而不免於相，雖嗜魚，我能長自給魚。』」

韓非子提出，君主如果不神秘莫測，那麼臣下就會給自己的行為找到根據；君主如果處事不當，那麼臣下就會以此當成典型來為自己的不當行為開脫，「主上不神，下將有因；其事不當，下考其常。若天若地，是謂累解；若地若天，孰疏孰親？能象天地，是謂聖人。」（《韓非子・揚權》）

在不完全信息動態博弈中，各博弈主體在對博弈策略空間及策略組合下的收益支付沒有完全瞭解的情況下按先後順序進行決策。後採取行動的博弈主體可以通過觀察先採取行動的博弈主體所選擇的行動來推斷其類型或修正對其類型的先驗信念，從而選擇使自己利益最大化的最優策略。但是，由於先採取行動的博弈主體預測到自己的行動將會被後採取行動的博弈主體所觀察和利用，因此，他就會設法只傳遞出對自己最有利的信息而避免傳遞對自己不利的信息。

韓非子的政治思想中關於考核、賞罰等策略中有很多是不完全信息動態博弈。「言已應，則執其契；事已增，則操其符。符契之所合，賞罰之所生也」（《主道》）韓非子認為堅守虛靜參驗，進而實行賞罰，這是理想中的英明君主的為君之道。即在君臣博弈中，君當堅持虛靜的原則，採取參驗的方法，最後使用賞罰。這是動態博弈決策過程。「有道之主聽言，督其用，課其功，功課而賞罰生焉，故無用之辯不留朝。任事者知不足以治職，則放官收。」（《韓非子・八經》）掌握了統治術的君主聽取臣下的言論時，審察它的用處，考核它的功效，功效一經考核，那麼賞罰的依據就由此而生了，所以沒用的辯說不會留在朝廷上。擔任職務的官吏，如果他的才智不夠用來料理職事，就罷免他的官職，收回他的官印。「群臣陳其言，君以其言授其事，事以責其功。功當其事，事當其言，則賞；功不當其事，事不當其言，則誅。」（《韓非子・主道》）

群臣陳述自己的意見，君主根據他們的意見分別給他們事做，然後根據他們的職事來責求他們的成績。如果取得的成績和他的職事相當，完成職事的情況和他的話相符合，就給予獎賞；如果取得的成績和他的職事不相當，完成職事的情況和他的話不相符合，就加以懲處。

五、博弈方得益

按照洪開榮的分析，「自然社會人生的互為最適反應產生了利益創造的經濟、社會、政治和法律博弈，也產生了行為偏好驅動的認知與藝術博弈、道德與倫理博弈、文化與宗教博弈，還產生了不確定性策略信念互動的創新與科技博弈、衝突與戰爭博弈、宇宙與自然博弈。」[註3]本書所研究的博弈各方主體都是追求利益最大化的理性主體，這個自我利益來自四個方面：市場（經濟）利益、社會（階層）利益、政治（權力）利益、法律（規則）利益。在追求個體效用最大化的最適反應中，每個個體都致力於追求這四類利益（個別性或整體性）最大化。根據這四類利益，可以分為四類博弈：市場與經濟博弈、階層與社會博弈、權力與政治博弈、規則與法律博弈。我們逐個進行分析。

其一，市場與經濟博弈，這是基於個體性經濟利益的策略博弈，市場活動是其利益創造的基本途徑，其特徵是最大限度地激發人性慾望潛能。韓非子提出，「舉事有道，計其入多、其出少者，可為也。惑主不然，計其入，不計其出，出雖倍其入，不知其害，則是名得而實亡。如是者，功小而害大矣。」（《韓非子·南面》）做事情要有一定的原則，計算下來收入多而支出少的事情是可以做的。糊塗的君主卻不是這樣的，他們只計算收入而不考慮支也，支出即使是收入的兩倍，他們也不知道那害處，這樣即便名義上是得到了，可實際上還是失去了。像這樣，功效微小而損失卻十分重大。「今大費無罪而少得有功，則人臣出大費而成小功，小功成而主亦有害。」（《韓非子·南面》）現在耗費大了並沒有罪過而稍有所得就被認為有功，那麼臣下就會支出大量的費用去成就微小的功效，這微小的功效即使成就了，而君主還是有損失的。

韓非子提出要「以利導民」，他認為利益關係是人與人的基本關係，君臣之間更不例外。要得到民眾的相助，就必須以尊重人的私利為起點，對人性好利的現實予以承認並尊重。他提出要用利益來引導民眾，只有抓住了利益關係才抓住了得民的關鍵。「夫安利者就之，危害者去之，此人之情也。」（《韓非

子·姦劫弒臣》）韓非子從人的生存需要出發得出人的本性是好利惡害，「人無毛羽，不衣則不犯寒；上不屬天而下不著地，以腸胃為根本，不食則不能活；是以不免於欲利之心。欲利之心不除，其身之憂也。故聖人衣足以犯寒，食足以充虛，則不憂矣。眾人則不然，大為諸侯，小餘千金之資，其欲得之憂不除也。」（《韓非子·解老》）人不能像動物，不穿衣服就會感到寒冷，不吃東西生命就不能延續，因此免不了會有貪利之心。對於聖人來說，穿衣只要能抵擋住寒冷，食物只要能充饑就可以做到無憂了；但對於普通人來說，不會僅滿足於衣食飽暖，他們要官至諸侯，要儲有千金之財，其貪利之心永無止境。普通的人一生都在欲望的海洋中掙扎，也正是這各種無盡的欲望驅使著人驅利避害。「桓公問管仲：『富有涯乎？』答曰：『水之以涯，其無水者也；富之以涯，其富已足者也。人不能自止於足而亡，其富之涯乎！』」（《韓非子·說林下》）齊恒公問管仲：「富裕有邊際嗎？」管仲回答說：「水到邊際就是沒有水的地方；富到邊際就是富到滿足的地步了。人不能在知足方面止步，那就是沒有富裕的邊際！」

好利惡害在現實中表現為喜貴惡賤，好逸惡勞，「人情皆喜貴而惡賤」（《韓非子·難三》）「夫民之性，惡勞而樂安佚」（《韓非子·心度》），因為在社會中尊貴者受到尊重和景仰，卑賤者受到輕視和鄙夷，而勞累是人們的不願意承受的，安逸是人們普遍追求的，所以「貴」和「逸」是利，「賤」和「勞」是害。

韓非子還提出，人們之間的所有關係，包括父子、夫妻、君臣等都是利益驅動下的關係，人與人之間的關係是以自利為核心建立起來的，社會關係的實質就是利益關係。韓非子還提出，要以利益來引導民眾，但並不是單純地順從民眾，滿足他們的欲望，不能因為民眾不喜歡刑罰就不用刑罰。只有賞罰分明，才能使民眾踴躍建功立業。「凡治天下，必因人情。人情者有好惡，故賞罰可用；賞罰可用則禁令可立，而治道具矣。」（《韓非子·八經》）

總之，要以順應和利用人們的名利心來爭取民心，「利之所在民歸之」，激勵民眾，積極生產，致力富國強兵，以利趨義。

其二，階層與社會博弈，這是基於群體性社會利益的策略博弈，社會活動是其利益創造的基本途徑，其特徵是利益群體尋租與社會結構分層的策略信念互動。在三主體三階段博弈的經典形式中，很好的詮釋了韓非子的群、臣、民的階層和社會博弈。

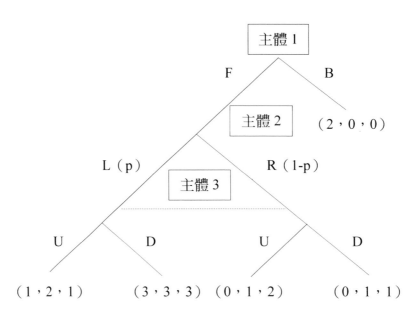

如上圖，假設社會僅僅有三類主體構成：主體1、主體2、主體3。主體1處於最先決策的地位，有F和B兩個策略可選；主體2處於第二決策地位，有L和R兩個策略可選，主體3最後決策，有U和D兩個策略可選，而且主體3在作決策時並不知道主體2的選擇，只能判斷主體2選L的可能性是p，選R的可能性是1-p。主體1、主體2、主體3在各種策略的選擇下，可能出現的收益為五種，即（2，0，0）、（1，2，1）、（3，3，3）、（0，1，2）、（0，1，1）。每種收益有三個數值，第一個對應主體1的收益，第二個對應主體2的收益，第三個對應主體3的收益。

根據預期收益大小，主體1、主體2、主體3會選擇（F，L，D）的均衡策略，其收益為（3，3，3）。但在實際博弈中的情形可能是，主體1並不選擇F，而是選擇B以結束博弈。對於主體1的選擇，主體2和主體3無能為力，他們的任何選擇都無法改變其最終的博弈結果，即（2，0，0）。當然，對於主體1的這樣一種選擇，我們可以用心理博弈來解釋，即主體1或許有獨享利益而讓對手一無所有的陰暗心理，或是擔心主體2和主體3沒有作出最優選擇。這個經典博弈模型可以解釋社會分層體制。

在社會生活中，每個人的社會活動和社會關係總是具有不同的內容和狀態，處於不同的社會位置，這是個人的差異性。而同時在社會活動和社會關係中人們又總是具有某些相同的內容和狀態，處於類似的位置，這是個體間的共同性。正是由於這些差異性和共同性，使得人們在佔用社會財富、物質生活條

件、參與社會勞動的形式、特殊的利益要求等方面表現出異同，形成彼此類似、彼此區別的社會集團，由此形成社會分層。

安東尼·吉登斯在《社會學》中指出，所有的社會分層體制都具有以下三個特點：在社會範疇中產生社會等級；人們的生活體驗和機會嚴重依賴於社會等級；不同社會等級之間的變動往往會十分緩慢。安東尼·吉登斯還指出，上層階級是由既擁有財富又擁有權力並能將其特權繼承給子女的一小部分人組成，中產階級具有上向社會流動和下向社會流動的可能性；底層階級是多重劣勢為特徵的群體。

在上圖博弈中，如果是完全信息博弈，則最優決策（F，L，D）可以實現社會得益最大化（3，3，3）。但是，如果引入權力支配的心理因素，主體 1 具有支配他人命運的心理效用，在這個因素影響下，他直接選擇 B 結束這個博弈，儘管主體 2 和 3 仍不得不選擇 L 和 D，但他們最終還是一無所獲的命運已無法更改。主體 1 的選擇改變了整個社會所有階層的命運。

投射到韓非子的政治博弈中，君主這一階層類似於主體 1，群臣類似於主體 2，百姓類似於主體 3。從博弈模型中可以看出，如果整個社會都在這一決策模式中，那麼不同階層之間的信任度將降為零，支配他人權力的追逐動機將無限膨脹成為殘酷的社會公認法則，你死我活的爭奪遊戲將一直持續。因此，無法調和的階級鬥爭格局產生。這就是韓非子所處的那個時代的模型。

其三，權力與政治博弈，這是基於權力支配性政治利益的策略博弈，政治活動是其利益創造的基本途徑。因為在政治行動中，排他性支配他人的權力是最大誘惑，所以這類博弈的特徵是強制性權力的運用。韓非子的勢治思想主要是維護君主專制統治，維護君主等級秩序的，即為權力與政治的博弈。「飛龍乘雲，騰蛇遊霧，雲罷霧霽，而龍蛇與蚓蟻同矣，則失其所乘也。賢人而詘於不肖者，則權輕位卑也；不肖而能服於賢者，則權重位尊也。堯為匹夫，不能治三人；而桀為天子，能亂天下：吾以此知勢位之足恃而賢智之不足慕也。」（《韓非子·難勢》）飛龍駕著雲頭，騰蛇漂遊霧中，如果雲霧消散，那麼龍、蛇就和蚯蚓、螞蟻一樣，這是因為失去了它們飛行漂遊所憑藉的東西。賢能的人卻屈服於無能之輩，是因為他們的權力小、地位低；無能之輩卻能制服賢能的人，是因為他們的權力大。堯如果是一個普通百姓，那他就連三個人都管不了；而桀做了天子，就能搞亂天下。因此，權勢值得依靠，賢能才智不值得羨慕。「聖人德若堯舜。行若伯夷，而不載於勢，則功不立，名不遂。」（《韓非

子‧功名》）

關於把握勢，韓非子認為，「主之所以尊者，權也。」（《韓非子‧心度》）君主之所以尊貴，是靠了權力。明主必須「執柄以處勢」（《韓非子‧八經》），「柄」即賞罰大權。「明主之所導制臣者，二柄而已矣。二柄者，刑、德也。」（《韓非子‧二柄》）所謂「刑」，是指殺戮處罰之權；所謂「德」，是指慶賞之權。

韓非子提出權勢要集中控制在君主手中，「毋弛而弓，一棲兩雄，其鬥嚙嚙。豺狼在牢，其羊不繁。一家二貴，事乃無功。夫妻持政，子無適從。」（《韓非子‧揚權》）不能鬆懈你的弓，防止一個集中有兩隻雄鳥。兩隻雄鳥同在一個窩，會鬥得你死我活。一個家有兩個主人，做什麼事都不會成功。夫妻爭著當家，當兩人意見不統一時，子女就無所適從。很明顯，在權力的集中與分散的問題上，韓非子主張要集中權力，樹立君主的絕對權威。

韓非子還強調，君主必須獨攬大權，不能將權力分給愛臣和左右親信。「愛臣太親，必危及其身；人臣太貴，必易主位。」（《韓非子‧愛臣》）君主過分親近臣下，一定會危害到自己；大臣過分尊貴，君主的地位一定會被改變。「人主之所以身危國亡者，大臣太貴，左右太威也。所謂貴者，無法而擅行，操國柄而便私者也。所謂威者，擅權勢而輕重者也。」（《韓非子‧人主》）君主之所以有生命危險、國家政權會喪失，是因為大臣太過尊貴、左右侍從太過威風。所謂尊貴是指不遵守法令而獨斷專行，掌握了國家大權來謀取私利；所謂威風是指獨攬權勢而能左右一切，對事情處理得輕重隨意。「上失其一，臣以為百。故臣得借，則力多；力多，則內外為用；內外為用，則人主壅。」（《韓非子‧內儲說下》）君主失去一分權勢，臣下就會把它變成百倍的權勢去利用。所以臣下借用到君主的權勢，力量就會強大，而朝廷內外就會被他所利用，君主也因而被蒙蔽。「宋君失其爪牙於子罕，簡公失其爪牙於田常，而不蚤奪之，故身死國亡。」（《韓非子‧人主》）這是韓非子以宋君和簡公為例，說明君主失勢面受制於臣，以至身死國亡的血淋淋的歷史事實。

其四，規則與法律博弈，這是規則利益創造的博弈，法律活動是利益創造的基本途徑。因為法律制定通常意味著固定關聯主體利益的規則制定，所以這類博弈的特徵是群體利益規則性固定的策略信念互動。韓非子認為，作為治國之道的法在本質上是封建君主意志的體現，「法者，所以敬宗廟、尊社稷。故能立法從令尊敬社稷者，社稷之臣也，焉可誅也？夫犯法廢令不尊敬社稷者，

是臣乘君而下尚校也。」(《韓非子・外儲說右上》)法律,是使祖宗的神廟得
到敬重、使國家的政權獲得尊嚴的工具。所以,維護法並服從命令而使國家政
權受到尊重的,就是國家的忠臣,怎麼能懲處呢?而那些違反法律無視命令而
不尊重國家政權的,是臣子凌駕於君主頭上而與皇上對抗啊。

　　關於法治的原因,韓非子認為,「以一人之力禁一國者,少能勝之。明能
照遠奸而見隱微,必行之令,雖遠於海,內必無變。」(《韓非子・難三》)憑
一個人的力量來控制一個國家的人,是很少能做到的。如果君主明智,能洞察
遠處的姦邪並發現隱蔽的禍苗,堅決對它實行禁令,那麼即使到渤海去遠遊,
國內都不會發生變亂。「夫去隱栝之法,去度量之數,使奚仲為車,不能成一
輪。無慶賞之勸、刑罰之威,釋勢委法,堯、舜戶說而人辯之,不能治三家。」
(《韓非子・難勢》)如果沒有表揚獎賞的鼓勵、用刑處罰的威懾,拋開了權
勢,放棄了法治,讓堯、舜挨家挨戶去勸說、逐個地給人們辨析事理,那就連
三戶人家都管不好。

　　韓非子還進一步強調,法令要保持穩定。「凡法令更則利害易,利害易則
民務變,務變謂之變業。故以理觀之:事大眾而數搖之,則少成功;藏大器而
數徙之,則多敗傷;烹小鮮而數撓之,則賊其澤;治大國而數變法,則民苦之。
是以有道之君貴靜,不重變法。故曰:『治大國者若烹小鮮。』」(《韓非子・解
老》)大凡法令改變了,那麼得利受害的情況也就改變了;得利受害的情況改
變了,那麼民眾從事的事情也就會跟著變化;民眾從事的事情發生變化,就叫
變更業務。所以從事理上來看:役使民眾而屢次變動他們的工作,就會減少勞
動成果;屢次搬動珍貴的器物,就會增加破損;屢次攪動烹煮的小鮮魚,則會
傷害它表面的光澤;治理大國而屢次變更法令,那麼民眾就被它害苦了。所以,
掌握了統治術的君主注重安靜穩定,不贊成經常改變法令。所以《老子》說:
『治理大國就好像在烹煮小鮮魚。』」

　　綜上所述,在韓非子的君臣博弈中,博弈各方所追求的便是以上四種利
益。作為君主的博弈方,追求富國強兵,統一天下,即更多的表現為排他性支
配他人的政治權力和固定君主利益的規則制定;作為臣民的博弈方,表現更多
的是對經濟利益的追求和社會分層的群體利益尋租。

　　從對上述韓非子政治思想五大博弈要素的分析中,我們看到韓非子的政
治思想與博弈論有著如此之多的相似之處。其實,早在二千多年前,韓非子便
已諳熟博弈思維,為君主進行著最優決策的選擇。

第五章　韓非子政治思想博弈
假設前提

　　每個人都是理性經濟人，這是博弈論不必證明的先驗假設。只有假定每個人都是尋求自身利益的最大化，博弈論才能排除其作為主體相互作用語言的可能存在的邏輯錯誤，才能保證每個主體的每個決策一定是最大化自我利益（主體效用）的最優選擇。同樣，韓非子政治思想的博弈假設前提是「理性政治人」。關於理性政治人的特徵，在前面的章節中已作描述：首先，自利性，每個人都追求利益；其次，理性，每個人都具有算計之心，以謀求利益的最大化；再者，偏好體系穩定，即始終以經濟、政治權力、社會階層、法律規則的利益為核心，而不考慮道德、藝術、宗教等利益之外的價值體系。

　　韓非子政治博弈中「理性政治人」的假設，其核心思想或實質就是「人性好利」。關於「人性好利」，已在前面「人性論」這一章節中作過相關論述，本章節主要分析其思想特質及其產生的社會背景和思想理論淵源。

一、關於韓非子「理性政治人」的特質

　　博弈論是關於理性主體之間的策略互動理論，因此，理性不僅是博弈的前提，理性概念更是博弈均衡的分析基礎，而且根據理性假設的不同限制產生了博弈論的理論分支。韓非子政治博弈中的「理性政治人」的理性特徵，與古典博弈論中的「理性經濟人」的理性特徵相對比，兩者極其相似。

　　第一，韓非子政治博弈的參與者與古典博弈論假設的參與者都具有完全理性。所謂的完全理性，是指在給定的博弈環境和規則下，各博弈主體嚴格執

行可行的策略方案，沒有衝動、情緒和直覺等非理性因素，也不會犯錯誤。

為了能夠達到完全理性，韓非子作了兩個鋪墊：其一，對政治博弈的參與人進行了規定和限制：參與博弈的各主體都「好利」且「唯利」。「好利惡害，夫人之所有也。」（《韓非子・難二》），愛好利益厭惡禍害，是每個人固有的本性；「夫欲利者必惡害。害者，利之反也。反於所欲，焉得無惡？」（《韓非子・六反》），想要得利，必然厭惡受害；「夫安利者就之，危害者去之，此人之情也。」（《韓非子・姦劫弒臣》），靠近安全有利，避開危險有害，這是人之常情；「利之所在民歸之，名之所在彰士死之」（《韓非子・外儲說左上》），民眾歸向可以得到利益的地方，士人則為能顯揚名聲的事情賣命。

為了保證參與博弈的各主體「唯利」，對於不「好利惡害」的「不令之民」、「無益之臣」，韓非子主張要剔除那些不求利也不避惡的「不令之民」和「無益之臣」。「夫見利不喜，上雖厚賞無以勸之；臨難不恐，上雖嚴刑無以威之，此之謂不令之民也。」（《韓非子・說疑》）「古有伯夷、叔齊者，武王讓以天下而弗受，二人餓死首陽之陵。若此臣者，不畏重誅，不利重賞，不可以罰禁也，不可以賞使也，此之謂無益之臣也。」（《韓非子・姦劫弒臣》）「古之烈士，進不臣君，退不為家，是進則非其君，退則非其親者也。且夫進不臣君，退不為家，亂世絕嗣之道也。……故烈士內不為家，亂世絕嗣；而外嬌於君，朽骨爛肉，施於土地，流於川谷，不避蹈水火。使天下從而傚之，是天下遍死而願夭也」（《韓非子・忠孝》）。

韓非子進一步分析在「唯利」的前提下，一切社會關係都是以利益為基礎，把不以利益為基礎的社會活動摒棄在博弈之外。

家庭成員（父母、兄弟、夫妻）之間都以功利心相待，「人為嬰兒也，父母養之簡，子長而怨。子盛壯成人，其供養薄，父母怒而誚之。子父至親也，而或誚或怨者，皆挾相為而不周於為己也。」（《韓非子・外儲說左上》），「產男則相賀；產女則殺之」（《韓非子・六反》），「桓公，五伯之上也，爭國而殺其兄，其利大也」（《韓非子・難四》），「夫妻者，非有骨肉之恩也，愛則親，不愛則疏」（《韓非子・備內》）；

君臣關係更是利益關係，「故君臣異心，君以計畜臣，臣以計事君。君臣之交，計也。害身而利國，臣弗為也；害國而利臣，君不為也。臣之情，害身無利；君之情，害國無親。君臣也者，以計合者也。」（《韓非子・飾邪》）；

至於其他關係，如雇主和雇員的關係、服務者和被服務者關係等，也都是

一種利益關係，如「夫賣庸而播耕者，主人費家而美食，調布而求易錢者，非愛庸客也，曰：如是，耕者且深，耨者熟耘也。庸客致力而疾耘耕者，盡巧而正畦陌，畦時者，非愛主人也，曰：如是，羹且美，錢布且易云也。」（《韓非子‧外儲說左上》）

其二，對法律條文的制定提出了穩定、明確、公開、詳盡、簡潔易懂等要求，即「表易見」、「教易知」、「法易為」，以保證普通的老百姓都能充分且完全理解並遵守。「法莫如一而固，使民知之」（《韓非子‧五蠹》），法律一旦制定，就要在一定時期內保持穩定，不然百姓將無所適從；「法者，編著之圖籍，設之於官府，而布之百姓者也」（《韓非子‧難三》），法令必須要及時公布，以法為教，讓法能夠得到廣泛普及；「明主言法，則境內卑賤莫不聞知也，不獨滿於堂」（《韓非子‧難三》），無論貴賤和地域，都有一個統一的依據和標準；「書約而弟子辯，法省而民萌訟。是以聖人之書必著論，明主之法必詳事」（《韓非子‧八說》），法律要詳盡，不能留下討論的空間，以免出現混亂；「察士然後能知之，不可以為令，夫民不盡察。賢者然後能行之，不可以為法，夫民不盡賢」（《韓非子‧八說》），法的適用對象是普通百姓，不能高深得只有「察士」才能明白，或者要求高得只有賢者才能達到，這樣的法不具有可行性。

韓非子通過對博弈主體和社會關係（社會活動）的「唯利」的限定，對博弈規則即法律條文簡潔、易懂、便於遵守等的規定，以保證所有參與博弈的各主體均完全信息，各博弈主體可以實現完全理性。

第二，韓非子政治博弈的參與者與古典博弈論假設的參與者都具有目標理性，即參與者追求自身利益的最大化。這在本書的第二章中關於「理性政治人」一節裏已作論述，此處不贅言。

第三，韓非子政治博弈的參與者與古典博弈論假設的參與者都具有過程理性。而過程理性又可以進一步分為兩個推理步驟：認知理性和工具理性。

認識理性，是指博弈主體充分瞭解博弈規則，能夠對所處的環境有充分的認識，並形成信念的能力；工具理性，是指博弈主體具有計算推理、預見、記憶和分析判斷等能力，在博弈中能夠根據既定的信念推導並採取相應策略，並且不會犯錯誤。關於「理性政治人」的認識理性和工具理性已經在本書的第二章中關於「理性政治人」一節裏已作部分論述，這裏僅對工具理性作補充說明。

韓非子承認人是智力動物，是有計算之心的動物，即具有計算推理、預見、記憶和分析判斷等能力，但在君主眼裏，臣民只是有智力的工具。「夫物者有

所宜，材者有所施，各處其宜，故上下無為。使雞司夜，令狸執鼠，皆用其能，上乃無事。」（《韓非子‧揚權》），君主對待臣下像對待司夜之雞、捕鼠之貓一樣，是工具，而不是平等的人類。所以，他把君主對臣下的關係說成是「畜臣」，「明主之國無書簡之文，以法為教；無先王之語，以吏為師；無私劍之捍，以斬首之勇」（《韓非子‧五蠹第四十九》），英明君主廢除文獻經典，拿法令作為教育的內容；摒棄古代帝王的陳詞濫調，用執法的官吏做老師；制止刺客的強暴行徑，只有上陣殺敵才是勇敢。

韓非子還認為一切社會關係，包括父母對於子女、臣對君或君對臣等，都是可以直接以利進行計算。「故父母之於子也，猶用計算之心以相待也，而況無父子之澤乎？」（《韓非子‧六反》）；「主賣官爵，臣賣智力」（《韓非子‧外儲說右下》）；「臣盡死力以與君市，君垂爵祿以與臣市，君臣之際，非父子之親也，計數之所出也。」（《韓非子‧難一》）；因此，在韓非子看來，君臣之間就是一種單純地買賣關係，利益得失一目了然，計算簡單清晰。

理性概念是「理性政治人」這一假設的基礎和核心，分析「理性政治人」不得不圍繞理性這一概念展開。在西方，從古希臘的哲人們在探究操縱世界運行的某種超自然力量中產生了解釋世界本原的哲學思想萌芽、因而開啟了理性的時代開始，經由中世紀神學家奧古斯丁、安瑟倫、波依修斯，到近代哲學家笛卡爾、培根、洛克、康德、黑格爾，再到現代哲學家霍克海默、阿多諾、哈貝馬斯等，西方的哲人們一直在對理性進行著思考，並不斷形成新的理論。雖然中西方文化模式的差異導致了中西方哲學思維方式的不同，但2000多年前的中國古代哲人們也已經開始了關於宇宙自然、人與社會的理性思考，特別是春秋戰國時期，百家爭鳴，哲學思辨達到了頂峰，理性思維空前發展。在先秦時代，由價值理性轉向工具理性的代表則是荀子和韓非子，而韓非子作為荀子的學生和法家的集大成者，繼承了荀子的思想並將工具理性概念推向政治實踐。

二、韓非子「理性政治人」的社會和心理背景

韓非子認為，政治博弈各主體之所以「好利」，第一個原因是作為社會人的生理需求使然。「人無毛羽，不衣則不犯寒；上不屬天，而下不著地，以腸胃為根本，不食則不能活：是以不免於欲利之心。」（《韓非子‧解老》），即「好利」的本性由人的生理需求誘發而出的。人生來就有身體，有身體就要活下去；

而要活下去，就必須要謀衣食以求得溫暖，就不免於要有欲利之心。也就是說，「好利」是人與生俱來的一種本能。韓非子還認為，人的生理需求是人最大、最根本的需求，「故今有於此曰：『予汝天下而殺汝身。』庸人不為也。」(《韓非子‧內儲說上》)，即擁有天下的利也不如生命重要。

在這個問題上，韓非子與商鞅、荀子等人的解釋基本相同。「民之性，饑而求食，勞而求佚，苦則求樂，辱則求榮，此民之情也。」(《商君書‧算地》)人天生的本性，餓了就要尋找食物，勞累了就尋求安逸，痛苦了就尋找歡樂，屈辱了就追求榮耀，這是人之常情。「凡人有所一同：饑而欲食，寒而欲暖，勞而欲息，好利而惡害，是人之所生而有也，是無待而然者也，是禹、舜之所同也。」(《荀子‧榮辱》)

世間一切人的欲望都是相同的，「饑而欲食，寒而欲暖」，這些無需教導就會。

第二個「好利」的原因是當時的社會資源稀缺，人多物少。韓非子認為，「古者丈夫不耕，草木之實足食也；婦人不織，禽獸之皮足衣也。不事力而養足，人民少而財有餘，故民不爭。」(《韓非子‧五蠹》)，而當今社會，人口大幅增長，社會的財富已不夠供養百姓，所以要「爭利」，「今人有五子不為多，子又有五子，大父未死而有二十五孫。是以人民眾而貨財寡，事力勞而供養薄，故民爭，雖倍賞累罰而不免於亂。」(《韓非子‧五蠹》)

第三個「好利」且「唯利」的原因是長期殘酷戰爭、社會動盪使然。

在西周時期，私田的產生還只是初期，新興地主階級只是萌芽，對社會生產關係還沒有形成衝擊。西周時期的上層社會，天子、諸侯、大夫和士都有著或遠或近的血緣關係，沒有赤裸裸利益的紛爭，相互之間自然可以彬彬有禮，禮尚往來；而下層社會，那些戰俘、農奴、奴隸，就用刑罰進行威脅和懲治。所以，「禮不下庶人，刑不上大夫」。(《禮記‧曲禮上》)但到了春秋戰國，情況就發生了變化，社會動盪，禮壞樂崩，各階層重新洗牌，君子可能變成小人，貴族可能變成庶人；反之，通過勞作或建立功業，庶人可能變成貴族，小人也可能變成君子。

春秋時期，各諸侯國競相爭霸，當時的戰爭，規模並不大，常常一天就結束戰爭，而且還都很講究軍事禮儀，注重君子風度，所以春秋時期的戰爭並不過分殘酷。而到了戰國，戰爭愈演愈烈，常常是幾十萬大軍征伐對峙，野戰攻守經常持續數月，活埋戰俘動輒上萬甚至幾十萬。比如公元前 317 年，齊、

燕、趙、魏、韓與匈奴聯合攻秦，秦國大敗韓趙軍，斬首八萬二千。公元前 307 年，秦國攻韓，斬首六萬。公元前 293 年，秦將白起大破韓魏軍，斬首二十四萬。最劇烈的是在公元前 260 年，秦將白起竟一次坑殺趙國降卒四十多萬我。這可真是「爭地以戰，殺人盈野；爭城以戰，殺人盈城」（《孟子·離婁上》），不折不扣的慘絕人寰。所以，形象地比喻，春秋時期的社會是「羞答答」地壞，戰國時期的社會是「赤裸裸」地壞。

在這樣資源匱乏、戰爭頻繁，生命、生活都不能得到保障的社會下，百姓的生活水深火熱，逐利以求自保；國家危如累卵，逐利以求強盛，似乎已成了那個時代的主題。

「倉廩實則知禮節、衣食足則知榮辱」（《史記·管晏列傳》），只有百姓的糧倉充足、豐衣足食了，才能顧及到禮儀、重視榮譽和恥辱。這也就是說，只有物質基礎有了保證，才會好良好的上層建築。

美國著名社會心理學家馬斯洛（Abraham Harold Maslow，1908～1970）1943 年在《人類激勵理論》一文中提出了著名的「馬斯洛需求層次理論」。這一理論將人類需求像階梯一樣從低到高按層次分為五種，分別是：生理需求、安全需求、社交需求、尊重需求和自我實現需求。這五種需求從低到高，按層次逐級遞陞，一般來說，某一層次的需要相對滿足了，才會向更高一層次發展。

關於馬斯洛需求層次理論，我們可以這樣通俗理解：假如一個人同時缺乏食物、安全、愛和尊重，通常對食物的需求量是最強烈的，其他需要則顯得不那麼重要。此時人的意識幾乎全被飢餓所佔據，所有能量都被用來獲取食物。在這種極端情況下，人生的全部意義就是吃，其他什麼都不重要。只有當人從生理需要的控制下解放出來時，才可能出現更高級的、社會化程度更高的需要如安全的需要。

這五種需求分為兩級，其中生理需求、安全需求和社交需求屬於低一級的需要，要通過外部條件才能得到滿足；尊重需求和自我實現需求是高一級需求，要通過內部因素才能滿足的，而且人們對這兩種需求是無止境的。

馬斯洛（Abraham Harold Maslow）和其他的行為心理學家都認為，一個國家多數人的需要層次結構，是同這個國家的經濟發展水平、科技發展水平、文化和人民受教育的程度直接相關的。在發展中國家，生理需要和安全需要占主導的人數比例較大，而高級需要占主導的人數比例較小；在發達國家，則剛好相反。

按照馬斯洛需求層次理論，韓非子所處的戰國時代正是人們普遍追求生理需求和安全需求的低級階段，保持工具理性是必然，而對愛和尊重等價值理性的追求似乎尚未顧及。

第四個原因，是韓非子本人的成長環境和性格。

在前面章節中已有論述，戰國七雄當中，韓國土地最狹小，國力較弱，處於被欺侮、被強暴的角色。國內貴族專斷朝綱，內政極其腐朽，政治現實非常黑暗。韓非子是庶出而非嫡生，終其不能登上高位，而作為貴族血統的公子，又使他無法自甘人後，時時刻刻關注著韓氏家族命運。面對自己和自己國家的弱小，韓非子時刻感到生存環境的不穩定和前途的危殆，所以恃才傲物、嫉惡如仇是其性格的一面。另一方面，韓非子口吃，可能導致他具有自卑傾向。個體心理學認為，具有自卑感的人總是比常人更多地意識到生活中的困難，更容易養成一種尋找生活陰暗面的習慣。

韓非子一雙冷眼直面人生，他始終以一種警惕、緊張、銳利、仇視的目光，緊盯著官場。他是冷冰冰的、赤裸裸的、血淋淋的，把這個人世間的利害衝突，人與人之間的算計都無情地揭露出來，一點面子都不講。

三、韓非子「理性政治人」的思想理論淵源

根據「理性政治人」假設的特質，即自利性、理性、偏好體系穩定性等，可以認定其理論依據是「人性論」和「道理論」。而「人性論」和「道理論」是韓非子政治思想的兩大理論基礎。

關於韓非子思想的學術淵源，前輩哲學家們已做過深入的探討和研究。比如，陳千鈞先生在20世紀30年代提出，韓非子學術的淵源分為兩大部分，其一對百家之學，韓非子「正者順其說，反者因其說而反之也」；其二認為韓非子思想直接淵源於老、商、荀三家。郭登皞認為，《韓非子》不僅集成法家之大成，而且集先秦諸子之成。陳啟天先生則把韓非子思想的淵源分為兩個層次，一是「主要淵源」，即法家各派；二是「次要淵源」，則有儒、墨、名、道四家。其後，吳秀英女士進一步將其第一層叫做「內因」，其第二層加上縱橫家，合併叫「外緣」。謝雲飛則將韓非子思想的學術淵源分為三類，第一，「喜刑名法術之學」；第二，「歸本於黃老」；第三，師事荀卿。蔣重躍則以與韓非子思想關係的遠近為根據，分為三層：將老子、管子、商君、申子、慎子劃分為第一層，作為直接淵源；將儒、墨、縱橫等劃為第二層，作為支流；還有一

層就是自皇帝、堯、舜、夏桀、殷紂、經管仲、田成子、子罕、李悝、吳起之流的傳說和歷史資料，它們構成了韓非子「歷史存亡禍福古今之道」的豐厚的資源。〔註1〕根據以上所述，可以認為，《韓非子》是集法家乃至先秦諸子之大成之作，其思想理論的形成是社會發展的必然，更是先秦諸子百家理論發展的必然。

首先關於「人性論」。

所謂人性論，是指關於人性或人的本質的學說。而人性，荀子說過「凡性者，天之就也」(《荀子‧性惡》)，即人性是人的天生稟賦，非人為的東西。韓非子對人性的思考籠罩在孟、荀人性論的蔭翳之下。

孟子的人性概念主要是指人心，即人天生的同情本能或道德傾向。他認為，「惻隱之心，人皆有之；羞惡之心，人皆有之；恭敬之心，人皆有之；是非之心，人皆有之。惻隱之心，仁也；羞惡之心，義也；恭敬之心，禮也；是非之心，智也。仁義禮智，非由樂鑠我也，我固有之也。」(《孟子‧告子上》)，「人之所不學而能者，其良能也；所不慮而知者，其良知也。」(《孟子‧盡心上》)。孟子從人性裏面找到仁義禮智的內在必然性，並認為仁義禮智這些道德觀念皆源於人心的「良知」和「良能」。但另一方面，孟子也承認口耳目鼻和四體的感覺欲望也是人性的內容，「口之於味也，目之於色也，耳之於聲也，鼻之於臭也，四體之於安佚也，性也。」(《孟子‧盡心下》)因此，他的人性觀出現良知、良能和感覺欲望的矛盾，兩者處於對立狀態。

荀子的人性概念主要是指人情。他認為，人的好惡、喜怒、哀樂之情是人性的基本內容，人性就是天生的、具有欲望的實體。「今人之性，生而有好利焉，順是，故爭奪生而辭讓亡焉；生而有疾惡焉，順是，故殘賊生而忠信亡焉；生而有耳目之欲有好聲色焉，順是，故淫亂生而禮義文理亡焉。」(《荀子‧性惡》)，荀子根據這種推理得出性惡論。按照荀子的邏輯，如果沒有其他因素的影響，人情自然趨向邪惡，但人還要受到「心慮」的影響。「心慮」，即心具有選擇方向、指導性情的能力。通過「心慮」，進行「能」的鍛鍊，人性就得到改造，這就是偽。因此，「心慮」也是人性的範疇。

荀子和孟子都承認道德源於人心，嗜欲源於性情。孟子把「心」叫做「性」，主張發揚道德的人性；荀子把「情」叫做「性」，主張限制嗜欲的人性。兩者殊途同歸，最後都落到了道德實踐的出發點上。他們在人性內在構成上的思考

〔註1〕蔣重躍：《韓非子的政治思想》，北京師範大學出版社，2010年，第39頁。

無疑影響了韓非子。

　　韓非子繼承了荀子的性惡思想的某些內容，不承認人性中先天稟賦的道德屬性。他更相信道理，即自然的情實，或客觀實際，他認為人的本質在於人的生存本身，不在於任何超現實的道德本體。人性的外部就是情，情的特徵就是欲求，這與荀子的觀點相差無幾。「人情者有好惡」（《韓非子‧八經》），「夫安利者就之，危害者去之，此人之情也。」（《韓非子‧姦劫弒臣》），「好利惡害，夫人之所有也。」（《韓非子‧難二》）韓非子不承認人性中有天然的道德良知，他認為人「皆挾自為心」，皆「以利之為心」，一切社會關係都是利益關係。但是他對心的認識仍有一定保留。他認為，人有智慧的天性，具有推理能力，「夫智，性也。」（《韓非子‧顯學》），「聰明睿智，天也。」（《韓非子‧解老》）。也正是因為人具有智慧，具有這樣一種推理能力，能夠辨別利害、通曉事理，所以原本人人為己、無法合作，現在會為了實現各自的願望而達到一種合作。這也為韓非子政治合作博弈提供了理論依據。

　　韓非子的人性論斷定人性為己，心又為之計算，但他拒絕對人的本質作道德評判，而是試圖從社會發展的客觀環境中認識人的本質屬性。他認為，古人看輕財物，並非人性的仁慈，而是財物太多；今人爭奪，也並非人性鄙惡，而是財物太少。人性由其所處的環境來決定。「堯之王天下也，茅茨不翦，采椽不斲，糲粢之食，藜藿之羹，冬日麑裘，夏日葛衣，雖監門之服養，不虧於此矣。禹之王天下也，身執耒臿以為民先，股無胈，脛不生毛，雖臣虜之勞不苦於此矣。以是言之，夫古之讓天子者，是去監門之養而離臣虜之勞也，故傳天下而不足多也。今之縣令，一日身死，子孫累世絜駕，故人重之；是以人之於讓也，輕辭古之天子，難去今之縣令者，薄厚之實異也。夫山居而谷汲者，膢臘而相遺以水；澤居苦水者，買庸而決竇。故饑歲之春，幼弟不餉；穰歲之秋，疏客必食；非疏骨肉愛過客也，多少之實異也。是以古之易財，非仁也，財多也；今之爭奪，非鄙也，財寡也；輕辭天子，非高也，勢薄也；爭土橐，非下也，權重也。故聖人議多少、論薄厚為之政，故罰薄不為慈，誅嚴不為戾，稱俗而行也。故事因於世，而備適於事。」（《韓非子‧五蠹》）。外界形勢變了，心的抉擇也要變化，這是一種理性能力。

　　韓非子不承認先天道德，也不承認後天道德，只強調環境不同，人性的表現就不同，人性的變化緣於外部力量。他認為，人的本質不在於自己，而在於所處的環境，有什麼樣的客觀環境就有什麼樣的人性，就有什麼樣的君主和臣

民,也同樣就會有什麼樣的統治秩序。在韓非子的政治思想中,人是渺小的,人需要被外力主宰,這就陷入了工具理性的必然。

其次,關於道理論。

韓非子在前人的基礎上,建構了獨具特色的道理論,使它成為自己的政治主張的思想基礎。司馬遷說韓非子之學「原於道德之意」,又「歸本於黃老」,也即是說韓非子的道理論是在老子道德論的基礎上進行改造而獲得的理論。

道在老子和韓非子那裏是指兩層含義:其一,道是萬物之情實、萬物的本來狀態或方法,即道是萬物的所然;其二,道是萬物的由來、根源或終極原因,即是萬物的所以然。因此,道既是現象又是本體。雖然老子和韓非子都標榜「道法自然」,不承認任何神秘道德理性的存在和對萬物的支配作用,但是兩家在傳統倫理文化上存在很大分歧。究其原因,主要存在於道德論和道理論的差異。

老子主張道德論,「道法自然」是其最為精要的概括。老子認為,道是萬物本體,以自然為法,它無往而不在,其特點是混沌空虛、無欲無為。因為道沒有任何既定的倫理色彩,也不賦予世間通用的道德意義(主要指周代禮樂文化),所以又稱為「無名」。「無名」究竟也是一種「名」,是各種「有名」之外的一種「名」。老子由此創立了一種新的道德範疇,即「無名之德」(或「無為之德」),它的特點是柔弱謙虛、混沌無為。

老子批判儒家的仁義道德和禮樂制度,認為「大道廢,有仁義;慧智出,有大偽;六親不和,有孝慈;國家昏亂,有忠臣。」(《老子第十八章》)。在老子看來,禮樂制度違背了自然無為的本體,它既是人性澆薄的產物,又是人性澆薄的原因。老子主張要掙脫仁義禮智的枷鎖,放棄現行的禮樂制度,回歸到自然,提倡無名之德。「天地不仁,以萬物為芻狗;聖人不仁,以百姓為芻狗。」(《老子第五章》)天地聖人以寬容的態度對待萬物群生。這種無名之德相較於以實用為特點的禮樂制度來說,更接近人類道德的精神境界,更顯從容和大度。

但是,遵循這樣的道,回歸到自然,恢復小國寡民的原始生活,這種態度卻不能適應當時社會新興勢力發展的需要,與集權統治背道而馳。而且,老子的無名之德柔弱虛靜、混沌無為,不符合新興勢力變法圖強的功利要求。當時的社會處於動盪變革之期,需要的是能夠衝破傳統天命鬼神道德觀的羈絆,對殘酷現實以及社會劇變能夠作出合理解釋的政治哲學。

此外，老子道德論中道與物的脫節，使它呈現出一種凝固、僵硬的特質。老子對道作了界定，「先天地生」，「獨立而不改」（《老子第二十五章》），即道先於天地而生，獨立長存從不改變。但是，他又說：「物壯則老，是謂不道，不道早已。」（《老子第三十章》），事物過於強大就會走向衰亡，因為它不合於「道」。物有生、有長、有壯、有老，這是自然，而道不然，道無欲無為，生命永存，這與道法自然產生了矛盾。老子認為「孔德之容，唯道是從。」（《老子第二十一章》），道是什麼樣，德就該是什麼樣。但是他過分強調道德的虛靜無為的一面，這使道德脫離了萬物，具有神秘特徵。

韓非子即緣於此而進，構築他的道理學說。他一方面贊成對仁義禮樂進行徹底地批判，另一方面又改革了不符合社會發展、走向逃避現實的傾向。在這場變革中，荀子的自然之天在老子的道與韓非子的理之間起了傳導作用。

荀子認為「天行有常，不為堯存，不為桀亡。」（《荀子‧天論》），即自然界有其固有的運動變化規律，不以人的意志為轉移。而且，「列星隨旋，日月遞照，四時代御，陰陽大化，風雨博施，萬物各得其和以生，各得其養以成，不見其事而見其功，夫是之謂神。」（《荀子‧天論》），即天道和鬼神是獨立的自然本體，不具有神秘色彩。這種見解不同於儒家孔孟之流，他們認為天命鬼神作為道德本體是真實存在的；也不同於道家老子之流，老子認為天道鬼神以自然為法，這本身就是一種新的道德。

荀子的天道觀取自老子的道法自然，但他否認了以道為德的新道德觀。荀子的天道自然論作為人性的根據，必然導致性惡論，這就使他的思想處於矛盾之中。人性自然為惡，天道又自然無德，那麼他的道德、禮法只能是「聖人所生」，因此，「禮義者，是生於聖人之偽，非故生於人之性」。（《荀子‧性惡》）但是，聖人也是人，既然是人，就一樣是性惡的，既然性惡，又如何能生出禮義法度呢？

由此可見，荀子的禮治主義與他的人性論和天道觀是自相矛盾的。一方面承認人是自然的產物，人性為惡，因而擁護變法、革新、實施法治；另一方面又不願完全放棄傳統的倫理道德和統治方法，希望以禮治為主，因而承認心的道德傾向。這個矛盾最終導致其思想體系走向破產。不過，他的天道自然論給韓非子極大的啟發，為其超越心性善惡的範疇、進行徹底的變革鋪平了道路。

韓非子立足於時代的需求，以老子道德論為基礎，吸收荀子的天道自然論，提出了自己的「道理論」：

　　道者，萬物之所然也，萬理之所稽也。理者，成物之文也；道者，萬物之所以成也。故曰：道，理之者也。物有理，不可以相薄；物有理不可以相薄，故理之為物之制。萬物各異理，而道盡稽萬物之理，故不得不化；不得不化，故無常操；無常操，是以死生氣稟焉，萬智斟酌焉，萬事廢興焉。天得之以高，地得之以藏，維斗得之以成其威，日月得之以恆其光，五常得之以常其位，列星得之以端其行，四時得之以御其變氣，軒轅得之以擅四方，赤松得之與天地統，聖人得之以成文章。道，與堯、舜俱智，與接輿俱狂，與桀、紂俱滅，與湯、武俱昌。以為近乎，遊於四極；以為遠乎，常在吾側；以為暗乎，其光昭昭；以為明乎，其物冥冥。而功成天地，和化雷霆，宇內之物，恃之以成。凡道之情：不制不形，柔弱隨時，與理相應。萬物得之以死，得之以生；萬事得之以敗，得之以成。道，譬諸若水，溺者多飲之即死，渴者適飲之即生；譬之若劍戟，愚人以行忿則禍生，聖人以誅暴則福成。故得之以死，得之以生；得之以敗，得之以成。（《韓非子・解老》）

　　在上述這一段文字中，韓非子集中回答了道與理的內涵，以及兩者之間的關係。道是萬物的本然狀態，理是每個具體事物的內部聯繫，是一物與他物的區別，即道是萬物的總體，理是個體。「萬物各異理，而道盡稽萬物之理，故不得不化」，道既是理的總和，又是理的超越。道與理的合一是矛盾的統一，是大與小、一與多的統一，在這裏韓非子賦予道理以辯證法的含義。

　　但是，韓非子的理片面強調情實日用的一面，忽略與他物的聯繫，這在他對人類精神的批判中充分體現。他認為任何超越生活日用的精神現象都與道理相違背，應當予以否定。例如，他認為人性就是人的物質欲望和計算之心，這就是人的情實，人的「理」，人的本質，而禮樂制度是對人性的背離和矯飾，必欲去之而後快。他不知道禮貌和情實、文與質的統一本是合理的存在，這對法治的政治主張，無疑是有力的支持，但對於思想文化建設和人的完善及全面發展是一個巨大的障礙。韓非子改造了老了和荀子的天道觀，發展了道理學說，但他否認道德實踐的主體自覺，輕視精神的價值，從而滑入工具理性的軌道。

第六章　韓非子政治思想的納什
均衡分析

　　博弈論最為重要的核心概念是「納什均衡」，納什均衡也是所有博弈均衡概念的理論基點，是博弈分析邏輯的起始點和中心點。從方法論角度來看，納什均衡為博弈理論體系構建了一種獨特的互動分析範式。當博弈是最簡單的兩主體博弈時，納什均衡的通俗定義是：「給定你的策略，我的策略是我最好的策略；給定我的策略，你的策略也是你最好的策略。」給定對手的策略選擇，每個博弈方都要實現其利益最大化。這種相互實現利益最大化的博弈決策方式可稱為「互為最適反應」，即每個博弈方都追求自己的「最優反應」——最大化自己利益，而兩個最優反應以最適當方式結合起來，就是納什均衡的通俗表達——互為最適反應，即「納什均衡＝互為最適反應＝博弈求解」。當兩個以上主體形成有策略關聯的博弈環境時，與主體決策相關的主體、環境和利益及其他相關決策要素都被歸納進納什均衡或納什均衡精練之中，博弈主體決策規律就直接表現為特定形式的納什均衡或其精練均衡。

　　韓非子作為一個政治思想家，他只是為封建君主提出了自己的治國方略，他本人並沒有參與實踐。至於這些方略是否是「最適反應」，是否是「博弈求解」，我們可以借用學者們的評論。任繼愈在《中國哲學發展史》先秦卷中指出：「韓非子是我國先秦時期法家思想的集大成者，他的法治思想為秦始皇統一中國建立封建中央集權專制提供了政治理論的根據，秦以後歷代封建統治者雖然不再公開打法家的旗號，然而法家思想的精髓卻被繼承下來。從漢武帝『罷黜百家，獨尊儒術』開始，封建地主階級便採取儒表法裏或陽儒陰法的學

說」。〔註1〕馮友蘭先生在《中國哲學史新編試稿》中，對韓非子進行了如下評價：「韓非代表新興地主階級，為徹底消滅奴隸主貴族，為完成中央集權的專制主義的統治，準備了理論的基礎和實際的政策。……韓非的思想在秦朝取得統治的地位。秦朝以這種理論基礎，建立了地主階級專政的、中央集權專制主義的政權。」

一、基本概念

當博弈是最簡單的兩主體博弈時，我們從納什均衡的通俗理解中，按照「納什均衡＝互為最適反應＝博弈求解」可以簡便尋找到利益關聯主體之間都不會偏離的策略選擇組合，而且，這種最優策略選擇的尋找過程僅僅依靠完全自利的理性假設。當我們進一步思考時，我們可以分析歸納出納什均衡的隱含假定，並且這個假定不僅存在於所有的納什均衡及其精練均衡中，而且還奠定了博弈邏輯的特殊性。

從最簡化意義來看，博弈均衡就是納什均衡，博弈均衡就是互為最適反應。但要進一步理解博弈決策的基本邏輯過程，還必須理解納什均衡儘管外在地表現為特定形式的策略組合，但實際上，每個博弈方策略互動選擇都存在相應的信念互動選擇，因為每個博弈均衡，或者每個納什均衡，都是策略互動均衡和信念互動均衡的整合。可以說，納什定理也同時證明了以下等式成立：

博弈均衡＝納什均衡＝策略互動均衡＋信念互動均衡＝互為最適反應

在完全信息博弈中，納什均衡隱含了特定形式的信念互動均衡，而在不完全信息中，信念互動均衡才被凸顯也來。或者說，在完全信息博弈中，信念互動對於策略互動有隱性支配作用，但在不完全信息博弈中，信念互動對於策略互動則有顯性支配作用。

以此來重新思考人類決策行為的基本規律，任何主體行為都可視為一種互為最適反應的納什均衡，納什均衡又可分解為策略互動均衡和信念互動均衡的整合。因此，要尋找任何經濟社會問題的實質緣由，需要策略互動、信念互動與自利互動的整合性邏輯思考。

總而言之，作為一種主體相互作用的分析語言，博弈論最為重要的核心概念是「納什均衡」，納什均衡也是所有博弈均衡概念的理論基點，是博弈分析邏輯的起始點。從方法論角度來看，納什均衡為博弈理論體系構建了一種獨特

〔註 1〕任繼愈：《中國哲學發展史（先秦卷）》，人民出版社，1983 年，第 730 頁。

的互動分析範式，而這種互動分析範式的基礎假設卻僅僅依賴於人類決策行動的先驗規律：任何主體都是以個體效用最大化為基本行為準則的，而這種基本行為準則支配了任何時候任何條件下的主體策略選擇。可以說，互為最適反應的納什均衡與有先驗性意義的自利假設相互支持、相互印證，揭示了人類決策行為的基本規律：每個人都瞭解自我，都是自我信念判斷與策略選擇的主宰者，都會根據策略對手的策略選擇來決定自己最優應對的策略選擇。

當然，要理解形形色色的博弈問題，要使自己成為聰明睿智、思想深刻的研究者，構建自然社會人生的博弈理論分析框架，還必須要理解基於納什均衡的博弈邏輯。納什均衡可以視為策略互動和信念互動的整合均衡，納什均衡的主體互動實際上包含三類或三層級的互動：即策略互動、信念互動和自利互動，所以納什均衡也可以分解為三種均衡：策略互動均衡、信念互動均衡、自利互動均衡。因此，從博弈決策的納什均衡要素入手，我們可以把博弈邏輯分為三類，即策略互動邏輯、信念互動邏輯和自利互動邏輯。

關於策略互動邏輯。納什均衡直接表現為一種策略組合，而主體因應不同環境而做出不同策略選擇的博弈邏輯就可稱為策略互動邏輯。策略互動邏輯是指納什均衡直接表現為一種策略組合，不同主體之間的策略選擇體現了決策的關鍵特徵。

更具體地分析，當策略互動主體是獨立個體時，策略互動邏輯表現為個體性策略互動邏輯，即獨立個體策略選擇成為博弈決策的關鍵要素，獨立個體之間的策略互動選擇決定了最終的博弈均衡特徵。當策略互動主體是存在顯性或隱性利益關係的特殊利益群體時，策略互動邏輯就表現為群體性策略互動邏輯，而這種群體性策略互動決定了最終的博弈均衡特徵。群體內個體之間顯性或隱性的利益關聯導致了他們相同形式的策略選擇行為。

關於信念互動邏輯。對於不完全信息條件下的納什均衡，策略互動的不同策略組合僅僅是表象，而支撐不同策略組合的信念互動組合才是關鍵，這可稱之為信念互動邏輯。信念互動邏輯是指支撐策略組合的信念互動才是決策的關鍵動因，博弈主體決策信念的相互影響才是博弈結果差異的基本緣由。更具體地分析，信念互動邏輯又可分為三類：不完美信念互動邏輯、有限性信念互動邏輯和非對稱信念互動邏輯。

關於自利互動邏輯。不管是策略互動還是信念互動，實際上都是特定形式的自利互動。在博弈決策的邏輯體系中，所謂自利是相對於非自利而各自存在

的，而各種形式非自利互動均衡可以歸納為一種特定形式的自利互動邏輯。自利互動邏輯是指支撐主體策略選擇的自利特徵決定了決策的關鍵特徵，狹義自利和廣義自利的區別導致了策略選擇的不同和均衡結果的差異。

不論從科學實證範疇，還是從思想實驗角度，自利都是博弈方理性的不可變化的核心，也是納什均衡不必證明的先驗性前提。正是自利內涵在不同均衡中的不同變化，自利互動邏輯可以分為狹義自利互動邏輯和廣義自利互動邏輯，其中，狹義自利互動邏輯主要體現在完全信息博弈的均衡分析中，而廣義自利互動邏輯支撐了不完全信息博弈或非對稱信息博弈的均衡分析體系。

按照納什均衡內涵的差異，納什均衡的理性或博弈論的理性可以分為「行為的理性」和「知識的理性」兩類。其中，「行為的理性」是指可以根據偏好對不同的選擇方案進行排序並且所排次序在任何時候都獨立於可獲得的特定機會集合。「知識的理性」是指最大限度地利用可以獲得的知識來形成判斷。當知識是用概率來代表時，知識的理性意味著運用條件概率法則的貝葉斯理性。如果我們把納什均衡視為策略互動均衡和信念互動均衡的整合均衡，那麼策略互動均衡對應「行為的理性」，信念互動均衡對應「知識的理性」。在信念互動隱含假定的完全信息博弈中，行為和知識集合表現為特定的策略選擇。

在信念互動特徵彰顯的不完全信息博弈、非對稱信息博弈與行為博弈中，知識、信念與信息，乃至偏好都成為同義詞，「知識的理性」決定了博弈均衡特徵。在不完全信息與非對稱信息的博弈環境中，博弈理性有更為複雜繁複的表現形式，只有假定博弈主體具有理性共同知識，即假定「你知道我知道你的，我知道你知道我知道你的⋯⋯」這樣無窮階次的理性共識，博弈均衡才能最大限度地模擬現實問題的關鍵特徵。

二、韓非子政治博弈思想的信念互動均衡

韓非子政治博弈思想的信念互動均衡可以概括為「循天守道」，韓非子有關治國的策略體系是「循天守道」信念支配下的策略互動均衡體系。

所謂循天守道，其基本含義是指要遵循自然規律，按照自然規律辦事，不違背自然規律。循天和守道分別出自《韓非子》的不同篇章。循天是出自於《韓非子・用人》篇，指遵循天道、遵循自然規律的意思。守道是出自於《韓非子・守道》（篇名即守護治理國家的原則的意思）和《韓非子・功名》篇，功名篇提出要守自然之道。循天守道是貫穿在《韓非子》通篇的一個基本思想，韓非

子從遵循天道自然出發，讓人們不要違背自然規律，一方面是告誡人們在治理國家的過程中不能違背自然規律，另一方面是告誡君主治理國家不能違背治理國家的道，要像守護自然之道一樣守護治國之道。在《韓非子》中雖然沒有相關的篇章專門對循天守道進行論述，但有專門論述道的篇章《解老》，有以道為名的《主道》、《守道》的篇章，有在內容中直接涉及和體現循天守道思想的《喻老》、《用人》、《功名》、《大體》、《揚權》等篇章，而其他篇章雖然並未直接論述循天守道，但也都體現著循天守道的思想。

史記描述韓非子「喜刑名法術之學，而其歸本於黃老」，這句話揭示了韓非子循天守道思想的淵源。韓非子從黃老之學的精華「道」和其對「道」應有的態度以及運用道的方法，悟出了循天守道的治國原則，覺悟到治國要處理好與自然的關係，要遵循自然之道，要把治國的法昇華到自然之道的位次之中，要有像自然之道的治國之道。

首先，韓非子對道的理解和闡釋直接吸收了《老子》中關於道的思想。老子的道有三重意蘊：

一，道是萬物的本源。「道可道，非常道；名可名，非常名。無名天地之始；有名萬物之母。故常無欲以觀其妙；常有欲以觀其微。」（《老子》第一章），「道沖，而用之或不盈。淵兮似萬物之宗。挫其銳，解其紛，和其光，同其塵。湛兮似或存。吾不知誰之子，象帝之先。」（《老子》第四章），「道之為物，惟恍惟惚」（《老子》第二一章），「有物混成，先天地生。寂兮寥兮，獨立不改，周行而不殆。可以為天下母。吾不知名，字之曰道」（《老子》第二十五章），「道之出口，淡乎其無味，視之不足見，聽之不足聞，用之不足既」（《老子》第三十五章），「道生一，一生二，二生三，三生萬物」（《老子》第四十二章），「道，生之」（《老子》第五十一章）。

二，道是世間萬物運行的原則規律。「執古之道以御今之有，能知古始，是謂綱紀。」（《老子》第十四章），「道恆無名，侯王若能守之，萬物將自化。」（《老子》第三十七章），「為無為，則無不治。」（《老子》第三章）。

三，道是治國之道也即治國遵循的原則。「天下有始，以為天下母。既得其母，以知其子，既知其子，復守其母，沒身不殆。」（《老子》第五十二章），「大道泛兮，其可左右，萬物恃之而。」（《老子》第三十四章），「道隱無名，夫唯道善貸且成。」（《老子》第四十一章），「天下有道，卻走馬有糞，天下無道，戎馬生於郊」（《老子》第四十六章），「治大國若烹小鮮。以道立天下，其

鬼不神」(《老子》第六十章),「古之善為道者,非以明民,將以愚民」(《老子》第六十五章),「天道無親,常與善人」(《老子》第七十九章),「天之道,利而不害;聖人之道,為而不爭」(《老子》第八十一章)。

韓非子關於道是萬物的根源、正確與錯誤的準繩:「道者,萬物之始,是非之紀也」(《韓非子・主道》),道是產生天地萬物的本原,是判斷是非的準則。

關於道是萬物形成的原因、歸宿及運行的法則:「道者,萬物之所然也,萬理之所稽也。理者,成物之文也,道者,萬物之所以成也。故曰,道,理之者也。物有理不可以相薄。物有理不可以相薄,故理之為物之制。萬物各異理。萬物各異理,而道盡稽萬物之理,故不得不化;不得不化,故無常操」(《韓非子・解老》)道,是使天地萬物成為這個樣子的總規律,是與各種事理相當的總法則。理,是構成具體事物的具體法則;道,是萬物得以形成的普遍法則。所以說:道,是使各種事物具有具體法則的東西。事物各有自己的具體法則,所以不會互相侵擾;事物有各自的具體法則而不會互相侵擾,所以這具體的法則就成為具體事物的支配者。各種事物各有不同的具體法則,而道與各種事物的具體法則都相當,所以它不能不隨著不同的具體法則而變化;道不能不隨著不同的具體法則而變化,所以它沒有永恆不變的規則。

關於道的功用,韓非子提出:「無常操,是以死生氣稟焉,萬智斟酌焉,萬事廢興焉。天得之以高,地得之以藏,維斗得之以成其威,日月得之以恆其光,五常得之以常其位,列星得之以端其行,四時得之以御其變氣,軒轅得之以擅四方,赤松得之與天地統,聖人得之以成文章。道,與堯、舜俱智,與接輿俱狂,與桀、紂俱滅,與湯、武俱昌。以為近乎,遊於四極;以為遠乎,常在吾側;以為暗乎,其光昭昭;以為明乎,其物冥冥;而功成天地,和化雷霆,宇內之物,恃之以成。凡道之情:不制不形,柔弱隨時,與理相應。萬物得之以死,得之以生;萬事得之以敗,得之以成。道,譬諸若水,溺者多飲之即死,渴者適飲之即生;譬之若劍戟,愚人以行忿則禍生,聖人以誅暴則福成。故得之以死,得之以生;得之以敗,得之以成。」(《韓非子・解老》)道沒有永恆不變的規則,因而存亡之氣由道賦予,一切智慧由道發授,萬事廢興由道決定。天得道而高升,地得道而蘊藏,維繫眾星的北斗得道而形成威勢,太陽、月亮得道而永放光芒,金、木、水、土、火五大行星得道而使自己的方位固定不變,眾星得道而使自己的運行保持正常,四季得道而能駕馭自己的節氣變化,黃帝

得道而統治四方，赤松子得道與天地同壽，聖人得道因而製成了禮樂制度。道，與堯、舜同在便表現為智慧，與接輿同在便表現為狂放，與夏桀、商紂王同在便表現為滅亡，與商湯、周武王同在便表現為興盛。道，認為它近吧，它卻游蕩在四方的盡頭；認為它遠吧，它卻常常在我們的身邊；認為它昏暗吧，它的光芒卻閃閃發亮；認為它明亮吧，它卻昏昏冥冥。但是，道的功能造成了天地，道的元氣生成了雷霆；宇宙間的萬事萬物都要依靠它得以形成。大致說來，道的真情是：既不造作又不外露，柔弱和順，隨時變化著和各種事物的具體法則相適應。萬物因得道而死亡，也可以因得道而生存；萬事因得道而失敗，也可以因得道而成功。道，打個比方，就像水一樣，溺水者多喝了就會死亡，渴的人適量飲用了就會生存；再打個比方，道就像劍和戟，愚蠢的人拿它來行兇洩憤，那麼就會招來禍，聖人用它來誅殺暴徒，這就會造福。所以說因得道而死，因得道而生，因得道而失敗，因得道而成功。也就是說，在韓非子看來，自然之道是萬事萬物的根源，它不僅構成萬事萬物的物質實體，還是萬事萬物的準則，是客觀世界運行的規律。

　　韓非子終其一生，以研究治國理論，為君主提供治國策略作為自己的志向，他研究道，其目的在於構建治國的基本理念（原則）。老子道的三層含義都分別被他不同程度地吸收到治國理念中。他借用老子之口，道出了道是國家之本的思想。「所謂『有國之母』：『母』者，道也；道也者，生於所以有國之術；所以有國之術，故謂之『有國之母』」（《韓非子・解老》）《老子》所說的「享有國家的母體」：這「母體」，就是指統治術；統治術這個東西，能產生出用來享有國家的方法；它產生出用來享有國家的方法，所以《老子》稱它為「享有國家的母體」。在這裏，韓非子指出了君主治理國家的最高和最根本策略原則就是道，君主要守護這個道，用這個道來治理國家。

　　道為有國之母，體現了道是本源的意思。在韓非子的眼中，最為基礎的道就是自然之道，即治理國家在處理與自然關係的時候，一定要遵循自然界運行的規律和法則，而不能違背自然規律，這是治理國家的基礎性原則。人和自然融為一體，人類社會與自然界有相通之處，自然的規律就是人的規律，因此，尊重人類社會自身的規律也就是尊重自然規律。這是道法自然的精髓。

　　循天守道意在遵循自然之道，韓非子則用自然界的事物來說明遵循規律的意義。「非天時，雖十堯不能冬生一穗；逆人心，雖賁、育不能盡人力。故得天時則不務而自生，得人心，則不趣而自勸；因技能則不急而自疾；得勢位

則不推進而名成。若水之流,若船之浮。守自然之道,行毋窮之令,故曰明主。」
(《韓非子·功名》)

不順天時,即使十個堯也不能讓莊稼在冬天裏結成一個穗子;違背人心,
即使孟賁、夏育也不肯多出力氣。所以順應了天時,即使不很努力,莊稼也會
自然生長;得到了人心,就是不用督促,民眾也能自我勉勵;憑藉技能。即便
不急於求成,事情也會很快完成;得到了勢位,即使不進取,名聲也會大振。
好像水的流動,好像船的飄浮,把握自然之道,推行暢通無阻的法令,所以稱
為明君。

韓非子還告誡君主不能忽視規律的作用,「古之全大體者:望天地,觀江
海,因山谷、日月所照、四時所行、雲布風動;不以智累心,不以私累己;寄
治亂於法術,託是非於賞罰,屬輕重於權衡;不逆天理,不傷情性;不吹毛而
求小疵,不洗垢而察難知;不引繩之外,不推繩之內;不急法之外,不緩法之
內;守成理,因自然;禍福生乎道法,而不出乎愛惡;榮辱之責在乎己,而不
在乎人。故至安之世,法如朝露,純樸不散,心無結怨,口無煩言。故車馬不
疲弊於遠路,旌旗不亂於大澤,萬民不失命於寇戎,雄駿不創壽於旗幢;豪傑
不著名於圖書,不錄功於盤盂,記年之牒空虛。故曰:利莫長乎簡,福莫久於
安。使匠石以千歲之壽,操鉤,視規矩,舉繩墨,而正太山;使賁、育帶干將
而齊萬民;雖盡力於巧,極盛於壽,太山不正,民不能齊。故曰:古之牧天下
者,不使匠石極巧以敗太山之體,不使賁、育盡威以傷萬民之性,因道全法,
君子樂而大奸止;澹然閒靜,因天命,持大體。」(《韓非子·大體》)古代顧
全大局的人,能夠瞭望天地以瞭解其變化規律,觀察江海水流,順應山谷高低,
遵循日月照耀、四季運行、雲層分布、風向變動的自然法則;不讓智巧煩擾心
境,不讓私利拖累自身;把國家的治亂寄託在法術上,把事物的是非寄託在賞
罰上,把物體的輕重寄託在權衡上;不違背自然的規律,不傷害人的本性;不
吹毛求疵,不打破砂鍋問到底;嚴格按法律準繩辦事,不拉到準繩的外面,也
不推到準繩的裏面;對法令規定之外的事不嚴加管束,對法令規定之內的事情
不怠慢馬虎;遵守既定法則,順應自然規律;禍和福產生於是否遵守法令和自
然規律,而不是產生於君主主觀的喜愛和厭惡;榮譽和恥辱責任在於自己,而
不在於他人。所以,治理得最好的社會,法制好比早晨的露水那樣純潔質樸而
不散漫,人們的心裏沒有積聚難解的怨恨,人們的口中沒有憤憤不平的言論。
所以,車馬沒有遠途奔跑的勞累,旌旗沒有兵敗大澤的紛亂,民眾不會因為外

敵侵犯而喪命，勇士不夭折在戰旗之下；豪傑不把名字記錄在圖書上，不把戰功銘刻在盤盂上，以至於國家編年的史冊無事可記。所以說，沒有什麼比政令清簡獲得更長遠的利益，沒有什麼比社會安定更能使幸福長久。讓匠石長壽千年，拿著鉤子，看著規矩，彈好墨線，而修整泰山；讓孟賁、夏育帶利劍，去治理民眾；他們儘管能在技巧上用盡力氣，又能特別長壽，但泰山仍然得不到修整，民眾仍然得不到治理。所以說，古代統治天下的人，不讓匠石用盡技巧來毀壞泰山山體，不讓孟賁、夏育用盡威力來傷害萬民情性，而是遵循自然界的普遍規律、顧全國家的法令制度，所以君主就能享受安樂、大奸就會停止作惡。所以要淡泊清靜，順應大自然的安排，把握事物的整體和關鍵。

韓非子提出，根據事物的規律辦事，沒有不成功的。「得事理，則必成功。」（《韓非子・解老》），掌握了事物的規律，則一定會成功；「夫緣道理以從事者，無不能成。無不能成者，大能成天子之勢尊，而小易得卿、相、將軍之賞祿」（《韓非子・解老》），遵循事物規律來辦事的人，沒有不成功的，大則能成就天子的權威和尊嚴，小則能成就卿、相之類的高官厚祿；「今眾人之所以欲成功而反為敗者，生於不知道理。」（《韓非子・解老》），現在一般的人之所以想成功卻反而變成了失敗的人，是由於他們不懂得事物的內在規律。

韓非子對道和規律的認識極其深刻，他不僅告訴君主要循天守道，還從多角度來證明和說明自己的觀點：按照循天守道的原則做事就能取得成功，違背了這個原則就會導致失敗。「夫棄道理而妄舉動者」，「猶失其民人而亡其財資也」（《韓非子・解老》），那些拋開事物規律而輕舉妄動的人，就會失去普天下老百姓的擁護和其全部的財產；「今眾人之所以欲成功而反為敗者，生於不知道理」（《韓非子・解老》）；「今使人去飢寒，雖賁、育不能行；廢自然，雖順道而不立。強勇之所不能行，則上不能安」（《韓非子・安危》）假如使人們擺脫了飢餓和寒冷的困擾，那麼即便是孟賁、夏育那樣的大力士也不能迫使人們去追求衣食，如果不遵循自然規律，即便順從古代聖明君王的法則也站不住腳，如果勉強去做勇士也不能做到的事，好麼君主就不會安寧了；「天失道，草木猶犯干之，而況於君乎！」（《韓非子・內儲說上》），天失去了常規，草木尚且要侵犯它，而更何況是君主呢？

韓非子所有的治國原則，都是建立在要遵循自然之道，不違背規律的基礎之上。

三、韓非子政治博弈思想的策略互動均衡

上節已論述，韓非子政治博弈思想的信念互動均衡為「循天守道」，而「循天守道」也從側面證明了其自利互動均衡。關於人性自利，在本書前面已作較多的論述，這裏僅從韓非子政治博弈信念互動均衡的角度略作說明。韓非子強調治理國家要遵循自然規律，而治理國家必須要面對的便是人的問題。對人的自然規律的尊重，自然是循天守道的一部分。人的自然規律是什麼？前面章節已論述，即「人性好利惡害」。

因此，韓非子政治博弈納什均衡也可以分解為三種均衡：策略互動均衡、信念互動均衡、自利互動均衡。而韓非子關於策略互動均衡可以理解為：在循天守道這一信念互動均衡下，以人性自利為先驗假設，以賞罰為核心的一系列策略互動均衡。

縱觀《韓非子》的五十五篇，仔細琢磨韓非子的每一個治國策略，甚至於術，都是圍繞賞罰展開的。因此，賞罰可以說是韓非子整個治國策略體系的最根本、最基礎的手段。循天守道這一信念互動均衡為賞罰策略均衡奠定了前提基礎，而遵循人性好利惡害這一自然規律是進行賞罰的內在根據，法是進行賞罰的標準和保證，術則是君主運用賞罰治吏的方法藝術。在韓非子看來，君主就是在實行賞罰，運用賞罰來治理國家，所以貫穿於《韓非子》五十五篇中的治國思想主線就是賞罰，大多數的篇章都圍繞著賞罰的原因和方法進行陳述。

（一）人性好利惡害這一先驗假設是賞罰的內在依據

韓非子認為人好利惡害是人的自然屬性，不會從根本上發生變化，君主只能遵循這個自然規律，用賞罰來引導人們的好和惡。「古之易財，非仁也，財多也；今之爭奪，非鄙也，財寡也。輕辭天子，非高也，勢薄也；重爭士橐，非下也，權重也。故聖人議多少、論薄厚為之政。故罰薄不為慈，誅嚴不為戾，稱俗而行也。故事因於世，而備適於事。」（《韓非子・五蠹》）「凡治天下，必因人情。人情者，有好惡，故賞罰可用；賞罰可用，則禁令可立而治道具矣」（《韓非子・八經》），要治理好天下，必須遵循人之常情。人之常情是好利惡害，所以就可以使用獎勵和懲罰；獎賞和刑罰可以使用，那麼法令就可以建立，治國的辦法就完備了。「且夫死力者，民之所有者也，人情莫不出其死力以致其所欲；而好惡者，上之所制也，民者好利祿而惡刑罰。上掌好惡以御民力，事實不宜失矣。」（《韓非子・制分》）況且那種拼命用力的行為，是民眾所具有的，他們的心情無非是想付出自己的生命和力氣去取得他們所想要得到的

東西；而民眾的愛好和厭惡是君主所能掌控的。民眾喜歡利祿而厭惡刑罰，君主掌握住這種喜歡和厭惡的心理來使用民力，政事的實際功效就不應該喪失了。「賞莫如厚，使民利之；譽莫如美，使民榮之；誅莫如重，使民畏之；毀莫如惡，使民恥之。」（《「韓非子‧八經》）獎賞不如優厚一些，使民眾貪圖它；讚譽不如美好一些，使民眾覺得它是一種光榮；處罰不如嚴厲一些，使民眾害怕它；貶斥不如醜惡一些，使民眾覺得它是一種恥辱。

（二）明君治國之道就是虛靜參驗賞罰

韓非子認為，明君之道在於以虛靜的態度對待國家事務，用契符來驗證人們的行為，以此掌握事情真相，從而進行賞罰。「去喜去惡，虛心以道為舍」（《「韓非子‧揚權》）君主要去掉喜惡，使內心虛無，以此行治國之道。「是以明君守始以知萬物之源，治紀以知善敗之端。故虛靜以待令，令名自命也，令事自定也。虛則知實之情，靜則知動者正。有言者自為名，有事者自為形；形名參同，君乃無事焉，歸之其情。」（《「韓非子‧主道》）這段是講，君主要遵循天道來瞭解事物的本源和善惡成敗的起因，要用虛無安靜的態度來對待一切，讓事物各自展現自己的特質。內心虛無而不懷成見，就能瞭解到事情的真相，安靜不急躁，就能掌握行動的規律。所以君主事先不要做出規定，而是讓進言的人自由發表言論，讓做事的人自己做事，君主只要拿臣下所說的話和他所做的事進行對比驗證，看是否契合就可以了。如此，臣下便會說真話、做實事了。「人主之道，靜退以為寶。不自操事而知拙與巧，不自計慮而知福與咎。是以不言而善應，不約而善增。言已應，則執其契；事已增，則操其符。符契之所合，賞罰之所生也。故群臣陳其言，君以其言授其事，事以責其功。功當其事，事當其言，則賞；功不當其事，事不當其言，則誅。」（《韓非子‧主道》）君主要以靜退為貴，要做到不親自操持事務而知道臣下辦事的拙巧，不親自考慮事情而知道臣下謀事的福禍。君主只需要拿臣下所提的主張和所做的事進行驗核，以此作為賞罰的依據即可。所以群臣陳述主張，君主授其職事。功效符合職事，職事符合主張，君主就給予臣下獎賞；功效不符合職事，職事不符合主張，君主就懲罰臣下。

（三）賞罰是治理國家的利器

韓非子認為，賞罰是君主治理國家的利器，「夫賞罰之為道，利器也。(《韓非子‧內儲說上》)，「明主之所導制其臣者，二柄而已矣。二柄者，刑、德也。

何謂刑、德？曰：殺戮之為刑，慶賞之為德。」（《韓非子·二柄》）刑德是賞罰的別稱。

韓非子還強調，賞罰二柄只可為君主用。「夫虎之所以能服狗者，爪牙也。使虎釋其爪牙而使狗用之，則虎反服於狗矣。」（《韓非子·二柄》）「賞罰者，邦之利器也。在君，則制臣；在臣，則勝君。君見賞，臣則損之以為德；君見罰，臣則益之為威。人君見賞，而人臣用其勢；人君見罰，而人臣乘其威。故曰：『邦之利器，不可以示人』」（《韓非子·喻老》）此段還強調了賞罰不可以示人，即君主要獨立實行賞罰，賞什麼和要處罰誰，都不能告知臣下，要自己作決斷。

韓非子以秦國的強大來說明使用賞罰的重要性。「今秦出號令而行賞罰，有功無功相事也。出其父母懷衽之中，生未嘗見寇耳。聞戰，頓足徒裼，犯白刃，蹈爐炭，斷死於前者皆是也。夫斷死與斷生者不同，而民為之者，是貴奮死也。夫一人奮死可以對十，十可以對百，百可以千，千可以對萬，萬可以克天下矣。今秦地折長補短，方數千里，名師數十百萬。秦之號令賞罰，地形利害，天下莫若也。以此與天下，天下不足兼而有也。是故秦戰未嘗不克，攻未嘗不取，所當未嘗不破，開地數千里，此其大功也。」（《韓非子·初見秦》）

（四）法是賞罰的標準和保證

在韓非子看來，法有三重含義：一，法是治國之道，「以法為道」（《韓非子·六反》）；二，法是齊民之軌，「一民之軌，莫如法」（《韓非子·有度》）；三，法是賞罰的標準。

《韓非子》中有很多論述法是賞罰的標準和保證的文字。在（《韓非子·有度》）中韓非子提出：「動無非法」，一舉一動都要合乎法律規範。「故明主使法擇人，不自舉也；使法量功，不自度也。能者不可弊，敗者不可飾，譽者不能進，非者弗能退，則君臣之間明辯而易治，故主讎法則可也」（《韓非子·有度》），英明的君主用法制來選擇人才，不憑自己的感覺來提拔；用法制來衡量功勞，不憑自己的主觀意識來估量。這樣，有能力的人就不會被埋沒，敗壞事情的人就不會文過飾非，徒有虛名的人不被提拔，有功勞被詆謗的人就不會被罷官或降職。可見，一切依法辦事，君臣雙方就都能夠明確地辨別是非功過，而國家也容易治理了。「捨己能，而因法數，審賞罰」（《韓非子·有度》），君主治理國家不靠自己的才能，而是依靠法術、嚴明賞罰。「故依法治國，舉措而已矣。」（《韓非子·有度》）所謂用法律來治理國家，不過是合法的就推行，

不合法的就棄置罷了。「法者，見功行賞，因能授官」(《韓非子‧外儲說左上》)法律，就是見功行賞和因能授官的標準和保證。

（五）術是賞罰治吏的方法藝術

韓非子在《人主》、《八姦》、《孤憤》、《六反》、《用人》、《定法》、《說疑》、《外儲說左上》等多篇中提到，選拔能人為官是治理國家的根本，而法律的特徵就是根據能力任用官職。

第一，君主要使用賞罰來使官吏為自己效力。「明主之所導制其臣者，二柄而已矣。二柄者，刑、德也。何謂刑、德？曰：殺戮之為刑，慶賞之為德。為人臣者畏誅罰而利慶賞，故人主自用其刑、德，則群臣畏其威而歸其利。」(《韓非子‧二柄》)；

第二，術是君主用好賞罰二柄來治吏的方法藝術。

術之一，要虛心平靜，一方面，君主不要表現出自己的才智，要善於用法律來治理國家，以維護國家的利益；另一方面，要善於隱藏自己的喜好，不被官吏揣摩清楚，這樣自己可以控制住官吏，而官吏卻無法掌控自己。韓非子所說的「虛」，是指君主要處於暗處，彷彿虛空一般，令人不可捉摸，以自己的「虛」來瞭解臣下的「實」，以就是要君主喜怒不形於色，讓臣下摸不透君主的真實意圖，這樣臣下就無法偽裝以迎合君主，只好講出自己的真實想法來；韓非子所說的「靜」，便是要君主保持冷靜，要以靜制動，窺伺臣下的活動。韓非子用「楚靈王好細腰，而國中多餓人」的故事來說明「虛靜」的重要性。

術之二，要參驗審察以用賞罰。

韓非子提出，君主如果沒有權術來駕馭姦臣，沒有通過比較、驗證來審查姦臣，那麼就會相信姦臣的言論，這也就是姦臣得以欺騙君主而行其私的原因，「人主非有術數以御之也，非參驗以審之也，必將以曩之和已，信今之言，此幸臣之所以得欺主成私者也。」(《韓非子‧姦劫弒臣》) 所以，韓非子主張君主要駕馭臣下一定要參驗審查，「循名實而定是非，因參驗而審言辭」(《韓非子‧姦劫弒臣》)，「人主將欲禁姦，則審合刑名者，言異事也。為人臣者陳而言，君以其言授之事，專以其事責其功。」(《韓非子‧二柄》)君主要禁止姦邪，就得審察考核臣下的言論是否符合他們所做的事。讓臣下陳述自己的意見，君主根據他們的意見交給他們相應的職事，然後根據他們的職事來責求他們的成績。

　　通過以上分析，我們可以看到在韓非子的政治思想中這樣的等式同樣成立：

　　韓非子政治博弈均衡即韓非子政治納什均衡，是策略互動均衡、信念互動均衡和自利互動均衡的整合均衡，也是韓非子所處時代政治博弈最適反應。

結　語

　　在前面的章節中，筆者分別從博弈的五大要素（博弈主體、策略集、信息、博弈者決策順序、博弈得益）、博弈的假設前提即理性政治人、博弈的核心概念納什均衡這三個方面對韓非子的政治思想進行了梳理，不僅證明了韓非子政治博弈是信念互動、自利互動和策略互動的整合，還證明了韓非子政治博弈的先驗假設即理性政治人與古典博弈論中的理性經濟人極為相似，都具有工具理性的特質。也正因為工具理性的特質，與古典博弈納什均衡一樣，韓非子的政治博弈納什均衡只能適用於極其特殊的情況。

一、韓非子的德治與法治

　　根據納什均衡的信念互動和策略互動的關係，我們可以將韓非子政治博弈納什均衡的信念互動均衡和策略互動均衡看作是德治與法治的關係。這裏的法治並不僅指用法律條文、規章制度等來治理的意思，而是採用更寬泛的概念，即方法、策略的意思。

　　前面已經論述，韓非子的信念互動均衡是循天守道。那麼在韓非子的政治思想中，德與道的關係如何？或在韓非子眼中，何為德？「德者，核理而普至，至於群生，斟酌用之。萬物皆盛，而不與其寧」（《韓非子‧揚權》）德這個東西，合於具體事物的規律而又普遍地存在著。至於各種生物，都或多或少地汲取並利用了道，萬物都依靠道形成，可是道並不隨著萬物的止息而止息。關於韓非子的德，馮友蘭曾說過：「德是一個事物所得於道的一部分，事物有了這一部分，就有了它的性質，所以說是『核理』。所有的事物都從道得到或多或少的一部分，有或大或小的德。一切事物都有所得於道，都有其德，然後才能

-153-

成為某種事物。」〔註1〕顯而易見，道是規律，德得於道就是得於規律，得到事物的某一部分規律。韓非子的德強調的是佔有規律，突出的是主動性和能動性。道與德相比，體現在包含的範圍上，德只是對道的部分佔有。

關於理與道的關係，韓非子提出「道者，萬物之所然也，萬理之所稽也。理者，成物之文也；道者，萬物之所以成也。故曰：道，理之者也。物有理，不可以相薄；物有理不可以相薄，故理之為物之制。萬物各異理，而道盡稽萬物之理。」（《韓非子・解老》）道，是使天地萬物成為這個樣子的總規律，是與各種事理相當的總法則。理，是構成具體事物的具體法則；道，是萬物得以形成的普遍法則。所以說：道，是使各種事物具有具體法則的東西。事物各有自己的具體法則，所以不會互相侵擾；事物有各自的具體法則而不會互相侵擾，所以這具體的法則就成為具體事物的支配者。各種事物各有不同的具體法則，而道與各種事物的具體法則都相當。

「理者，方圓、短長、粗靡、堅脆之分也，故理定而後可得道也。」（《韓非子・解老》）作為概念的理，就是指萬物的方圓、短長、粗細、堅脆的區別，所以理確定以後才可能進一步獲得規律。

「凡物之有形者易裁也，易割也。何以論之？有形，則有短長；有短長，則有小大；有小大，則有方圓；有方圓，則有堅脆；有堅脆，則有輕重；有輕重，則有白黑。短長、大小、方圓、堅脆、輕重、白黑之謂理。理定而物易割也。故議於大庭而後言則立，權議之士知之矣。故欲成方圓而隨其規矩，則萬事之功形矣。而萬物莫不有規矩，議言之士，計會規矩也。」（《韓非子・解老》）大凡有形狀的物體就容易裁斷，容易分析。為什麼這樣說？有形狀，就有長短；有長短，就有大小；有大小，就有方圓；有方圓，就有堅脆；有堅脆，就有輕重；有輕重，就有黑白。長短、大小、方圓、堅脆、輕重、黑白就叫做理。理確定之後，事物就容易分析。所以在朝廷裏議事，後發言的人的主張就能夠成立，善於權衡各種議論的人是懂得這點的。所以要想畫成方圓而能遵循規矩，那麼一切事物的功效就都顯現出來了。而萬物無不存在規矩，出謀獻策的人，就是考慮如何合於規矩。

所以，在韓非子看來，理一方面是事物所具有的性質，事物有某一種性質，就成為某一種事物，不同的事物有不同的理；另一方面是指理是萬物之規矩，這規矩也就是事物的規律，是規律在事物中的表現形式，不同的理是規律在不

〔註1〕馮友蘭：《中國哲學史新編》上，人民出版社，1998年，第768頁。

同事物中的表現形式。理強調的是表現道，是道在具體事物上的表現形式，突出的是被動性和客觀性。道與理的關係，體現的是內外的關係，道是內在的，理是外在地表現出來的道；道與理互相依存，道不能離開理獨立存在，理也不能脫離道而存在。作為事物的總規律即一般規律的道，以及作為事物特殊規律的理，都存於事物之中。而關於人之理，韓非子認為是好利惡害。前面已作多角度論述，此處不贅言。

在韓非子的政治博弈中，德治便是遵行天道，按照人之理即理性政治人的「人性好利惡害」這一信念互動均衡，進行各種君臣之間的策略互動；而法治便是其政治博弈的策略互動均衡。

在韓非子的政治博弈中，具備人之理的理性政治人是自利和理性的，具有完全理性、目的理性、過程理性等工具理性的特質。在前面的章節中已詳細分析過，關於韓非子的理性政治人的工具理性的特質，是這一時代的產物。韓非子所處的時代已歷經幾百年的戰亂，戰爭頻繁並且規模越來越大，極其殘酷，社會劇烈動盪，老百姓處於驚恐和貧困之中，即便是貴族，也是充斥著赤裸裸的紛爭。在這樣一個資源匱乏、生命和生活都得不到保障的社會下，民眾的生活水深火熱，因此，圖強、求統一以消除戰亂求得天下太平，似乎是這一時代的呼聲。生理需求、安全需求，這兩個馬斯洛需求理論中的最低兩層是這個時代的最重要需求，所以這一時代下的人性更具有工具理性。

也正因為符合了這一時代的需求，所以當韓非子的著作傳到秦國，立即被秦王所看重。與其說其思想符合了秦王的需求，不如說是順應了這一時代的呼聲更為準確。

也恰恰是這一特性決定了這一理論的局限性。在秦王統一中國後，戰亂基本消除，人們的生存需求和安全需求得到保障，而社交需求、尊重需求和自我實現的需求開始增長，作為韓非子的理性政治人，其工具理性的特質逐漸淡化，價值理性更多凸顯。人之理已發生了變化，其道與德均需要變化；信念互動均衡已被打破，其策略互動均衡也必然要被打破。

二、秦之前的政治博弈均衡

雖然春秋戰國時期禮壞樂崩，戰事頻繁，整個社會都處於動盪之中，但在新的封建帝王集權制度形成之前，特別是春秋時期和戰國早期，周王朝總體上還是沿襲著周政權建立之初周公創立的禮樂制度。禮樂制度是周王朝取得了

軍事鬥爭勝利之後進行的政治建設和文化建設，據《尚書大傳》和《禮記》，周公在他攝政的第六年「制禮作樂」，結果「天下大服」。〔註2〕而事實上禮樂制度自制訂後，西周的二百五十多年裏，社會基本穩定，生產力緩慢穩步發展，人民安居樂業。我們試從博弈論角度來分析，其本質也是一種均衡：周公政治博弈均衡即周公政治納什均衡，是策略互動均衡和信念互動均衡的整合均衡，也是周公治國最適反應。

首先，關於策略互動均衡。周王朝的「家天下制」，是由封建、宗法、禮樂三大制度共同構成，封建制度管國家形態，宗法制度管社會結構，禮樂制度管文化心理，各有所司，相輔相成，缺一不可。

其次，關於信念互動均衡。樂統同，禮辨異，這就是禮樂最主要的作用和功能。也就是說，禮，用來辨別差異、區分等級；樂，用來統一情感、保證和諧。禮與樂，圍繞著同一個圓心，就是「德」。禮樂制度彰顯著以人為本、以德治國的信念。

以周公為代表的統治者為何做出這樣的制度思考？

一是殷商的教訓。「殷人尊神」（《禮記‧樂記》），以活人祭祀，商紂王更是極盡殘暴，終以失國。周武王付紂時曾對聯軍說「受有億兆夷人，離心離德。予有亂臣十人，同心同德」（《尚書‧泰誓》），紂王那邊的人雖然很多，但他們離心離德，我們這邊雖然人少，但同心同德。這句話代表了周人的觀點：失德者失天下，有德者得天下。

二是政權的合法性。殷商時期，人們「敬天事鬼」，崇奉上帝。處於蒙昧狀態下的人們對「天」的力量懷有一種神秘的敬畏感，帝王們不但都是捧著一個「天」在頭上去施政，而且認為關聯人類生活的一切現象，也都是神意的表徵而受其決定的，〔註3〕所以統治者們以「天之元子」的身份有恃無恐地施行暴政。周以「方百里」之小國克殷，面對的是「邦畿千里」、人口至少數十倍於已的殷商的故國舊民，如何打破這「天命神權」的原始迷信觀念，為新政權的合法性提出合理的統治理念是一個巨大的挑戰。周公提出「皇天無親，惟德是輔」，即誰最有德，誰就能得到皇天上帝的授權，這一「以德配天」的天命轉移思想極為合理地解釋了殷商滅亡、周取而代之的必然性，使其政治權威在信仰層面上獲得了合法性的依據。

〔註2〕易中天：《先秦諸子百家爭鳴》，上海文藝出版社，2009年，第199頁。
〔註3〕呂振羽：《中國政治思想史》，三聯書店，1955年，第18頁。

三是社會生產力發展的現實。西周的生產力低下，生產工具原始，雖然金石共用，但基本以石器時代的耒耜為主，到西周晚期鐵器才開始發展。這一時期，社會經濟實力雖然單薄，但自給自足，滿足民眾的基本生存需求；社會穩定，人們的安全需求也得到保障。周族入主中原的時候，「還是目不識丁的野蠻民族」〔註4〕，周公通過禮樂制度加深了個體對於社會秩序感性的理解和認知，並逐漸形成一種社會價值體系。這一時期更多展示的是馬斯洛的高層次需求：尊重需求和自我實現需求，體現的價值理性遠大於工具理性。這裏需要作特別說明是，禮樂制度的對象並不包括奴隸。

西周二百五十多年的穩定統治也足以證明周公設制的這一整套制度，即宗法制度、封建制度和禮樂制度，無疑是一個政治博弈均衡，是以人為本、以德治國信念互動均衡下的策略互動均衡體系。

三、秦以後的政治博弈均衡

秦始皇統一中國後所建立的以皇權為核心的郡縣制帝國政治體系，其理論根據來自以韓非子為代表的法家學說。秦朝覆亡後，後人對所謂秦朝暴政多有抨擊，尤其是自以為繼承了先秦儒家道統的學者、思想家，幾乎個個都把秦朝當作後世治國者的一個反面教材來予以評說，可是，秦始皇所開創和確立的郡縣制帝國政治體系，卻事實上是作為一種政治衣缽代代相傳，直到清朝覆亡從未發生過任何實質性變化，乃至於可以且足有理由說，自秦至清長達兩千一百多年的郡縣制帝國歷史，本質上不過是先秦法家政治思想持續恒久的具體實踐過程。正是通過這種國家政治實踐形式，法家實際上一直都對中國社會產生著幾乎是全方位的影響，只不過歷來鮮有人提及這種影響，特別是那些陽似尊儒黜法而陰實貴法賤儒的欺世盜名的郡縣制帝國守護者更是不願提及這種影響罷了。

任繼愈在其《中國哲學發展史》先秦卷中提出：「秦以後歷代封建統治者雖然不再公開打法家的旗號，然而法家思想的精髓卻被繼承下來。從漢武帝『罷黜百家，獨尊儒術』開始，封建地主階級便採取儒表法裏或陽儒陰法的學說」。〔註5〕

張純和王曉波所著《韓非思想的歷史研究》，他們認為「『陽儒陰法』有三

〔註4〕李亞農：《西周與東周》，上海人民出版社，1956年，第106頁。
〔註5〕任繼愈：《中國哲學發展史》（先秦卷），人民出版社，1983年，第730頁。

個層面的意義，一為以儒家的理論提出而實踐上為法家的主張，其中有『儒家化』的法家，也有『法家化』的儒家。二為在政治上以儒家掌『教化』，而以法家掌『吏治』。故儒家『言』，而法家『行』。三在意識形態上，提倡儒家的理想，而在現實政治上實行法家的制度」，「因漢代的『陽儒陰法』，在顯性模式上確立了儒家的地位，而在隱性模式上也確立了法家的地位。所以，韓非子的法家思想雖對漢以後的中國政治和思想有深遠的影響，但都淹沒在儒家的仁義道德的下面。」〔註6〕

汝信在《韓非評傳》中提出：「韓非的法家理論已不能完全滿足封建地主階級統治的需要，而不得不逐漸退居次要的位置。到了西漢後期，由於統治者的提倡，儒家學說成為封建地主階級的正統思想，在中國思想史上一直統治了許多年。但是，這決不意味著封建地主階級已經拋棄了韓非的法家理論。相反地，韓非學說中一切有利於封建專制制度的東西都被保存下來了，只是有時被塗上一層保護色，使殘酷性隱藏在虛偽的外衣後面而已。統治階級每當遇到深刻政治危機，按舊的方式已經統治不下去而不得不求助於赤裸裸的暴力鎮壓手段的時候，總是撿起申韓之學作為自己的思想武器。」〔註7〕

以上借各家之言陳述的是秦以後封建統治中的策略互動均衡，即「陽儒陰法」。自秦以後的二千多年封建統治時期，生產力緩慢發展，雖然歷經朝代更替，但生產關係沒有發生根本性的變動。司馬遷則以寥寥數語淋漓盡致地刻畫了封建私有制下世人的心理動機：「天下熙熙，皆為利來；天下壤壤，皆為利往」，即謀利求富貴是這個時代人們的普遍心理。基於對天道自然和人情好利惡害的認識，司馬遷認為，「人情莫不貪生惡死，念父母，顧妻子」，至於「義理」，乃不得已為之耳。

司馬遷提出「以禮儀防利」，為防止社會矛盾的激化，以「禮」來約束人們對利的無限追逐。「禮由人起。人生有欲，欲而不得則不能無忿，忿而無度量則爭，爭則亂。先王惡其亂，故制禮義以養人之欲，給人之求，使欲不窮於物，物不屈於欲，二者相待而長，是禮之所起也。」《八書·禮書》禮是由人產生的，人生而有欲望，欲望不能滿足就會怨憤，怨憤不止就會爭鬥，以致禍亂。古代帝王厭惡禍亂，故制定禮儀來調節欲望，使物、欲二者相得而長。

司馬遷還提出物質利益是道德觀念形成的物質基礎。「故曰：『倉廩實而知

〔註6〕張純、王曉波：《韓非思想的歷史研究》，中華書局，1986年，第248～300頁。
〔註7〕汝信：《韓非評傳》，《中國哲學史》，1981年第2期，第59頁。

禮節，衣食足而知榮辱。」禮生於有而廢於無。故君子富，好行其德；小人富，以適其力。淵深而魚生之，山深而獸往之，人富而仁義附焉。富者得執益彰，失執則客無所之，以而不樂。」《貨殖列傳》倉庫儲備充實，老百姓才能懂得禮節；衣食豐足，老百姓才能分辨榮辱。禮儀產生於富有，貧困時就被廢棄。所以，君子富有才肯施恩德，平民富有才能調節勞力。人們富足才會有仁義。富人得勢，聲名就更顯著；而一旦失勢，就如同客人一樣沒有歸宿感，因而不快樂。

與韓非子的政治理性人相比，司馬遷所論述的這一時代的理性政治人雖然多一些價值理性，但工具理性仍然是主體特質，所以韓非子的法治策略體系不能「棄」用。

再分析其信念互動均衡。春秋戰國時期，各諸侯國之間以及諸侯國內部上層統治集團之間，均處於爭權奪利、爭雄稱霸的關係，整個社會的普遍行為動機和知識分子的思想，都帶有一種毫不掩飾的利己主義傾向。而到了秦漢時期，中央集權的國家重新建立後，漢武帝「罷黜百家，獨尊儒術」統一了思想，整個社會的思想道德和心理狀態發生了變化，國家民族的利益在人們的自我意識體系中逐漸高於個人利益，由此形成了新的價值標準和道德要求。人們的個體存在價值開始了更高層次的追求——自我實現的需求。

顯然，韓非子的法治策略體系有悖於這一新的價值追求，而這一新的價值追求是社會發展的必然，所以韓非子的法治只能「陰」用。

總結這一時期的政治博弈均衡，仍然是信念互動均衡下的自利互動均衡和策略互動均衡的整合均衡。

從周文王的「制禮作樂」，到春秋戰國諸子百家們在禮壞樂崩中提出的「仁愛、正義、自強」（儒家）、「平等、互利、博愛」（墨家）、「真實、自由、寬容」（道家）、「公開、公平、公正」（法家）等治國思想，都是諸子們對「中國向何處去」這個問題的回答。而伴隨著諸子們對這個問題的探索和爭論，思維得到不斷錘鍊，理論不斷進步，在跨越幾百年的世紀大辯論中理性思維達到頂峰。作為春秋戰國諸子百家爭鳴的最後一位士子，作為法家的集大成者，韓非子避開對人性的「善惡之爭」，深刻地分析了「人性自利」，他的思想與博弈論契合度最高。而用博弈邏輯思維來審視周王朝的「家天下制」即宗法制度、封建制度、禮樂制度等三大制度，和秦統一後的「陽儒陰法」，發現無一不是信念互動均衡下的自利互動均衡和策略互動均衡的整合均衡。

當今，中國經濟改革與發展在取得巨大成就的同時，所面臨的治理問題也不少：貧富差距、貪污腐敗、生態惡化……究其原因在於，改革中該如何平衡處理好發展邏輯和治理邏輯的辯證統一關係，其背後又是政府與市場、政府與社會的治理邊界模糊問題，使得政府角色越位、錯位和缺位同時並存。如果對導致發展成就的經驗和問題的根源認識不清，錯把缺點當優點，把短處當成長處，中國經濟的問題就不可能得到根治，也不可能實現社會和諧和國家長治久安。

「目前，理論界對中國改革的基本方向問題的共識，感覺不僅沒有加強，反而有弱化的傾向，甚至導致一些重大分歧。……如果一個國家沒有方向感，在一些基本的方向問題上沒有形成共識或者出現反覆，那麼到了後面的政策層面和操作層面，就難免會有這樣那樣的爭論和牴牾，改革中不作為、亂作為乃至南轅北轍的現象也就自然會層出不窮。」〔註8〕

借古鑒今，立足於本民族文化傳承，探索中國傳統哲學中的博弈思維，尋找並確立當今時代的信念互動均衡和信念互動均衡下的策略互動均衡，即尋找並確立符合新時代中國特色的核心價值觀及核心價值觀下的政策體系，是我們這一時期應當進行理性思考的問題。

〔註 8〕張維迎、林毅夫：《政府的邊界》，民主與建設出版社，2017 年，第 284～285 頁。

參考文獻

一、中文著作

1. 王守仁：《韓非的治國方略研究》，中國社會科學出版社，2012 年。
2. 熊十力：《韓非子評論》，臺灣學生書局，1978 年。
3. 張純、王曉波：《韓非思想的歷史研究》，中華書局，1986 年。
4. 蔣重躍：《韓非子的政治思想》，北京師範大學出版社，2010 年。
5. 宋洪兵：《韓非子政治思想再研究》，中國人民大學出版社，2010 年。
6. 張親霞：《韓非子與中國傳統政治藝術》，長春出版社，2009 年。
7. 孔雁：《〈韓非子〉管理思想研究》，清華大學出版社，2013 年。
8. 郭沫若、王元化：《韓非子二十講》，華夏出版社，2008 年。
9. 張覺等撰：《韓非子譯注》，上海古籍出版社，2012 年。
10. 湯漳平、王朝華譯注：《老子》，中華書局，2014 年。
11. 方勇、李波譯注：《荀子》，中華書局，2011 年。
12. 方勇譯注：《孟子》，中華書局，2010 年。
13. 周熾成：《荀韓人性論與社會歷史哲學》，中山大學出版社，2009 年。
14. 張維迎、林毅夫：《政府的邊界》，民主與建設出版社，2017 年。
15. 張其成：《張其成全解道德經》，華夏出版社，2012 年。
16. 呂思勉：《中國通史》，中國商業出版社，2010 年。
17. 冒從虎、王勤田、張慶榮：《歐洲哲學通史》，南開大學出版社，1985 年。
18. 易中天：《先秦諸子百家爭鳴》，上海文藝出版社，2009 年。
19. 馮立鰲：《戰國時代大國的博弈爭勝》，中國言實出版社，2014 年。

20. 柏揚：《中國人史綱》，時代文藝出版社，1987 年。

21. 楊鶴皋主編：《中國法律思想史》，北京大學出版社，1988 年。

22. 劉澤華：《中國政治思想史》（先秦卷），浙江人民出版社，1996 年。

23. 侯外廬《中國思想通史》（第一卷），人民出版社，1957 年。

24. 馮友蘭：《中國哲學史新編》上，人民出版社，1998 年。

25. 馮友蘭：《中國哲學史》，中華書局，1961 年。

26. 蕭公權：《中國政治思想史》，遼寧教育出版社，1998 年。

27. 任繼愈主編：《中國哲學史》第 1 冊，人民出版社，1963 年。

28. 任繼愈：《中國哲學發展史（先秦卷）》，人民出版社，1983 年。

29. 呂振羽：《中國政治思想史》，三聯書店，1955 年。

30. 李亞農：《西周與東周》，上海人民出版社，1956 年。

31. 中共中央馬克思恩格斯列寧斯大林著作編譯局：《馬克思恩格斯全集》（第 20 卷），人民出版社，1995 年。

32. 張維迎：《博弈論與信息經濟學》，上海人民出版社，1996 年。

33. 古洪能：《政治博弈論》，中國言實出版社，2008 年。

34. 洪開榮：《博弈論解說》，經濟科學出版社，2015 年。

35. 沈順福：《人性的歷程》，山東人民出版社，2020 年。

36. 馮達文、郭齊勇：《新編中國哲學史》，人民出版社，2004 年。

二、譯著

1. 〔德〕文德爾班著，羅達仁譯：《哲學史教程》上卷，商務印書館，1987 年。

2. 〔德〕漢斯·昆著，包利民譯：《基督教大思想家》，社會科學文獻出版社，2001 年。

3. 〔美〕詹姆斯·C·利文斯頓著，何光滬譯：《現代基督教思想》上，四川人民出版社，1999 年。

4. 〔美〕馮·諾依曼、摩根斯坦著，王文玉、王宇譯：《博弈論和經濟行為》，生活·讀書·新知三聯書店出版社，2004 年。

5. 〔美〕約翰·納什著，張良橋、王曉剛譯：《納什博弈論論文集》，首都經濟貿易大學出版社，2000 年。

6. 〔美〕曼昆著，梁小民譯：《經濟學原理（微觀經濟學分冊）》，北京大學出

版社，2006 年。

7. 〔美〕詹姆斯・D.莫羅著，吳澄秋、周亦奇譯：《政治學博弈論》，上海人
   民出版社，2014 年。

8. 〔美〕安東尼・唐斯著，姚洋、邢予青、賴平耀譯：《民主的經濟理論》，
   上海人民出版社，2010 年。

9. 〔美〕大衛・奧斯汀-史密斯、傑弗瑞・S.班克斯著，山石、孫經緯譯：《實
   證政治理論（第 1 卷）：集體偏好》，上海財經大學出版社，2011 年。

10. 〔美〕諾蘭・麥卡蒂、亞當・梅羅威茨著，孫經緯、高曉暉譯：《政治博弈
    論》，上海人民出版社，2009 年。

11. 〔法〕朱・弗登博格、讓・梯若爾著，黃濤、郭凱、龔鵬、王一鳴、王勇、
    鍾鴻鈞譯：《博弈論》，中國人民大學出版社，2015 年。

12. 〔日〕平勢隆郎著，周潔譯：《從城市國家到中華：殷周春秋戰國》，廣西
    師範大學出版社，2014 年。

13. 〔英〕G・M・霍奇遜，向以斌譯：《現代制度主義經濟學宣言》，北京大
    學出版社，1993 年。

14. 〔英〕亞當・斯密，郭大力、王亞南譯：《國民財富的性質和原因的研究
    （上卷）》，商務印書館，1972 年。

15. 〔英〕亞當・斯密，郭大力、王亞南譯：《國民財富的性質和原因的研究
    （下卷）》，商務印書館，1974 年。

三、期刊論文

1. 馮達文：《理性的界限——先秦兩漢思想轉型提供的啟示》，《學術研究》，
   2002 年第 1 期。

2. 楊國榮：《中國哲學中的理性觀念》，《文史哲》，2014 年第 2 期。

3. 蒙培元：《人・理性・境界》，《泉州師範學院學報（社會科學）》，2004 年
   第 3 期。

4. 蒙培元：《中國哲學中的情感理性》，《哲學動態》，2008 年第 3 期。

5. 張淑君：《理性與非理性地位互易的歷史及兩者關係》，《社會科學家》，
   2010 年第 4 期。

6. 汝信：《韓非評傳》，《中國哲學史》，1981 年第 2 期。

7. 蔣重躍：《試論道法兩家歷史觀的不同》，《文史哲》2004 年第 4 期。

8. 彭新武：《論中國傳統術治主義》，《中國人民大學學報》，2016 年第 1 期。

9. 孟慶楠：《自然與治道——先秦諸子自然狀態學說的比較研究》，《雲南大學學報（社會科學版）》，2016 年第 1 期。

10. 張分田：《略論先秦法家規範君權的政治思想》，《天津師範大學學報（社會科學版）》，2006 年第 2 期。

11. 楊足儀：《歷史之矢的博弈論分析》，《華中師範大學學報（人文社會科學版）》，2001 年第 2 期。

四、博、碩士論文

1. 李玉誠：《〈韓非子〉歷史思想研究》，山東大學 2014 年博士論文。

2. 劉慧：《韓非法思想研究》，南開大學 2012 年博士學位論文。

3. 王繼：《法治政府：中國政府建設的目標》，吉林大學 2012 年博士論文。

4. 曲文：《韓非與晚周學術》，吉林大學 2012 年博士論文。

5. 張伯晉：《法家倫理思想體系的最終建構——以韓非與〈韓非子〉為研究對象》，吉林大學 2010 年博士論文。

6. 關立新：《〈韓非子〉思想研究》，黑龍江大學 2009 年博士論文。

7. 孫穎：《韓非政治哲學思想研究》，華東師範大學 2009 年博士論文。

8. 區永圻：《戰國秦漢法家諸問題研究》，華東師範大學 2008 年博士論文。

9. 王沛：《戰國時代的黃老「法」理論》，華東政法學院 2007 年博士論文。

10. 楊玲：《先秦法家思想比較研究——以〈管子〉、〈商君書〉、〈韓非子〉為中心》，浙江大學 2005 年博士論文。

11. 錢永生：《論墨子思想的構成》，首都師範大學 2002 年博士論文。

12. 丁萍：《論中國古代博弈邏輯思想》，燕山大學 2009 年碩士論文。

13. 王瑛：《「理性經濟人」與「市民社會」——從唯物史觀的立場出發》，復旦大學 2010 年博士論文。

14. 李尚陽：《先秦道家政治哲學思想研究》，四川省社會科學院，2015 年碩士論文。

15. 王木林：《儒家義利觀邏輯演變的唯物史觀解讀》，上海財經大學，2021 年博士論文。

16. 楊冬：《先秦儒家義利觀研究》，中共中央黨校，2017 年博士論文。

附錄　運用納什均衡概念解讀韓非子管理思想

「第三屆『中國傳統智慧與現代管理』國際學術論壇」會議論文

摘要：

　　納什均衡是參與博弈的各主體間的最優戰略組合。通過對主體的互動分析，納什均衡可以分解為策略互動均衡、信念互動均衡和自利互動均衡。從這三種均衡的角度梳理韓非子管理思想，可以發現韓非子提出的治國理論是「最適反應」。借古鑒今，尋找並確立當今時代的自利互動均衡和信念互動均衡下的策略互動均衡，即尋找並確立符合新時代中國特色的核心價值觀及核心價值觀下的管理政策體系，是我們這一時期應當進行理性思考的問題。

關鍵詞：韓非子、管理思想、納什均衡

　　納什均衡是博弈論最為重要的核心概念，它是所有博弈概念的理論基點，也是博弈分析邏輯的起始點和中心點。當博弈是最簡單的兩主體博弈時，納什均衡的通俗定義是：「給定你的策略，我的策略是我最好的策略；給定我的策略，你的策略也是你最好的策略。」給定對手的策略選擇，每個博弈方都要實現其利益最大化。這種相互實現利益最大化的博弈決策方式可稱為「互為最適反應」，即每個博弈方都追求自己的「最優反應」——最大化自己利益。

　　韓非子作為一個思想家，他為封建君主提出的治國理論是否是「最適反應」，我們可以借用學者們的評論。任繼愈在《中國哲學發展史》先秦卷中指出：「韓非子是我國先秦時期法家思想的集大成者，他的法治思想為秦始皇統一中國建立封建中央集權專制提供了政治理論的根據，秦以後歷代封建統治

者雖然不再公開打法家的旗號，然而法家思想的精髓卻被繼承下來。從漢武帝『罷黜百家，獨尊儒術』開始，封建地主階級便採取儒表法裏或陽儒陰法的學說」。〔註1〕馮友蘭先生在《中國哲學史新編試稿》中，對韓非子進行了如下評價：「韓非代表新興地主階級，為徹底消滅奴隸主貴族，為完成中央集權的專制主義的統治，準備了理論的基礎和實際的政策。……韓非的思想在秦朝取得統治的地位。秦朝以這種理論基礎，建立了地主階級專政的、中央集權專制主義的政權。」

一、基本概念

美國經濟學家約翰·納什（JohnF Nash）在 1950 年和 1951 年的兩篇論文中在非常一般的意義上定義了非合作博弈及其均衡解，並證明了均衡解的存在。納什所定義的均衡稱為「納什均衡」。具體地講，假設有 n 個人參與博弈，給定其他人戰略的條件下，每個人選擇自己的最優戰略（個人最優戰略可能依賴於也可能不依賴於其他人的戰略），所有參與人選擇的戰略一起構成一個戰略組合（strategy profile），納什均衡指的就是這樣一種戰略組合。〔註2〕

從方法論角度來看，納什均衡為博弈理論體系構建了一種獨特的互動分析範式，而這種互動分析範式的基礎假設卻僅僅依賴於人類決策行動的先驗規律，即任何主體都是以個體效用最大化為基本行為準則進行策略選擇。可以說，互為最適反應的納什均衡與有先驗性意義的自利假設相互支持、相互印證，揭示了人類決策行為的基本規律：每個人都瞭解自我，都是自我信念判斷與策略選擇的主宰者，都會根據策略對手的策略選擇來決定自己最優應對的策略選擇。因此，納什均衡的主體互動實際上包含三類或三層級的互動：即策略互動、信念互動和自利互動，納什均衡可以分解為三種均衡：策略互動均衡、信念互動均衡、自利互動均衡。因此，從納什均衡入手，我們可以把博弈邏輯分為三類，即策略互動邏輯、信念互動邏輯和自利互動邏輯。

關於策略互動邏輯。納什均衡直接表現為一種策略組合，而主體因應不同環境而做出不同策略選擇的博弈邏輯就可稱為策略互動邏輯，不同主體之間的策略選擇體現了決策的關鍵特徵。更具體地分析，當策略互動主體是獨立個體時，策略互動邏輯表現為個體性策略互動邏輯，即獨立個體策略選擇成為博

〔註 1〕任繼愈：《中國哲學發展史（先秦卷）》，人民出版社，1983 年，第 730 頁。
〔註 2〕張維迎：《博弈論與信息經濟學》，上海人民出版社，2012 年，第 8 頁。

弈決策的關鍵要素，獨立個體之間的策略互動選擇決定了最終的博弈均衡特徵。當策略互動主體是存在顯性或隱性利益關係的特殊利益群體時，策略互動邏輯就表現為群體性策略互動邏輯，而這種群體性策略互動決定了最終的博弈均衡特徵。群體內個體之間顯性或隱性的利益關聯導致了他們相同形式的策略選擇行為。

關於信念互動邏輯。對於不完全信息條件下的納什均衡，策略互動的不同策略組合僅僅是表象，而支撐不同策略組合的信念互動組合才是關鍵，這可稱之為信念互動邏輯。信念互動邏輯是指支撐策略組合的信念互動才是決策的關鍵動因，博弈主體決策信念的相互影響才是博弈結果差異的基本緣由。更具體地分析，信念互動邏輯又可分為三類：不完美信念互動邏輯、有限性信念互動邏輯和非對稱信念互動邏輯。

關於自利互動邏輯。不管是策略互動還是信念互動，實際上都是特定形式的自利互動。在博弈決策的邏輯體系中，所謂自利是相對於非自利而各自存在的，而各種形式非自利互動均衡可以歸納為一種特定形式的自利互動邏輯。自利互動邏輯是指支撐主體策略選擇的自利特徵決定了決策的關鍵特徵，狹義自利和廣義自利的區別導致了策略選擇的不同和均衡結果的差異。正是自利內涵在不同均衡中的不同變化，自利互動邏輯可以分為狹義自利互動邏輯和廣義自利互動邏輯，其中，狹義自利互動邏輯主要體現在完全信息博弈的均衡分析中，而廣義自利互動邏輯支撐了不完全信息博弈或非對稱信息博弈的均衡分析體系。

以此來重新思考人類決策行為的基本規律，任何主體行為都可視為一種互為最適反應的納什均衡，而要尋找任何經濟社會問題的實質緣由，需要策略互動、信念互動與自利互動的整合性邏輯思考。筆者嘗試對韓非子管理思想進行這三個層次的邏輯思考，分析韓非子管理思想中的信念互動均衡、策略互動均衡和自利互動均衡。

二、韓非子管理思想的信念互動均衡

韓非子管理思想的信念互動均衡可以概括為「循天守道」。所謂循天守道，其基本含義是指要遵循自然規律，按照自然規律辦事，不違背自然規律。循天和守道分別出自《韓非子》的不同篇章。循天是出自於《韓非子‧用人》篇，指遵循天道、遵循自然規律的意思。守道是出自於《韓非子‧守道》和《韓非

子‧功名》篇，功名篇提出要守自然之道。

循天守道是貫穿在《韓非子》通篇的一個基本思想，在《韓非子》中雖然沒有相關的篇章專門對循天守道進行論述，但有專門論述道的篇章《解老》，有以道為名的《主道》、《守道》的篇章，有在內容中直接涉及和體現循天守道思想的《喻老》、《用人》、《功名》、《大體》、《揚權》等篇章，而其他篇章雖然並未直接論述循天守道，但也都體現著循天守道的思想。

韓非子借用老子之口，道出了道是國家之本的思想。「所謂『有國之母』：『母』者，道也；道也者，生於所以有國之術；所以有國之術，故謂之『有國之母』」（《韓非子‧解老》）。在這裏，韓非子指出了君主管理國家的最高和最根本策略原則就是道。

道為有國之母，體現了道是本源的意思。在韓非子的眼中，最為基礎的道就是自然之道，即在處理與自然關係的時候，一定要遵循自然界運行的規律和法則，而不能違背自然規律，這是基礎性原則。人和自然融為一體，人類社會與自然界有相通之處，自然的規律就是人的規律，因此，尊重人類社會自身的規律也就是尊重自然規律。這是道法自然的精髓。

循天守道意在遵循自然之道，韓非子則用自然界的事物來說明遵循規律的意義。「非天時，雖十堯不能冬生一穗；逆人心，雖賁、育不能盡人力。故得天時則不務而自生，得人心，則不趣而自勸；因技能則不急而自疾；得勢位則不推進而名成。若水之流，若船之浮。守自然之道，行毋窮之令，故曰明主。」（《韓非子‧功名》）不順天時，即使十個堯也不能讓莊稼在冬天裏結成一個穗子；違背人心，即使孟賁、夏育也不肯多出力氣。所以順應了天時，即使不很努力，莊稼也會自然生長；得到了人心，就是不用督促，民眾也能自我勉勵；憑藉技能。即便不急於求成，事情也會很快完成；得到了勢位，即使不進取，名聲也會大振。好像水的流動，好像船的飄浮，把握自然之道，推行暢通無阻的法令，所以稱為明君。

韓非子還提出，根據事物的規律辦事，沒有不成功的。「得事理，則必成功。」（《韓非子‧解老》），掌握了事物的規律，則一定會成功；「夫緣道理以從事者，無不能成。無不能成者，大能成天子之勢尊，而小易得卿、相、將軍之賞祿」（《韓非子‧解老》），遵循事物規律來辦事的人，沒有不成功的，大則能成就天子的權威和尊嚴，小則能成就卿、相之類的高官厚祿；「今眾人之所以欲成功而反為敗者，生於不知道理。」（《韓非子‧解老》），現在一般的人之

所以想成功卻反而變成了失敗的人，是由於他們不懂得事物的內在規律。

韓非子對道和規律的認識極其深刻，他不僅告訴君主要循天守道，還從多角度來證明和說明自己的觀點：按照循天守道的原則做事就能取得成功，違背了這個原則就會導致失敗。「夫棄道理而妄舉動者」，「猶失其民人而亡其財資也」（《韓非子‧解老》），那些拋開事物規律而輕舉妄動的人，就會失去普天下老百姓的擁護和其全部的財產；「今眾人之所以欲成功而反為敗者，生於不知道理」（《韓非子‧解老》）；「今使人去飢寒，雖賁、育不能行；廢自然，雖順道而不立。強勇之所不能行，則上不能安」（《韓非子‧安危》）假如使人們擺脫了飢餓和寒冷的困擾，那麼即便是孟賁、夏育那樣的大力士也不能迫使人們去追求衣食，如果不遵循自然規律，即便順從古代聖明君王的法則也站不住腳，如果勉強去做勇士也不能做到的事，好麼君主就不會安寧了；「天失道，草木猶犯干之，而況於君乎！」（《韓非子‧內儲說上》），天失去了常規，草木尚且要侵犯它，而更何況是君主呢？

韓非子所有的管理理念，都是建立在要遵循自然之道，不違背規律的基礎之上。

三、韓非子管理思想的自利互動均衡

上節已論述，韓非子管理思想的信念互動均衡是「循天守道」，而「循天守道」也從側面證明了其自利互動均衡。韓非子認為管理的首要問題便是人的問題，對人的自然規律的尊重，自然是循天守道的一部分。那麼人的自然規律是什麼？韓非子認為「人性好利惡害」。

第一，環境決定人性。

韓非子拒絕對人性或人的本質做抽象的道德評判，不承認人性天生具有善惡的抽象的道德性質，只認為人性的狀況須由它所處的環境來決定，正所謂「上古競於道德，中世逐於智謀，當今急於氣力」，外界形勢變了，人性的抉擇也會隨之變化。

「古者丈夫不耕，草木之實足食也；婦人不織，禽獸之皮足衣也。不事力而養足，人民少而財有餘，故民不爭。是以厚賞不行，重罰不用，而民自治。今人有五子不為多，子又有五子，大父未死而有二十五孫。是以人民眾而財貨寡，事力勞而供養薄，故民爭。雖倍賞累罰而不免於亂。」（《韓非子‧五蠹》韓非子從人口與財產的關係來看待社會和政治問題，並由此認識人的本質，的

確有其犀利獨到之處。他在歷史的進化中發現人們的「道德」修養在逐漸衰退，人性也在退化，導致這種退化的原因不在於人性本身，而在於它賴以存在的客觀環境的變化，即人口過剩與財產短缺之間的越來越深的矛盾。

第二，自利的現實原因。

「人不食，十日則死；大寒之隆，不衣亦死。」（《韓非子‧定法》）；「人無毛羽，不衣則不犯寒；上不屬天而下不著地，以胃腸為根本，不食則不能活，是以不免於欲利之心。」（《韓非子‧解老》）。由此得出，作為自然的動物，其生存需求首先就要有最基本的衣食保障，這就決定了人必須趨利避害。

「鱓似蛇，蠶似蠋。人見蛇則驚駭。見蠋則毛起。然而婦人拾蠶，漁者握鱓。利之所在，則忘其所惡，皆為賁、諸」（《韓非子‧內儲說上》）；「鳥有翢翢者，重首而屈尾，將欲飲於河，則必顛，乃銜其羽而飲之。人之所有飲不足者，不可不索其羽也」（《韓非子‧說林下》）不僅爭奪是實現利益的方式，合作也是一種追求利益的方式。

韓非子認為：在財物不充足的時代，人們為了生存必須好利惡害；好利惡害不只會產生爭奪，還可以產生合作，其目的還是為了利。

第三，一切社會關係都是利益關係。

在一般人看來，父子之間沒有利害關係而只有親情關係，但在韓非子看來，父子之間就是一種利益關係。「且父母之於子也，產男則相賀，產女則殺之。此俱出父母之懷袵，然產男則受賀，女子則殺之者，慮其後便、計之長利也。」（《韓非子‧六反》）

君臣之間更是一種利害關係。「人臣之情，非必能愛其君也，為重利之故也。」（《韓非子‧二柄》）；「故君臣異心，君以計畜臣，臣以計事君。君臣之交，計也。害身而利國，臣弗為也；害國而利臣，君不為也。臣之情，害身無利；君之情，害國無親。君臣也者，以計合者也。」（《韓非子‧飾邪》）君主與臣子，是按照算計的原則結合起來的。

進而韓非子提出，人的一切社會行為都是自利的，所有的社會關係都是利益關係。「后妃、夫人、太子之黨成而欲君之死也，君不死，則勢不重，情非憎君也，利在君之死也。」（《韓非子‧備內》）；「故王良愛馬，越王句踐愛人，為戰而馳，醫善吮人之傷，含人之血，非骨肉之親也，利之所加也。」（《韓非子‧備內》）

韓非子看到了利益驅動下的一切社會行為和社會關係。

　　第四，凡治天下，必因人情。

　　韓非子認為，人性自利的本性是先天注定無法改變，也不需要改變，而是應該加以調動和發揮，以推動事業的發展。「霸王者，人主之大利也。人主挾大利以聽治，故其任官者當能，其賞罰無私，使士民明焉：盡力致死，則功伐可立而爵祿可致，爵祿致而富貴之業成矣。富貴者，人臣之大利也。人臣挾大利以從事，故其行危至死，其力盡而不望。」(《韓非子・六反》)

　　韓非子將人的自利本性以及發揮這種本性的必要性，作為實行刑賞法制之可能性和必要性的理論依據。「凡治天下，必因人情。人情者，有好惡，故賞罰可用；賞罰可用，則禁令可立而治道具矣。」(《韓非子・八經》)。

四、韓非子管理思想的策略互動均衡

　　韓非子管理思想中關於策略互動均衡可以理解為：在循天守道這一信念互動均衡下，以人性自利為先驗假設，以賞罰為核心的一系列策略互動均衡。貫穿於《韓非子》五十五篇中的管理思想主線就是賞罰，大多數的篇章都圍繞著賞罰的原因和方法進行陳述。

　　第一，韓非子認為，賞罰是君主治理國家的利器。「夫賞罰之為道，利器也。(《韓非子・內儲說上》)，「明主之所導制其臣者，二柄而已矣。二柄者，刑、德也。何謂刑、德？曰：殺戮之為刑，慶賞之為德。」(《韓非子・二柄》)刑德是賞罰的別稱。

　　韓非子還強調，賞罰二柄只可為君主用。「夫虎之所以能服狗者，爪牙也。使虎釋其爪牙而使狗用之，則虎反服於狗矣。」(《韓非子・二柄》)「賞罰者，邦之利器也。在君，則制臣；在臣，則勝君。君見賞，臣則損之以為德；君見罰，臣則益之為威。人君見賞，而人臣用其勢；人君見罰，而人臣乘其威。故曰：『邦之利器，不可以示人』」(《韓非子・喻老》)此段還強調了賞罰不可以示人，即君主要獨立實行賞罰，賞什麼和要處罰誰，都不能告知臣下，要自己作決斷。

　　第二，法是賞罰的標準和保證。在(《韓非子・有度》)中韓非子提出：「動無非法」，一舉一動都要合乎法律規範。「故明主使法擇人，不自舉也；使法量功，不自度也。能者不可弊，敗者不可飾，譽者不能進，非者弗能退，則君臣之間明辯而易治，故主讎法則可也」(《韓非子・有度》)，英明的君主用法制來選擇人才，不憑自己的感覺來提拔；用法制來衡量功勞，不憑自己的主觀意識

來估量。這樣，有能力的人就不會被埋沒，敗壞事情的人就不會文過飾非，徒有虛名的人不被提拔，有功勞被詆謗的人就不會被罷官或降職。

第三，術是賞罰治吏的方法藝術。

韓非子在《人主》、《八姦》、《孤憤》、《六反》、《用人》、《定法》、《說疑》、《外儲說左上》等多篇中提到法律的特徵就是根據能力任用官職，而術則是君主用好賞罰二柄來治吏的方法藝術。

術之一，要虛心平靜，一方面，君主不要表現出自己的才智，要善於運用法律來管理國家；另一方面，要善於隱藏自己的喜好，不被官吏揣摩清楚，這樣自己可以控制住官吏，而官吏卻無法掌控自己。韓非子所說的「虛」，是指君主要處於暗處，彷彿虛空一般，令人不可捉摸，以自己的「虛」來瞭解臣下的「實」，以就是要君主喜怒不形於色，讓臣下摸不透君主的真實意圖，這樣臣下就無法偽裝以迎合君主，只好講出自己的真實想法來；韓非子所說的「靜」，便是要君主保持冷靜，要以靜制動，窺伺臣下的活動。韓非子用「楚靈王好細腰，而國中多餓人」的故事來說明「虛靜」的重要性。

術之二，要參驗審察以用賞罰。

韓非子提出，君主如果沒有權術來駕馭姦臣，沒有通過比較、驗證來審查姦臣，那麼就會相信姦臣的言論，這也就是姦臣得以欺騙君主而行其私的原因，「人主非有術數以御之也，非參驗以審之也，必將以囊之和已，信今之言，此幸臣之所以得欺主成私者也。」（《韓非子·姦劫弒臣》）；「循名實而定是非，因參驗而審言辭」（《韓非子·姦劫弒臣》）；「人主將欲禁姦，則審合刑名者，言異事也。為人臣者陳而言，君以其言授之事，專以其事責其功。」（《韓非子·二柄》）君主要禁止姦邪，就得審察考核臣下的言論是否符合他們所做的事，然後來責求他們的成績。

五、現實意義

通過上述分析，我們可以看到，韓非子思想體系是一種博弈納什均衡，是策略互動均衡、信念互動均衡和自利互動均衡的整合均衡，也是韓非子所處時代政治博弈的最適反應。

當今，中國經濟改革與發展在取得巨大成就的同時，所面臨的治理問題也不少：貧富差距、貪污腐敗、生態惡化……究其原因在於，改革中該如何平衡處理好發展邏輯和治理邏輯的辯證統一關係，其背後又是政府與市場、政府與

社會的治理邊界模糊問題，使得政府角色越位、錯位和缺位同時並存。如果對導致發展成就的經驗和問題的根源認識不清，錯把缺點當優點，把短處當成長處，中國經濟的問題就不可能得到根治，也不可能實現社會和諧和國家長治久安。

「目前，理論界對中國改革的基本方向問題的共識，感覺不僅沒有加強，反而有弱化的傾向，甚至導致一些重大分歧。……如果一個國家沒有方向感，在一些基本的方向問題上沒有形成共識或者出現反覆，那麼到了後面的政策層面和操作層面，就難免會有這樣那樣的爭論和牴牾，改革中不作為、亂作為乃至南轅北轍的現象也就自然會層出不窮。」〔註3〕

借古鑒今，立足於本民族文化傳承，探索中國傳統哲學中的博弈思維，尋找並確立當今時代的自利互動均衡和信念互動均衡下的策略互動均衡，即尋找並確立符合新時代中國特色的核心價值觀及核心價值觀下的管理政策體系，是我們這一時期應當進行理性思考的問題。

〔註3〕張維迎、林毅夫：《政府的邊界》，民主與建設出版社，2017 年，第 284～285 頁。